世界の考古学

⑩

朝鮮半島の考古学

早乙女雅博

同成社

伽耶の古墳群（5〜6世紀、慶尚北道池山洞）

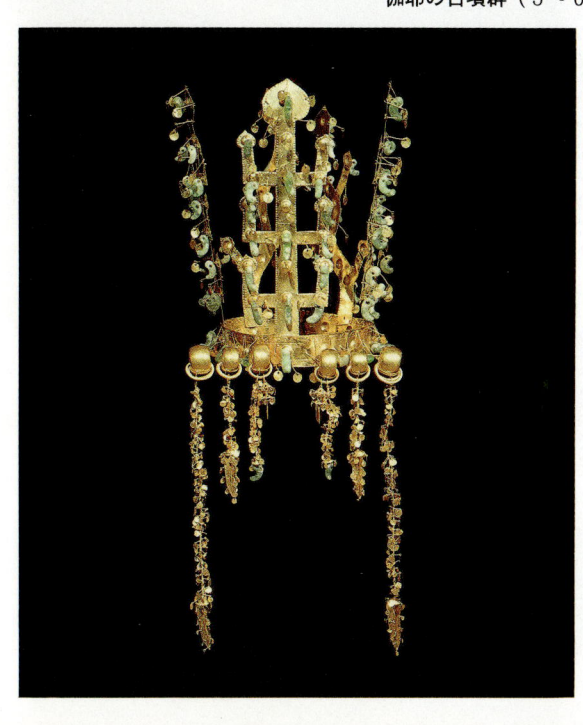

新羅の金冠（5世紀、慶州皇南大塚北墳出土、国立慶州博物館蔵）

百済の定林寺五層石塔（7世紀、忠清南道扶餘）

新羅の神亀形土器
（5～6世紀、慶
州味鄒王陵C地区
第3号墳出土、国
立慶州博物館蔵）

高句麗の積石塚（3～4世紀、中国集安市山城下墓区686号墳）

新羅の金製冠帽（6世紀初、慶州天馬塚出土、国立慶州博物館蔵）

櫛目文土器(櫛目文土器時代、崇実大学校蔵)

剣把形銅器(無文土器時代、忠清南道大田槐亭洞囲石木棺墓出土、国立中央博物館蔵)

多鈕細文鏡(無文土器時代、伝忠清南道論山出土、崇実大学校蔵)

はじめに

　朝鮮半島はアジア大陸の東端に位置する南北に長い半島である。北は、白頭山（標高2744m）を源として東北方面に流れる豆満江と西南方面に流れる鴨緑江が中華人民共和国との国境をなし、南は対馬海峡（大韓海峡）が日本国との国境となっている。なお、豆満江の河口付近は、短い距離ではあるがロシア共和国との国境となっている。現在、北緯38度あたりを境にして、北に朝鮮民主主義人民共和国（以後、北朝鮮とよぶ）が南に大韓民国（以後、韓国とよぶ）があり、両国をあわせた総面積は約22万km²である。朝鮮半島の考古学は主にこの両国の考古学であるが、先史・古代における文化の範囲は現在の国境線で区切ることはできない。たとえば、高句麗ははじめ中国遼寧省の桓仁に都をおき、その後吉林省集安に移り、最後にはピョンヤンに遷都した。したがって、高句麗文化は半島のみでなく中国東北地区にも広がっている。先史・古代の歴史を語る場合、後につくられた現在の国境で文化の範囲を区切るのは適切でない。本書では適宜、中国の東北地区に広がる文化についても触れることにする。

　半島の地形は、北方には蓋馬高原が東北から南西方向に走り、半島全体では北から南に背骨のように太白山脈が走り南海岸の東南にいたる。この山脈は途中の丹陽あたりから南西方向に小白山脈を派

出し、この山脈も南海岸に達する。太白山脈により東西に分けられた半島は、東の日本海（東海）側は海岸近くにまで山脈が迫っているため平野が少なく、反対に西の黄海（西海）側は大河川がこれらの山脈を水源として西方向に流れ出ているので、河口に広く肥沃な平野が開けている。北の方から順にみていくと、清川江、大同江、漢江、錦江、栄山江が西海に、蟾津江、洛東江が南海（大韓海峡）に流れ込んでいる。このような自然地形の特徴は、人間がつくり出した先史以来の半島の歴史に大きな影響を与えている。

朝鮮半島の歴史はおおよそ次のように、時期区分される。このうち、原三国時代が先史時代から歴史時代への過渡期にあたる。

旧石器時代　　　　～紀元前6000年頃

櫛目文土器時代（新石器時代）紀元前6000年頃～紀元前1000年頃

無文土器時代（青銅器時代）　紀元前1000年頃～紀元前1世紀頃

原三国時代　　　紀元前1世紀頃～3世紀頃

三国時代　　　　4世紀頃～668年

統一新羅時代　　668年～935年

高麗時代　　　　935年～1392年

朝鮮王朝時代　　1392年～

植民地時代（朝鮮総督府）　　1910年～1945年

大韓民国　　　　1948年～現在

朝鮮民主主義人民共和国1948年～現在

考古学は、人類がのこした物質文化から過去の歴史を明らかにする学問と定義するならば、すべての時代が対象になる。しかし、実際は新しい時代になると文献資料が豊富に出てくるので、遺跡、遺物による考古学の研究はあまり進んでいない。本書では半島全体を

考古学で語れる三国時代までを対象とした。

さて、朝鮮半島で考古学研究が始まるのは1900年以後であるが、それ以前の朝鮮王朝時代にすでに考古遺物に関心を寄せた人がいた。李陸（1438年～1498年）は『青坡劇談』のなかで、雷鳴の後に石器が露出していることに注意を払い、天から降ってきたものとみて雷斧、雷剣と名づけた。そこでは、人工物ではなく自然の産物とみなしている。許穆（1595～1682年）や実学思想として一学派を形成した李翼（1681～1763年）、李圭景（1788～？年）もすでに石器の存在に気づき注意していた（文化財研究所 1990）。19世紀に入って実学思想（考証学派）と金石学に大きな業績をのこした金正喜（1786～1856年）は、咸鏡南道北青郡の北青土城を踏査して、そこから採集された石斧や石鏃を天から降ってきたものとは認めず、はじめて人工の製作物とみた。そして、文献の考証により石器をつくった人は古代にこの地域に住んでいた粛慎であるとした（西谷 1990）。金正喜はこのほかに、北漢山碑（6世紀）、黄草嶺碑（6世紀）、高句麗平壌城の城壁石刻にみられる金石文ついても考証している。

1894年の日清戦争以降、朝鮮半島では日本の影響力がしだいに強まり、遺跡、遺物の調査ももっぱら日本人の手によって始められた。まず、八木奘三郎は東京帝国大学の命を受けて、1900年から1901年に平壌以南の地を調査し、凹石と打製石斧などを採集した（八木 1900, 1914）。関野貞も東京帝国大学の命を受けて、1902年にソウルと開城で高麗、朝鮮王朝時代の遺跡を探り、釜山・東莱・梁山・慶州・永川・大邱・伽倻山と回って調査した（関野 1904）。鳥居龍蔵は、1905年に遼寧省遼陽の漢墓や吉林省集安の高句麗時代の広開土

王碑、国内城、丸都城などを調査し（鳥居 1906）、今西龍も1906年に慶州の味鄒王陵西側の古墳を調査した（今西 1908）。このころが、日本人の研究者による朝鮮考古学のはじまりと位置づけられる。1910年に「韓国併合ニ関スル条約」が締結され半島に朝鮮総督府がおかれると、考古学調査は「古蹟調査」と「史料調査」という形で総督府によって行われた。この調査は、1915年に総督府博物館が景福宮のなかに開館すると、博物館がその事業を担った。しかし、1931年には総督府の財政緊縮政策のため博物館内に外郭団体として朝鮮古蹟研究会が組織され、そこの資金で考古学調査が引きつづき行われることになった。この間の調査は日本人により行われ、日本語で年度ごとの報告書が刊行された。

　1945年に第2次世界大戦が終了すると朝鮮半島は解放され、1948年には大韓民国、朝鮮民主主義人民共和国が成立し、これらの国の人びとによって新たに考古学研究が再出発した。解放まもない1946年には、国立博物館によって慶州の壼杅塚・銀鈴塚の双円墳の発掘調査が行われた。戦後初めての発掘として、朝鮮半島の考古学史上記念すべきものである。北朝鮮では、建国まもない1949年に黄海南道の安岳3号墳が発掘調査された。この古墳は、墓の主人公を含む多様な人物像を彩色で描いた壁画古墳で、壁に「永和十三年」という墨書名がみられた。朝鮮半島ではもっとも古い壁画古墳で、被葬者名とその年代（357年）がわかった重要な発掘である。以降、今日にいたるまで国立博物館、文化財研究所、大学校の博物館、社会科学院考古学研究所などにより精力的に発掘調査と研究が進められている。

目　次

はじめに

第1章　旧石器時代 …………………………………… 3
1　半島における人類の出現　3
2　前期旧石器時代　6
3　後期旧石器時代　13

第2章　櫛目文土器時代 ……………………………… 17
1　土器の出現（早期）　17
2　櫛目文土器の分布と編年（前期・中期・後期）　20
3　集落と生活　32
4　生業　35
5　埋葬　42

第3章　無文土器時代 ………………………………… 45
1　無文土器　45
2　青銅器文化　51
3　住居と集落　57
4　稲作　64
5　支石墓　70
6　鉄器の出現　75

第4章　原三国時代と楽浪郡 ………………………… 77
1　「原三国」という時代　77
2　土器の編年　79

3　鉄器の普及と発展　84

　　　4　集落と墓制　87

　　　5　楽浪郡地域　94

第5章　高句麗 ………………………………………………… 107

　　　1　積石塚　108

　　　2　封土墳と壁画古墳　114

　　　3　桓仁の遺跡と遺物　122

　　　4　集安の遺跡と遺物　124

　　　5　ピョンヤンの遺跡と遺物　131

　　　6　土器の編年と墓への副葬品　136

第6章　百済 …………………………………………………… 141

　　　1　前期－漢城期　141

　　　2　中期－熊津期　150

　　　3　武寧王陵　159

　　　4　後期－泗沘期　163

　　　5　周辺地域の文化　169

第7章　伽耶 …………………………………………………… 177

　　　1　伽耶の国々　177

　　　2　金海の古墳　180

　　　3　高霊の古墳　185

　　　4　伽耶土器　191

　　　5　さまざまな副葬品　194

　　　6　伽耶諸国の古墳　202

第8章　新羅 …………………………………………………… 209

1 積石木槨墳と石室封土墳　211
2 新羅土器とその編年　214
3 墓の副葬品　220
4 短脚高杯の諸問題　231
5 寺院と瓦　233

参考文献一覧
朝鮮半島編年表
遺跡索引

　　　　　以下の写真は韓国文化院の提供による
　　　　　　カバーおよび口絵（金冠、定林寺五層石塔、神亀形土器、
　　　　　　金製冠帽、櫛目文土器、剣把形銅器、多鈕細文鏡）
　　　　　カバー写真
　　　　　　武寧王陵出土金製冠飾（国立公州博物館蔵）
　　　　　装丁　吉永聖児

朝鮮半島の考古学

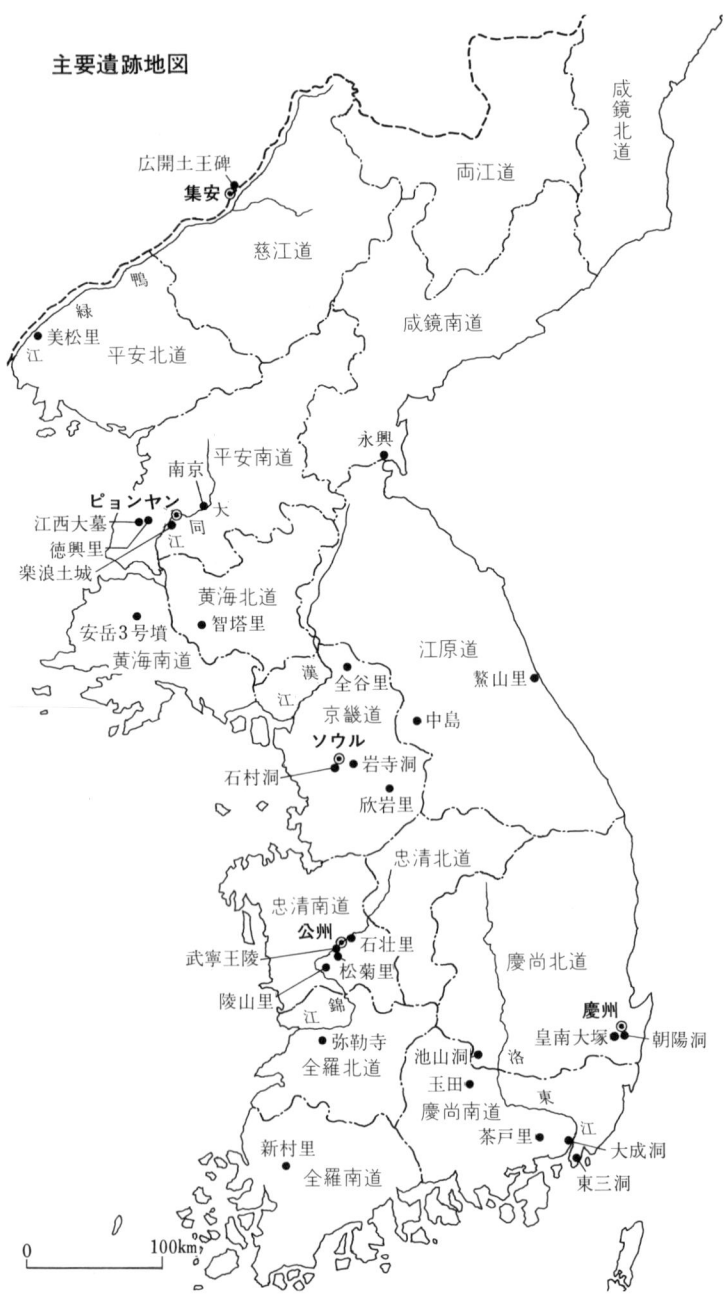

第1章　旧石器時代

1　半島における人類の出現

　東アジアにおける人類の出現は中国の藍田原人といわれ、古地磁気学による年代測定ではいまからおよそ75万～65万年前とされる。人骨化石が出土した地層からは彼らが使用した石器も発見されている。それに対して、有名な北京原人はいまからおよそ46万～23万年前とされる。中国大陸と陸つづきになっている朝鮮半島では、まだ原人段階の化石人骨は発見されていないが、次の段階の旧人の化石人骨がみつかっている。

　ピョンヤン市力浦区域大峴洞の石灰岩洞窟で1977年に発掘調査が行われ、動物化石とともに人類化石が発見された。「力浦人」と名づけられたこの人骨は、1個体分の子供の前頭骨、頭頂骨、側頭骨で、新人以前の特徴を残していた。眼窩上隆起の発達のよさ、眉間指数は22.6であること、鼻の幅が広いこと、頭頂骨の弦弧長の比が93.2であること、側頭の高径指数が61.1であることなどから、原人と新人の間でもより原人に近い旧人の特徴を示しているという。動物化石をみても、ヘラジカ、洞窟ハイエナ、モグラネズミ、野牛などの絶滅種が全体の49.8％という多数を占め、古い様相を示してい

図1 旧石器時代の遺跡分布図（国史編纂委員会 1997）

る。この洞窟からは、長さ10〜20cmの骨角器が30余点も出土したというが、すべてが人工物といえるかは検討を要する。

　平安南道徳川郡勝利山遺跡は、ピョンヤン市に流れこむ大同江の上流に面する勝利山の東南斜面に位置する。平地から7mの高さにある石灰岩の洞窟遺跡で、1972、73年に発掘調査された。洞窟内の堆積土は6層に分けられているが、そのうち化石人骨を出した層が上下に分かれて2つある。下層からは、下顎骨右第1大臼歯、上顎骨左第2大臼歯とそこから1.5m離れて肩甲骨が出土し、「徳川人」とよばれた。洞窟ハイエナなどの絶滅種の動物化石が化石全体の33.3％をしめ、「力浦人」より新しい段階の旧人で、中部更新世末期〜上部更新世初期にあたる10余万年前と推定された。上層では保存状態のよい下顎骨が出土し、「勝利山人」と名づけられた。下顎骨にみられる顎の突出の未発達、頤孔の位置が低いこと、出土した層が上部更新世末期と推定されることから、新人の初期段階と考えられている。

　半島中・北部では石灰岩の洞窟が発達しており、ピョンヤン市勝湖区域晩達里で新人の化石人骨（成年男子の頭骨・下顎骨）と石器、骨器や動物化石が出土し、忠清北道清州市のトゥルボン洞窟群のフンスー洞窟から化石人骨（子供の頭骨・下顎骨）、石器、動物化石が出土した。また、ピョンヤン市祥原郡黒隅里コムンモル洞窟では、多数の動物化石とともに石器が出土した。ピョンヤン市祥原郡のチョンチョンアム洞窟、黄海北道の海象洞窟、トゥルボン洞窟群第2洞窟、処女洞窟などでは化石人骨や石器の出土はみられなかったが、絶滅種を含む動物化石が出土し、更新世の自然環境を復元するのによい資料となっている。第2洞窟は34層に区分されたが、そのなか

の第7層ではハイエナ種、大サル、サイなどの「温暖な動物相」とともにツツジの花粉が多数検出され、間氷期の温暖な気候のもとで形成された層であることがわかる。

　朝鮮半島で旧石器時代の人工遺物がはじめて報告されたのは、咸鏡北道の潼関鎮遺跡である。遺跡は、煙台峰という更新世の台地上に立地し、豆満江の流域に広がる沖積地との比高は10m以上ある。表土下の厚さ2～3.5mある第1黄土層のなかからマンモス、ハイエナ、多毛サイなどの絶滅種の動物化石とともに黒曜石でつくられた小さな石器「皮剥用石器」、石片と骨角器が出土した。現地には行っていないが、遺物を検討した直良信夫は、石器の形態と絶滅種の動物化石が含まれることから後期旧石器時代と位置づけた（直良1940）。しかし、石器の出土状況がよくわからないことや、旧石器時代の石器の特徴をはっきり示す石器が伴っていないことから、この石器を旧石器時代のものとみなすことに疑問も出された。そして、確実な旧石器時代の存在を証明する遺跡の発見は1945年以降まで待たねばならなかった。

2　前期旧石器時代

　世界における旧石器文化は、ヨーロッパの南フランスにおける編年をもとに前期、中期、後期と三期区分される。前期は両面核石器の一種であるハンド・アックスに代表されるアシュール文化で、約50～20万年前とされる。人類では原人の段階であり、地質学からみると中部更新世にあたる。この文化のなかからルヴァロア技法も生まれた。中期はひとつの原石から複数の石片を割り出し、小型軽量

化した削器、尖頭器に代表されるムスティエ文化で、約15万年前から始まるとされる。人類ではヨーロッパでネアンデルタール人が活動した旧人の段階で、地質学からみると中部更新世末期から上部更新世前期にあたる。後期は石刃を使用したオーリニヤック文化で約4〜3万年前から始まる。人類では新人の段階で、地質学からみると上部更新世後期にあたる。

　ヨーロッパの旧石器時代は前期→中期→後期へと変遷するが単線的に進んだのではない。ネアンデルタール人の文化と考えられるムスティエ文化はスペインのサファイラ洞窟遺跡では2万7000年前までのこり、新人の文化であるオーリニヤック文化はブルガリアのバチオキロ洞窟遺跡では4万3000年前までさかのぼる。ある時期には旧人と新人が共存していたことを示している。

　朝鮮半島の旧石器時代の遺跡のうちでもっとも古いもののひとつが、ソウルから約50km北にいった京畿道漣川郡にある全谷里遺跡で、臨津江の支流の漢灘江がU字形に流れる南向きの舌状台地上に立地する。台地は標高40〜60mで、平地からの比高は約20mである。第2区の発掘調査の結果によると、基盤岩の上に水成堆積の砂礫層があり、その上に厚さ1.6〜3mの粘土層が堆積し、さらに表土へとつづく。場所によっては砂礫層がなく、基盤岩の上にすぐ粘土層が堆積するところもある。粘土層は下から黄色→赤色→褐色へと色調の変化がみられ、ここから石器163点が出土した。大型の石器には両面核石器、多角面円球（クリーヴァー）、チョッパーがあり、小型の石器では掻器が多数をしめ、ほかに尖頭器、彫器がある。石材は石英と珪岩が全体の86％をしめ、他に花崗片岩、片麻岩、花崗岩、雲母片岩、砂岩、粘板岩がみられ、これらは漢灘江流域で求

めることができる。

　この遺跡の発見は、1978年の春にグレッグ・ボーエンにより4点の石器が採集されたことがきっかけとなり、研究者による踏査が行われ、多くの石器が表採されている。発掘調査は翌1979年より行われた。

　遺跡の年代については、次のような意見が出されている。①両面核石器は典型的なアシュール文化のハンド・アックスであるから前期に属する、②前期末あるいは中期初のアフリカのサンゴ文化と類似しているので12万5000年～8万年前である、③ムスティエ文化の特徴を示しているから中期に属し、その年代は10万年～3万5000年前とする、④石器のなかにビュラン（彫器）技法がみられるので後期とする、⑤中国の藍田・匼河文化（前期）と丁村文化（中期）のあいだに位置する前期とみるなど、さまざまである。

　年代を考えるには、出土した石器がすべて同時代の地層からの出土のものか、形態と製作技術が東アジア全体のなかでどのように位置づけられるかなど検討すべき課題も多い。一方、化学的な年代の測定も行われた。それによると、熱ルミネッセンス年代測定法（TL法）で行った遺物包含層の年代は約4万5000年前であり、カリウム・アルゴン年代測定法（K-Ar法）による基盤岩である玄武岩の年代は27万年前である。金元龍は、後期旧石器文化の特徴である石刃がみられないことと化学的測定年代をもとに中期まで上がるとみている（金元龍 1989）。

　しかし、化学的年代測定によりヨーロッパの中期旧石器文化と同じ年代だからといって、中期とよぶには疑問がある。考古学の時期区分は、絶対年代ではなく文化内容（石器製作技法、石器の種類の

組み合わせ) で行うべきである。朝鮮半島では、現在知られている資料からは旧石器時代を前期と中期に明確に区分できるところまではいっていない。区分のためには、地理的に近い中国との関係も視野に入れておくべきであろう。したがって、今のところ、後期以前を前期としてまとめておくのがよいだろう。

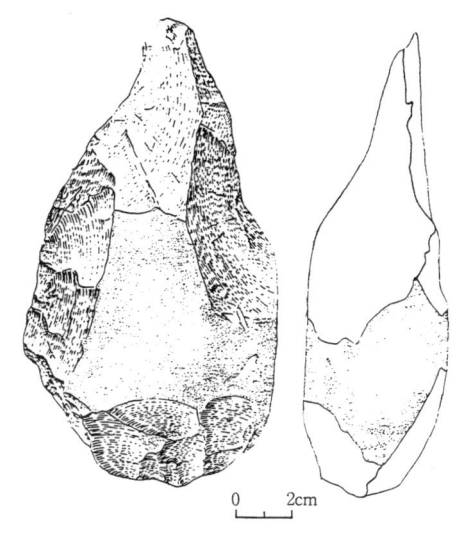

図2　全谷里遺跡出土両面核石器(報告書より)

　全谷里遺跡は露天(開地)遺跡であるが、洞窟遺跡としてはピョンヤン市祥原郡黒隅里にあるコムンモル遺跡があげられる。1966年に堤防工事のための採土中に動物化石が発見されたことがきっかけとなって調査された。石灰岩の洞窟は、道路から15〜17m高いところにあり、幅30m、奥行き2.5mの大きさである。南側は崩れ落ちているようで、本来はもっと奥深かったらしい。地層は、岩盤の上からⅠ層(細砂混じりの含礫層)、Ⅱ層(黄色砂質含礫層)、Ⅲ層(赤褐色細砂混じり含礫層)、Ⅳ層(赤褐色含礫層)、Ⅴ層(鍾乳石混じり層)と堆積し、Ⅴ層は洞窟の天井が落下した層と推定される。Ⅳ層からは、珪質石灰岩の尖頭状石器、両面核石器、台形石器、剥片石器などの石器が、多くの動物化石とともに出土した。ほかに石

英岩の礫があるが、人による加工の痕がみられるかは不明である。動物化石には祥原ウマ、洞窟クマ、大サイ、短頸ハイエナ、大蘆田ネズミなどの絶滅種が全体の70％と多く、また「温暖な動物相」が目立つので中部更新世初期の様相を示すといわれる。石器は長さ20.4cmもある大型品をはじめとして14〜15cmの大きさであり、パキスタンの先ソアン文化や中国の匼河文化と類似することが指摘されている。以上のことから、Ⅳ層の年代は40万〜50万年前と推定された。

　これらはもっとも古い旧石器文化であるが、戦後はじめての旧石器文化遺跡の調査は1963年の屈浦里遺跡と1964年から継続的に行われた石壮里遺跡である。両遺跡は、朝鮮半島における旧石器文化の存在を確実なものとし、このときから旧石器文化の研究が始まったといっても過言ではない。

　屈浦里遺跡は咸鏡北道雄基郡にあり、櫛目文土器時代の西浦項貝塚を発掘調査中に貝層の下から石器が出土したことをきっかけとして調査が始められた。第4・5調査区で層位は上からⅠ〜Ⅶ層に分けられた。下のⅥ層が屈浦里第1文化層、上のⅤ層が屈浦里第2文化層で、その上には新石器時代の住居址が無遺物層であるⅡ、Ⅲ、Ⅳ層を掘り込んでいた。第1文化層の石器は石英製で、チョッパーや剥片でつくられた小型石器が出土し、旧石器文化中期の様相を示しているという。第6〜8調査区の第1文化層では、石器製作址とみられる石の集中個所がある。長さ11.5m、幅8mの範囲内に5〜6個の大きな石が集中するが、そのうち東北隅にある平たい石は、長さが1m余りあり、その周辺から石英の破片が50余点出土した。石器をつくるときの台石として使われたと思われる。その他の大き

な石は、ここに設けられた天幕の端を留めるための重しと考えられているが確かではない。第2文化層の石器は、大理石製の掻器と角頁岩製の削器あるいは石刃で、旧石器文化後期の様相を示すという。ここから5km離れた咸鏡北道雄基郡露西面鮒浦里徳山の鮒浦里遺跡で採集された石器にも同じ様相がみられる。

　石壮里遺跡は忠清南道公州郡にあり、公州の街から錦江を5kmほど上流に行った右岸（北岸）の標高15～7mの台地上とその傾斜地に立地する。発掘調査は、1964年から1974年まで10次にわたって行われ、さらに1990年と1992年にも行われた（孫宝基 1993）。第1地区（東）と第2地区（西）はおたがい130m離れているが、第2地区の標高12.6m地点でもっとも細かく地層が分けられた。孫宝基によると、堆積土は28の層位に分けられるが、そのなかには石器が含まれていない層もあるので、文化層としては12層に分けられるという。また、この文化層は石器の特徴から、旧石器時代の前期、中期、後期に分けられている。対応関係をみると次のとおりである（カッコ内は地層）。地層は上から順に番号がつけられ、文化層は下から番号がつけられている。

前期—第1（27）、2（21）、3（19）、4（17）、5（15）、6（15）文化層

中期—第7（13）、8（12）、9（10）文化層

後期—第10（8）、11（6）、12（5）文化層

　前・中期の石器には、チョッパー、チョッピングトゥール、クリーバー、掻器、削器、尖頭器などがあるが、その編年的位置づけについては不明な点も多い。研究者のなかには、すべてではないにしろいくつかの石器は後期に属するという意見もある。また、地層の地

質学的な研究――たとえば、更新世のどの段階か、いつの氷期あるいは間氷期か――も不十分であり、時期を確定するのはむずかしい。

化石人骨、石器、動物化石がいっしょに出土したトゥルボン遺跡のフンスー洞窟は、忠清北道清原郡にあり、忠北大学校によって1982、83年に調査された。洞窟入口付近に台石やハンマーとともに多くの石器が出土していて、ここが石器製作址あるいは住居のあととみられている。石器には珪岩製のチョッピングトゥールや両面核石器、クリーバー、スクレイパーがあり、前期の様相を示している。出土した人骨は、4～8歳の子供であった（李隆助 1994）。

後期を含めてこの時代の遺跡は、大同江流域、南漢江一帯に多く見られるが、臨津江とその支流である漢灘江、錦江、蟾津江の流域のほか、京畿道、江原道の内陸部にも分布する。河川流域では、おもに河岸段丘の上に立地する。露天遺跡と洞窟遺跡の2種があり、前者からは炭化物、石器の集中地点などがみつかり、人間の生活の跡がみられる。ピョンヤン市勝湖区域の貨泉洞遺跡では、直径50～60cmの丸い形で厚さ10cm位の灰層が発見されている。この灰は焚き火の跡といわれ、そのなかからは焼けた獣骨が見つかっている。京畿道坡州郡金坡里遺跡では、直径5m、深さ70～80cmの竪穴のなかに多数の石器が散布しており、工房あるいは住居の跡と考えられている。しかし、石器が床面ではなくすべて高い位置から出土しているので、住居とみる考えに疑問も出ている。

後者の洞窟遺跡は石灰岩地帯に多く、石器に化石人骨、絶滅種の動物化石が伴うこともある。また、石器は出土せず、化石人骨、絶滅種の動物化石のみの場合もある。石器の材質は石英と珪岩が多く、原石材はいずれも遺跡からそう遠くないところで採石した。

3 後期旧石器時代

　後期になると、ひとつの原石材から効率よく数多くの石器をつくり出した。なによりもひとつの原石材を割って多くの剥片を取り出し、それに2次加工をした石器をつくり出したことが特徴である。したがって、石器は小型化し用途に応じてさまざまな種類の石器をつくることが可能となった。また、加工しやすい良質の石材を求めて、500kmも遠くから手に入れることもあった。江原道楊口郡の上舞龍里遺跡は漢江上流の北漢江沿いにあるが、中朝国境に位置する白頭山で産出する黒曜石でつくられた掻器、削器、彫器、石刃などの石器が出土している。

　この頃になると、露天遺跡のなかで明らかに住居の跡とみられる遺構が発見されている。石壮里遺跡第1地区の第51発掘坑では柱の痕跡と炉址がみつかり、住居址と考えられている。炉跡にのこっていた木炭の^{14}C年代測定をしたところ、20830±1880B.P.という年代が出た。この住居址は、地層からみて第2地区の第12文化層に相当する時期と考えられている。第12文化層からは、珪質頁岩の細石刃と細石核が出土しているので後期でも遅い時期である。

　垂楊介遺跡は、忠清北道丹陽郡にあり、南漢江上流の川の流れのすぐ横に位置する。現在は忠州ダムにより水没してしまった。忠北大学校の李隆助により発掘され、10個にわかれる地層のうち5つの文化層が確認された。そのうち、Ⅴ層が中期、Ⅳ-①層とⅣ-②層が後期であるが、大部分の石器はⅣ-②層から出土した。石器には、両面核石器、チョッパー、チョッピングトゥール、石刃、掻器（サ

図3 垂楊介遺跡の細石器(上)と剥片尖頭器(右)(忠北大学校博物館 1986)

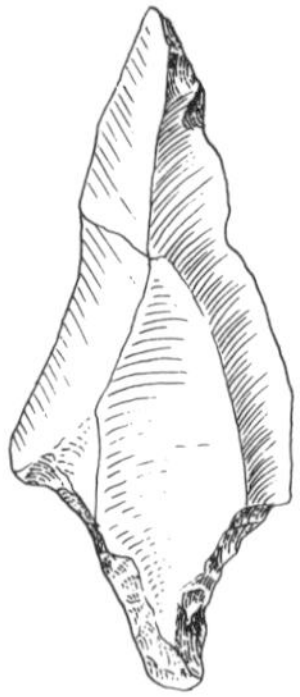

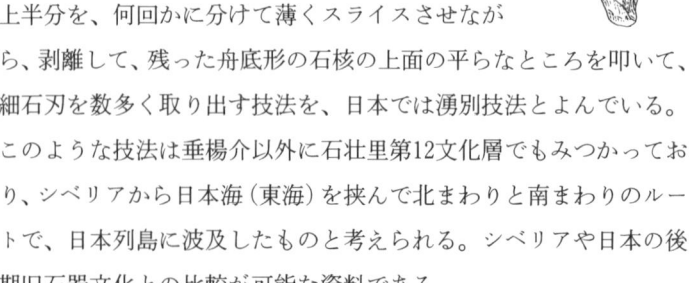

イドスクレーパー)、削器(エンドスクレーパー)、細石核、スキー状スポール、剥片尖頭器、剥片などがある(忠北大学校博物館 1986)。細石器には舟底形細石核があり、これはシベリア、中国北部、日本列島に広く分布している。横長楕円形の石の上半分を、何回かに分けて薄くスライスさせながら、剥離して、残った舟底形の石核の上面の平らなところを叩いて、細石刃を数多く取り出す技法を、日本では湧別技法とよんでいる。このような技法は垂楊介以外に石壮里第12文化層でもみつかっており、シベリアから日本海(東海)を挟んで北まわりと南まわりのルートで、日本列島に波及したものと考えられる。シベリアや日本の後期旧石器文化との比較が可能な資料である。

　剥片尖頭器は、基部の左右を削り茎をつくり出した特徴ある尖頭器で長さが6～9cmある。日本列島では九州に分布し、その出現は、始良Tn火山灰の降灰直後の時期からみられる。始良Tn火山

灰（AT パミス）は、鹿児島県の姶良カルデラの巨大噴火によって成層圏や対流圏に放出された火山灰が風に運ばれて降下堆積したもので、その分布範囲は日本列島全域をおおうばかりでなく、日本海、朝鮮半島、東シナ海、太平洋にまで及んでいる。その噴火年代は加速器質量分析法（AMS）による ^{14}C 年代測定によると2万5000～2万4000年前であり、九州における剥片尖頭器の上限年代を決めるてがかりとなっている。垂楊介遺跡のⅣ層の年代は、^{14}C 年代測定では1万6400B.P.と出ているが、姶良 Tn 火山灰の降灰年代も参考となろう。姶良 Tn 火山灰層は、噴火地点から遠くに行けばいくほど堆積が薄くなり粗となるが、慶尚南道密陽郡丹場面の古禮里遺跡でも検出されているので、朝鮮半島でもこれから各地で検出されるだろう。最近の全谷里遺跡の調査では、文化層の上部から姶良 Tn 火山灰が検出されているので、全谷里遺跡が営まれた遅い時期の年代を2万5000年前頃と推定できる。

　更新世後期の最後の氷期であるヴルム氷期が7万年前から1万年前までつづくが、その間に何度か小さな氷期と間氷期をくり返した。5万年前と2万年前には極寒期をむかえ、海水面が今より100m以上さがり、朝鮮半島と日本列島が陸つづきになっていたときもあった。垂楊介遺跡の花粉分析によれば、マツ科などの冷涼な気候の植物が検出され、炭化物の調査では成長が遅かったことが知られる。ヴルム氷期のなかでも寒冷な時期に営まれた遺跡であり、新しい動物の出現に対応して剥片尖頭器や細石器を生み出したのだろう。このように地球規模の環境の変化は植物相や動物相に影響を及ぼし、それらを捕獲して食料とする人類は、新しい変化に対応して捕獲のための新しい道具をつくり出していった。

第2章　櫛目文土器時代

1　土器の出現（早期）

　今から1万3000年前になると5〜6万年つづいた最終氷期（ヴルム氷期）もようやく終わりに近づき、後氷期あるいは完新世へと移行しはじめ、8000年前には現在とほぼ同じ気候になった。日本海に暖流である対馬海流が本格的に流入するのも、海底コアの酸素・炭素同位体比の測定で約8000年前という結果が出ている。半島で土器が出現するのは、地球上でこのように大きな気候変化がおこり、人類をとりまく環境が変わった時期にあたる。

　最古の土器のひとつが、済州道北済州郡翰京面の高山里遺跡で出土している。土器には、口縁部に隆起文をつけた口径50cmくらいに復元できる平底鉢と文様のない平底と推定されるスサ入り土器片があり、長さが3cmくらいの正三角形や二等辺三角形をした小型有茎石鏃とともに出土した。遺物包含層は厚さ50cmの黒色土層のなかにあり、この層の上から鬼界アカホヤ火山灰が検出されたという（任孝宰 1995）。鬼界アカホヤ火山灰（K-Ah）は、九州南端の佐多岬から南西に約40km離れた海域にある鬼界カルデラから噴火して広がった火山灰で、その噴出年代は約6300年前とされる。した

がって、隆起文土器出現のおおよその年代を6300年以前とみることができる（任孝宰 1995）。

半島南部では、ほかに新岩里遺跡（慶尚南道蔚州郡）、東三洞遺跡（釜山市影島区）、瀛仙洞遺跡（釜山市影島区）、多大浦（釜山市西区）、山達島遺跡（慶尚南道昌原郡）、上老大島上里（慶尚南道統営市）、小黒山島（全羅南道新安郡）などの南海岸や島嶼部で隆起文土器が出土している。東三洞では貝塚最下層の混土貝層から尖底無文土器、平底隆起文土器とともに頁岩製扁平石斧、貝釧、骨製結合式釣針が出土し、その層の ^{14}C 測定年代は4980～4360B.C.（補正）と出ている。共伴する遺物は、旧石器時代には見られない新しいものである。また、上老大島上里貝塚の隆起文土器を出す第Ⅴ層の ^{14}C 測定年代は5620～4950B.C.（補正）と出ている。この年代は、高山里遺跡の火山灰による年代にも近い。

隆起文土器には、断面三角形の細い隆起線文、刻み目のある隆起帯文、微隆帯状の幾何学状隆起線文、微隆帯状の隆起文と沈線文の組み合わせなど各種の文様がある。器形では、平底鉢や丸底鉢が多い。典型的な櫛目文土器が刺突文や沈線文で土器に刻み込む文様であるのに対して、隆起文土器は文様を貼りつけるという相違がある。また、施文部位も口縁部と胴上部にかぎられる。

新岩里遺跡から日本海を北上した江原道襄陽郡の鰲山里遺跡A地区では、無遺物層である第Ⅳ層をはさんでその下の第Ⅴ層から口縁にのみ刺突文を施す平底土器が出土している。一方、隆起帯をもつ隆起文土器は第Ⅴ層と第Ⅲ層から出土しているが、わずかな数なので混入の可能性もあり共伴関係は不明である。刺突文と沈線文が組み合わさったこのような土器は櫛目文土器出現以前ということで口

第2章 櫛目文土器時代　19

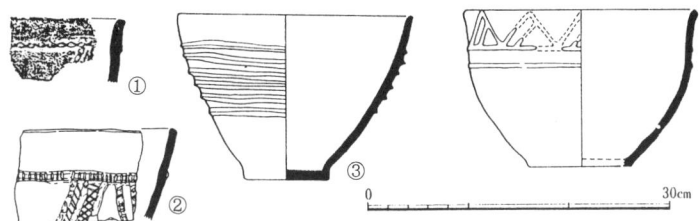

図4　隆起文土器（鄭澄元 1986）1,2 東三洞遺跡　3,4 鰲山里遺跡

縁文土器とよばれた。第Ⅴ層では、円形ないし楕円形の竪穴住居址が10軒確認され、土器のほか結合式釣針、石鋸（銛）、石小刀などが出土している。結合式釣針は東三洞最下層にもみられ、そこからの隆起文土器との関係がうかがえる。^{14}C測定年代では、A地区Ⅴ層の年代を4850〜3970B.C.（補正）としている。B地区の試掘坑では、断面三角形の細い隆起線文を3条ずつ口縁部と胴部に分けて施した鉢が出ている。出土した層位は不明であるが、尖底土器と平底土器よりも下の地点からといわれ、それより古く位置づけられる。B地区の隆起文土器が出土した地点は、^{14}C測定年代では5950〜5490B.C.（補正）と出ている。これだけの資料からは隆起文土器と口縁文土器の前後関係は決めにくいが、B地区の断面三角形隆起線文をもつ隆起文土器が先行して出現し、ある時期は口縁文土器と隆起文土器が共存するとみておこう。同じ東海岸地域で鰲山里よりやや北の江原道高城郡文岩里遺跡でも平底の隆起文土器が出土している。

口縁文土器は東海岸をさらに北上した咸鏡北道雄基郡の西浦項遺跡でもみられる。30軒以上の住居址が発見されたが、切り合い関係からみてもっとも古い9号住居址から、口縁部に4段の短斜線刺突

文をめぐらした平底深鉢が出土している。鰲山里A地区V層の口縁文土器と同じ系譜にあるといえよう。むしろ西浦項から鰲山里への影響と考えられる。

隆起文土器は今のところ半島の南海岸と島嶼部に多くみられ、東海岸を北上しつつある。一方、内陸部でも慶尚南道居昌郡の壬仏里遺跡や忠清北道丹陽郡の上詩里岩陰遺跡でもみつかっており、調査が進めばさらに増えるだろう。

朝鮮半島における旧石器時代から新石器時代への移行は、土器の出現をもってその境とする。研究史の上でみると、半島での古い土器は櫛目文様のついた土器すなわち櫛目文土器（韓国ではピッサルムニ土器とよばれる）と認識され、新石器時代の文化を土器で代表して櫛目文土器文化とよんだ。そののち、あとにつづく青銅器時代が無文土器時代とよばれるように、新石器時代も土器の名称をとって櫛目文土器時代とよばれるようになった。しかし、その後の発掘調査により最古の土器には櫛目文ではなく隆起文がつくことが明らかとなったが、この段階も含めて時代名称としては「櫛目文土器時代」を用いる。そして、隆起文土器や口縁文土器の段階を櫛目文土器時代の早期、あるいは先櫛目文期とよんでいる。

2 櫛目文土器の分布と編年（前期・中期・後期）

「櫛目文土器」という名称をはじめて使ったのは、当時京城帝国大学教授であった藤田亮策である（藤田 1930）。それによると、半島で出土する「櫛の歯様のもので平列した点または平行線文をつくり、かならず2本以上の線または点線が平行してつけられた」土器

が、フランス、ドイツ、スウェーデン、ロシアにみられる「櫛歯状のもので引掻いて屈折波文・平行点線文等の文様をつくった」土器と同一の範疇に入り、ドイツではこの種の土器を Kamm Keramik とよんでいるので、その和訳である櫛目文土器という名を用いることとなった。名称の背景には、北方ユーラシアに広く分布する土器が文化連鎖で伝わってきたという理解があるが、これに対しては、各地域での細かい編年ができていない現状では、首肯できないという意見がある。一方、三上次男は櫛目文でない文様が少なくないことから「有文土器」の名称を用いている（三上 1959）。ほかに、「櫛文土器」、「幾何文土器」、「ピッサルムニ（櫛の歯文様）土器」という呼び方がある。

　櫛目文土器は、砲弾形ともよばれる丸底あるいは尖底の深鉢が代表的な器形で、櫛歯状工具によって刺突文や沈線文を表した土器をいうが、地域と時期によりそれぞれ特徴がみられる。地域としては、東北朝鮮、西北朝鮮、東朝鮮、西朝鮮、中朝鮮、南朝鮮の6地域に区分され（図5）、前2地域は平底系土器文化圏を形成し中国東北地方との関係が深く、むしろ極東平底土器文化のなかで理解したほうがわかりやすい。後4地域は尖底系土器文化圏を形成し、南朝鮮地域は日本列島の九州との関係がみられ、東朝鮮地域は尖底と平底両文化圏の影響がみられる。全羅道の西南朝鮮は、今のところ遺跡がほとんど知られていないのでよくわからない。時期区分としては、早期のあとに前期、中期、後期がつづく。ここで、各地域についてすこし詳しくみていこう。

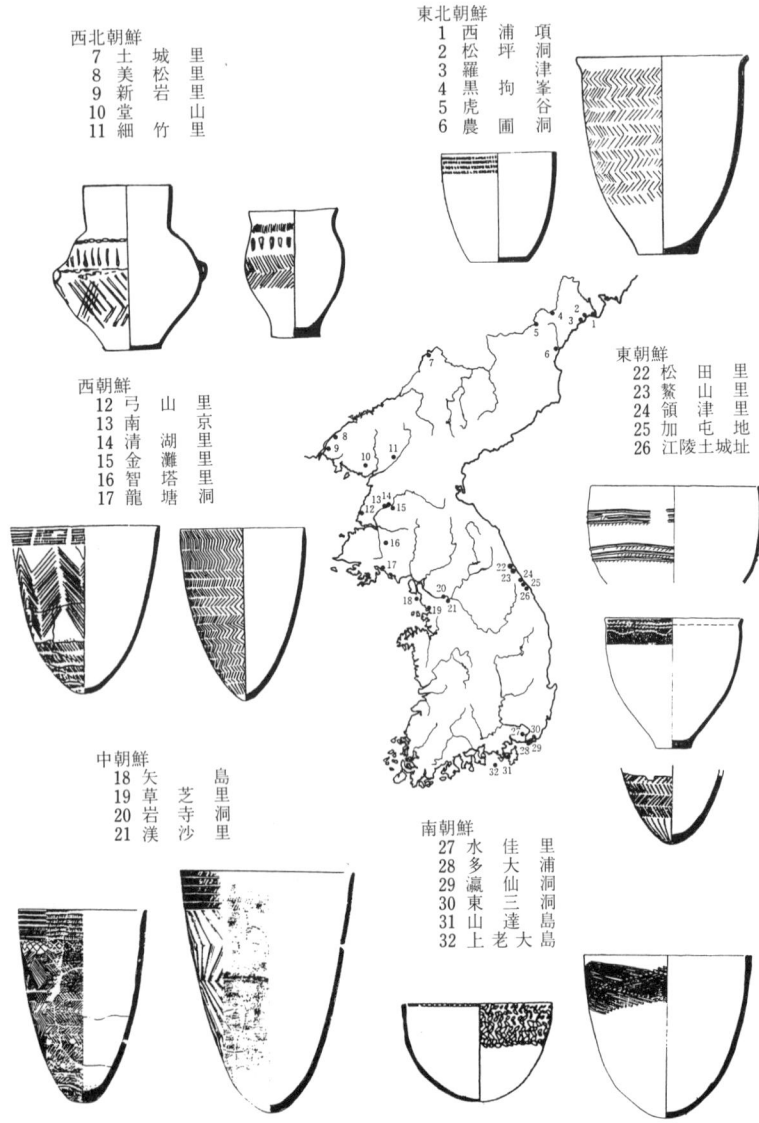

西北朝鮮
7 土城里
8 美松里
9 新岩里
10 堂山里
11 細竹里

東北朝鮮
1 項坪
2 松坪
3 西浦項
4 羅津
5 黒拘峯
6 農圃洞谷

西朝鮮
12 弓山
13 南京里
14 清湖里
15 金灘里
16 智塔里
17 龍塘洞

東朝鮮
22 松里
23 鰲山里
24 領津地
25 加屯
26 江陵土城址

中朝鮮
18 矢島里
19 草洞里
20 岩寺
21 渼沙

南朝鮮
27 水浦里
28 多佳洞
29 瀛大島
30 東仙島
31 山三
32 上老大達

図5 櫛目文土器の型式と分類

（1）西朝鮮地域

　住居址の切り合い関係で時期差が決められる資料はないので、文様の変化による編年が行われている。前期に属する智塔里遺跡は、黄海北道鳳山郡にあり1957年に発掘調査された。第1地区は智塔里土城内にあり、Ⅰ層（櫛目文時代層）、Ⅱ層（古代文化層）、Ⅲ層（中世とそれ以降）に分かれ、Ⅰ層から住居址が発見された。第1号住居址出土の土器は、尖底深鉢で口縁、胴、底部と3区文様帯をもつ。口縁には刺突による数段の列点文、胴部には沈線による魚骨文、底部には沈線による平行斜線文が施される。尖底のほか、平底の浅鉢や平底の壺もみられる。ここより東南に約750m離れた第2地区の第2号住居址では、口縁の列点文のすぐ下に刺突による重弧文、胴部に魚骨文、底部に横走魚骨文を施した尖底深鉢が出土している。尖底のほか、平底浅鉢、丸底浅鉢、壺などの器形もある。口縁と胴部の間に新しい文様が入り込み、時間的に後出するとみられる。第1号住居址の土器を智塔里Ⅰ期、第2号住居址の土器を智塔里Ⅱ期として、前期を2段階に細分できる。智塔里Ⅱ期につづく金灘里第Ⅰ文化層が中期に属する。金灘里遺跡は、ピョンヤン市寺洞区域にある集落遺跡であり1954年に調査された。下から第Ⅰ、Ⅱ、Ⅲ文化層に分けられ、Ⅰ、Ⅱが櫛目文土器文化で、Ⅲが無文土器文化に属する。第Ⅰ文化層出土の土器は、数条を単位とする沈線文、三角集線文、横走魚骨文が施されるが、明確な文様区分帯がみられなくなり、口縁から底部までがひとつの文様帯となる。第Ⅱ文化層の土器には、全面に横走魚骨文がみられる尖底深鉢、無文の丸底深鉢があり、口縁が外反するものも現れる。文様が単純化され無文となり、器形も丸みを帯びていく傾向がある。この層の土器を後期と位置づ

図6　1975年度調査岩寺洞住居址（国立中央博物館）

ける。西朝鮮地域では、平安南道温泉郡の弓山里遺跡でもこの時代の貝塚と住居址が調査された。出土した土器は4時期に区分され、1期が智塔里Ⅰ期、2期が智塔里Ⅱ期、3期が金灘里第Ⅰ文化層、4期が金灘里第Ⅱ文化層に対応する。

　西朝鮮地域の遺跡は、大同江流域とその河口付近の海岸に分布し、行政区画でいうと平安南道、黄海北道、黄海南道にあたる。

(2) 中朝鮮地域

　住居址の切り合い関係と文様の変遷から編年が組み立てられる。地域的に西朝鮮と近いので、器形・文様ともにお互い近似する。ソウル市江南区にある岩寺洞遺跡は、漢江左岸の自然堤防上に立地し、1925年の大洪水のときに遺跡の存在が知られた。1975年の国立中央博物館による調査では11軒の住居址が検出され、切り合い関係から3号→11号→5号と2号→8号→6号→4号という築造順序が確認された。2号住居址は焼失家屋で、出土した木炭の ^{14}C 測定年代は3950～3660B.C.（補正）と報告されている。3号住居址は、床面から口縁に刺突による短斜線文、胴部に沈線魚骨文、底部に沈線斜線文あるいは横走魚骨文が施された3区文様帯の尖底深鉢が出土しており、智塔里Ⅰ期と併行する時期である。4号住居址では床面から、口縁に刺突による短斜線文とそのすぐ下に三角集線文のある尖底深鉢や、胴部に2～3条を単位とする平行斜線文の土器が出土していて、これは金灘里第Ⅰ文化層の土器に似る。また、口縁下に列点重弧文そして胴部に魚骨文のある尖底深鉢は智塔里Ⅱ期の土器に似るが、魚骨文の沈線が太くなる。3号住居址を岩寺洞Ⅰ期として前期に位置づけ、4号住居址を岩寺洞Ⅱ期として中期に位置づける。

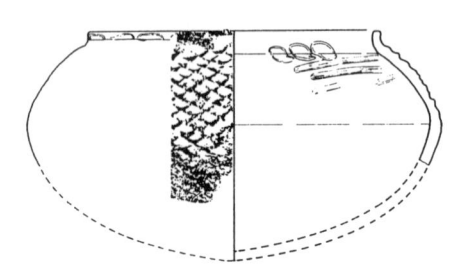

図7 錦江式土器（申鍾煥 1995）

後期は矢島貝塚出土の土器にあてることができる。矢島は江華島のすぐ南にある小さな島で、京畿道甕津郡に属する。1970年に3つの地区が調査された。第1地区では、口縁に短斜線文のある土器もみられるが、大部分は底部を除いた全面に横走魚骨文を施した尖底深鉢であり、これを典型的な後期の土器とする。第2地区では、口縁に短斜線文、胴部に斜格子文あるいは横走魚骨文を施した尖底深鉢が出土している。第1地区と第2地区との層位関係は不明であるが、文様からみると第2地区が古い様相を示している。そこで、第2地区の土器を中期に含める考えもある。後期の土器は、文様が省略化され横走魚骨文が主体となる特徴がみられる。

漢江流域から錦江に及ぶ地域と島嶼部に分布するが、南の錦江流域では後期になると、口縁に菱形文様がつき丸底となる特徴ある土器が出土し、錦江式土器と名づけられている（申鍾煥 1995）。

（3）南朝鮮地域

釜山市東三洞貝塚は1969年～71年に発掘を担当した韓炳三により、地層が3層に分けられ、各層から次のような土器が出土した。

最下層（混土貝層）―尖底無文土器、丸底無文土器、平底深鉢隆起
　　線文土器、口縁斜交線文尖底土器、若干の櫛目文土器

中間層（貝殻層）―櫛目文土器が主体をなすが、2種類ある。組帯

文（さまざまな集線文）や太線魚骨文で口縁から全面に施文される大型の尖底深鉢と、口縁に短斜線文を胴部に魚骨文を施し、中間部以下の文様を省略するものもある小型の胴が膨らむ尖底深鉢である。

上層（黒褐色土層）―変形櫛目文土器、二重口縁尖底土器、丹塗磨研土器

　各層から櫛目文土器が出ているが、層位により時代が異なることは明らかであるという。しかし、はっきりとした編年はまだできなかった。それが可能となったのは、1978、79年に発掘された慶尚南道金海郡の水佳里貝塚である。貝塚は広範囲におよび5地点に分かれて調査された。そのうち第3区は標高8ｍの低い台地の上に位置し、6つの地層と3つの文化層に分けることができた。地層は表土の下に純貝層と黒褐色混貝腐植土層が交互に堆積し、耕作による影響はⅠ層（純貝層）とⅡ層の一部までであるので、Ⅲ層以下の層位的上下関係は時期差を示している。そこで、文化層は次のように分けられた。

　水佳里Ⅰ期（第Ⅵ、Ⅴ層）―口縁に短斜線文を胴部に横走魚骨文をほどこすもの、口縁に菱形集線文を胴部に横走魚骨文をほどこすものの、口縁に三角集線文を胴部に横走魚骨文をほどこすものなどがあり沈線は太く深い。器形としては、尖底深鉢がもっとも多くほかに碗、甕、壺、丹塗磨研土器がある。土器は東三洞中間層の土器と同じである。

　水佳里Ⅱ期（第Ⅳ、Ⅲ層）―口縁に斜格子文で胴部は文様なしのものや、口縁に三角集線文で胴部は文様なしのものなどがある。器形は尖底深鉢のほか碗、甕、長頸壺がある。

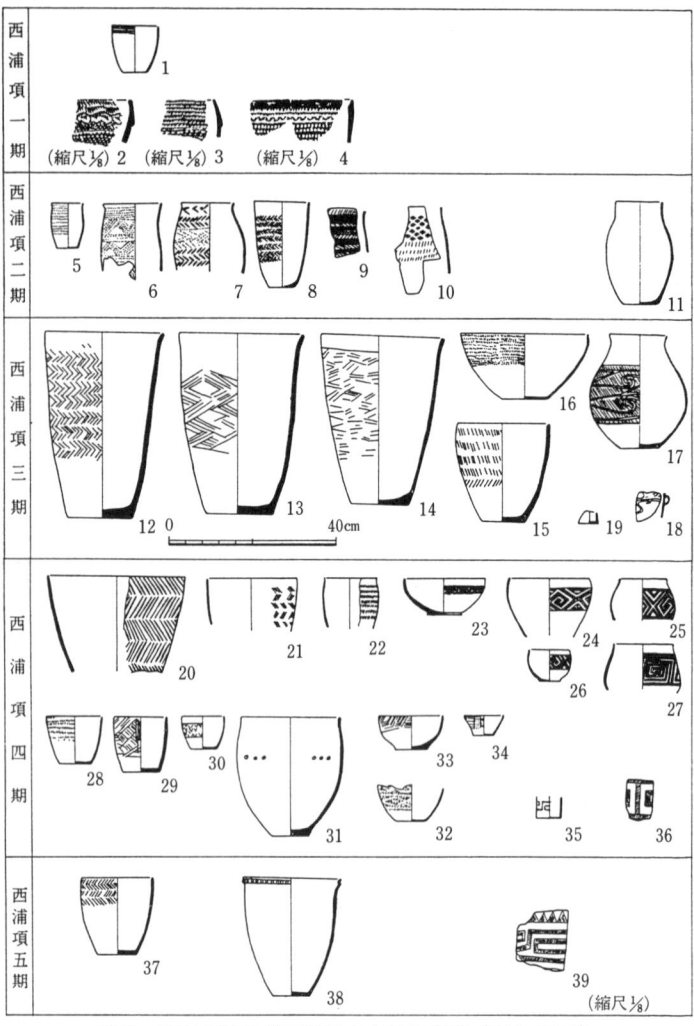

図8 東北朝鮮地域の櫛目文土器の変遷（宮本 1986）

1：西浦項9号住居址　2〜4：羅津　5〜9：西浦項17号住居址　10：西浦項2期堆積層　11：西浦項23号住居址　12〜14・18・19：西浦項8号住居址　15〜17：西浦項26号住居址　20〜27：農浦洞　28・34〜36：西浦項11号住居址　29・33：西浦項15号住居址　30〜32：西浦項18号住居址　37・38：西浦項7号住居址　39：松坪洞

水佳里Ⅲ期（第Ⅱ、Ⅰ層）——二重口縁土器や口縁に一、二条の短斜線文のみのものなどがある。

　水佳里Ⅰ期は東三洞中間層の土器であり、水佳里Ⅱ・Ⅲ期は東三洞上層の土器にあたる。そうすると、東三洞最下層は水佳里貝塚形成以前の時期となる。最下層のうち口縁斜交線文尖底土器、若干の櫛目文土器は瀛仙洞貝塚から出土していて、これを隆起線文土器から分離して瀛仙洞期とする。東北朝鮮、東朝鮮の影響がみられ、口縁に刺突文、短斜線組合文を施すのを特徴とする。水佳里貝塚の時期になると中朝鮮の影響がみられる。これにより、南朝鮮の土器を前期（瀛仙洞期）、中期（水佳里Ⅰ期）、後期（水佳里Ⅱ・Ⅲ期）と分けることができる。さらに層序により、二重口縁土器を特徴とする水佳里Ⅲ期を後期から分離して晩期を設定することもできる。

（4）東北朝鮮地域

　咸鏡北道の西浦項遺跡の層位と住居址の切合い関係から、編年が行われている。住居址はあわせて30軒以上が発見されたが、そのうち切合い関係から9号→17号→8号→18号→7号の順序がわかり、層位からは17号と19号、23号が同一時期で、18号と11号、15号、21号、22号が同一時期である。さきの切合いの順序をもとに、西浦項Ⅰ期、Ⅱ期、Ⅲ期、Ⅳ期、Ⅴ期という時期が設定されている。Ⅰ期の土器は、口縁に櫛歯状施文具で4段の短斜列点文を施した平底深鉢で、刺突文系の文様である。Ⅱ期は、口縁から胴部にかけて施文され、列点文や短斜線文などの刺突文系と、魚骨文や斜線文などの沈線文系の文様が施される。器形は平底深鉢である。Ⅲ期は、横走魚骨文などの沈線文系が主体となるが、刺突文系ものこる。Ⅳ期は、

前からの系統を引く横走魚骨文の平底深鉢のほか、区画のなかを斜線で埋めた雷文を胴部に施した平底深鉢や壺が新たに現れる。Ⅴ期は7号住居址より前からの系統を引く口縁にのみ横走魚骨文を施した平底深鉢のほか、刻みをつけた突帯を口縁下にめぐらす以外に文様のない平底深鉢が新たに現れる。後者については、無文土器時代の土器とみる考えもある。以上が報告書にもとづく編年であり、Ⅱ期が前期、Ⅲ期が中期、Ⅳ期とⅤ期が後期に位置づけられる。これに対して、層位の区分に一部不明瞭な点があること、各期に分類した住居址どうしが本当に時間的に併行関係であるのか、そしてなによりも土器の型式的変遷の説明がされていないという指摘がある。土器の型式を重視する立場からこの地域の土器をみると、①口縁部に刺突文系を施す土器、②口縁部に短斜線文や列点文などの刺突文系を胴部に魚骨文などの沈線文系を施す土器、③口縁部と胴部に横走魚骨文などの沈線文系を施す土器に分けられる（宮本 1986）。西浦項遺跡では、Ⅰ期とⅡ期の一部が①に、Ⅱ期の一部とⅢ期、Ⅳ期が③に属し、②はほとんど見られないが、東北朝鮮の咸鏡北道羅津市出土の土器口縁部破片や金策市双浦洞出土の土器に②がみられる。他地域の例を参考にして文様変遷をみると、①→②→③の順は妥当であり、①は鰲山里での出土例から早期に、②は前期に、③は中期と後期に位置づけられる。

(5) 東朝鮮地域

　鰲山里遺跡A地区では、すでに述べた第Ⅴ層の上にある第Ⅳ層（無遺物層）をはさんで、第Ⅲ層（中層）とその上の第Ⅱ層（上層）から櫛目文土器が出土している。中層からは口縁に集短線文と斜格子

文の複合文様のある平底深鉢が、上層からは口縁に短斜線文が胴部に横走魚骨文が施された尖底深鉢や口縁に三角集線文がみられる土器が出土している。中層の土器は平底であることから東北朝鮮との関係が考えられ、上層の土器は岩寺洞Ⅱ期からの影響とみられる。したがって、中層を前期に、上層を中期に位置づけられる。

(6) 西北朝鮮地域

　清川江を境にして西朝鮮と区分され、その北側から鴨緑江下流までの地域をさす。調査された遺跡の数は少なく、この地域での全期間を通した編年はできていない。朝鮮半島の他の地域と異なり中国の遼東地方との密接な関係がみられ、むしろ極東平底土器群のなかでとらえたほうがよい。平安北道義州郡の美松里遺跡は、石灰岩の洞窟遺跡で遺物を含まない粘土層をはさんで上下の2層に分かれる。下層からは、連続弧線文土器や沈線文系の土器が出土し、極東平底土器群前半期に位置づけられる。平安北道定州郡堂山遺跡の下層からは沈線文系の土器が出土し、極東平底土器群後半期である遼東地方の小珠山中層文化と対比できる。平安北道龍川郡の新岩里遺跡は4つの地点が発掘され、各地点の文化層をもとにⅠ期、Ⅱ期、Ⅲ期に分けられた。Ⅰ期の文化層では雷文系幾何学文が施された土器やボタン貼付文土器がみられ、極東平底土器群終末期の双砣子1期に平行する。これを朝鮮半島の編年に照らし合わせると、美松里下層が前期、堂山下層が中期、新岩里Ⅰ期が後期でもその末に位置づけられる。

3　集落と生活

　遺跡には貝塚、住居址、洞窟、埋葬の種類があるほか、遺構は確認できないが土器片が表採できる散布地や、発掘によって確認できた包含層などがある。1995年までに半島全体で405カ所が確認されたが、そのうち貝塚は122カ所、住居址は26カ所あり、遺跡は中朝鮮、東北朝鮮、南朝鮮の地域にとくに多い。海岸に面したところや大河川の川縁に立地し、貝塚や集落を形成した。中朝鮮の岩寺洞遺跡は、漢江左岸の川縁の台地上（自然堤防）に営まれた集落であり、26軒の竪穴住居が調査された。1辺が4～6mの隅丸方形あるいは円形で、深さは平均60～90cmであるが、深いものでは1mをこえる。1975年に調査された2号住居址は火災にあった焼失家屋で、炭化材から砂質の壁にそって丸太を並べた壁体施設があったことが確認された。住居の床は地山である砂質土のままで、中央には径50～70cmの石囲炉があり、四隅には柱穴がある。1975年に調査された1号住居址の、南壁には、住居内に降りていくスロープがつき入口施設と考えられた。そして左手奥の壁際には深鉢を倒立して置いた貯蔵施設がある。

　これと同じ立地を示す遺跡には、渼沙里、細竹里、金灘里、南京、智塔里の各遺跡がある。智塔里1号住居址は1辺7mの方形住居であるが、砂質土の床や壁に粘土を貼って補強している。また、土器を倒立した貯蔵施設は、入口すぐ右横の壁際に1カ所設けられるほか、中央の石囲炉の周辺にもみられる。

　一方、海岸に面した台地上に立地する遺跡としては、西朝鮮の弓

山里遺跡がある。海に面した標高20mの丘陵の斜面に営まれた貝塚と集落遺跡で、4号住居址では中央の炉のすぐ南に直径40cm、深さ40cmの穴を掘り、そのなかに底部を欠いた土器が逆さに立てられていた。土器内部には貝殻や魚の骨が入れられ、板石が蓋として被せられていたので、貯蔵施設と考えられる。この例により、他の遺跡から出土する倒立深鉢も貯蔵施設と考えられるようになった。1号住居址でも同じ施設がみつかっている。東北朝鮮の西浦項遺跡も海に近いところの低い丘陵の斜面に幅40m、長さ100mの範囲で営まれた貝塚と集落である。これに対して、東朝鮮の鰲山里遺跡は海岸から200m奥に入った砂丘の上に立地し、貝塚は営まれず住居址と包含層からなる。

　この時代の遺跡の多くは海岸に近い丘陵斜面や砂丘上あるいは大河川の下流域に分布し、海での漁撈や陸での狩猟や植物採取による食料獲得を行っていたと考えられるが、内陸部の小河川流域に立地する遺跡も見つかりつつある。慶尚南道陜川郡の鳳渓里遺跡は、洛東江支流の黄江が形成した比高3～4mの自然堤防上に立地する集落である。この時代の中期から後期にかけて13軒の住居が営まれた。炉址や貯蔵穴からドングリやクルミが出土し、9号住居址からは土器片を再利用した漁網錘が出ているが、遺跡からは石鏃や槍が一点も出土していないという特徴をもっている。これは、狩猟よりも目の前を流れる川での漁撈と豊富な堅果類の採取による食料獲得に依存していたとみられる。同じような内陸に位置する遺跡には、清州市雙清里、慶尚北道金陵郡松竹里、慶尚北道清道郡梧津里、慶尚南道居昌郡壬仏里などの遺跡がある。

　貝塚は、東北朝鮮、南朝鮮や島嶼部、中朝鮮、西朝鮮の海岸近く

にみられる。東三洞貝塚は現在の海岸線近くに位置し、海に向かった傾斜面に貝殻や土器片が厚く堆積していた。貝塚は集落の近くや集落と同じところにつくられ、西浦項遺跡では貝層のなかに竪穴住居が掘られ、弓山遺跡では住居の上に貝層が形成されている。人間が食べたのこり滓を捨てたところで、貝類のほか魚骨、獣骨や土器片が出土し、当時の食生活を知るよい手掛りとなる。また、ここに

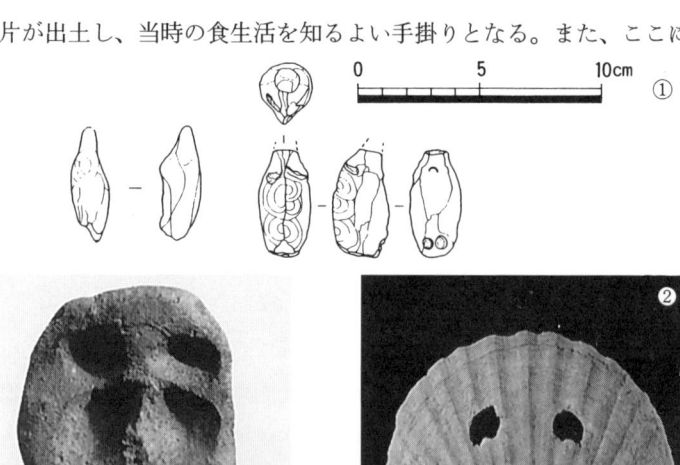

図9 土製品（①欲知島小型獣形土製品 ②東三洞貝面 ③鰲山里土面 ④新岩里土偶）

遺骸を埋葬することも行われた。

　精神生活を物語る遺物に、人や動物を模した製品がある。東三洞貝塚出土の目と口に孔をあけたイタヤガイ製の人面、鰲山里出土の目や口を指で押した土製人面、欲知島貝塚出土のイノシシを真似たとみられる小型獣形土製品、新岩里貝塚出土の土偶などがあるが、具体的な用途は不明である。

4　生業

　海岸沿いや河川の下流域あるいは内陸部でも中小河川に面した丘の上に集落遺跡が立地することやそこから出土する遺物からみると、海や川を生産の場とする漁撈が広範囲に行われていた。そのほか、出土した道具や自然遺物からみると狩猟、採取も行われ、智塔里など一部の地域では前期の段階から農耕も始まった。

　漁撈には、刺突・釣魚・漁網・採取による漁法があり、それぞれに応じた道具がつくられる。東北朝鮮の西浦項では両側に逆刺をもつ長さ9.2cmと9.7cmの骨製銛頭がある。基部にみられる節に紐を縛り、紐の他の端を柄に結びつけ、獲物に突き刺さると銛頭が柄からはずれる離頭銛である。三段逆刺をもつ銛頭もあり、これは同じ地域の農圃遺跡でも出土している。逆刺はないが長さ7～8cmで先端が尖り、中央がくびれているのも離頭銛とみられる。これとは別に、柄から離れない固定式の骨製銛頭もある。西浦項貝塚から出土した動物の骨をみるとアザラシ、アシカ、オットセイ、セミクジラなどの大型海獣をこのような銛で捕獲していたと考えられる。南海岸の東三洞貝塚でも、アシカ、イルカ、クジラなどの海獣、と

くに若いアシカの骨が多く出土する。ここでは離頭銛のほか、鋸歯縁石器を柄に数個をはめ込んで、組合せ銛頭とした銛がある。

東三洞貝塚で出土した魚類には、マダイ、マグロ、ボラ、ブリ、ヒラメ、ニシン、スズキ、サメがあり、とくにマダイが多い。慶尚南道上老大島貝塚でも、マダイが多く同じ傾向がみられた。釣針は結合式釣針とよばれるもので、軸部と針部を別々につくり、組み合わせて結合する。東三洞貝塚で16点以上の骨製針部、鰲山里遺跡で47点の頁岩製軸部がみられるほか、新岩里、上老大島、金海市農所貝塚、欲知島、煙台島貝塚といった東海岸から南海岸にかけて分布する。これらは、軸部が頁岩製で針部が骨角製という特徴をもち、鰲山里型結合式釣針とよばれる。これに対し、西北九州に分布する結合式釣針は軸部と針部がともに骨角製であり西北九州型結合式釣針とよばれる。鋸歯縁石器（組合式銛頭）と結合式釣針は朝鮮半島南海岸と九州西北部に分布し、対馬海峡を共通の漁場とする南海岸玄界灘漁撈文化圏を形成していた。九州の佐賀県腰岳産の黒耀石が東三洞、上老大島、煙台島から出土するのも、この文化圏のなかで運ばれていったと理解できる。一方、鰲山里から出土する黒耀石は北の白頭山から運ばれている。日本海に面する東海岸では北から大陸沿いにリマン海流（寒流）が流れ込み、アザラシやオットセイなどの海獣を銛で捕獲する東海岸漁撈文化圏を形成していた。この文化圏のなかで白頭山産黒耀石も運ばれてきた。現在は鰲山里の沖合いで南からの対馬海流（暖流）とリマン海流がすれちがっているが、オットセイとアシカが上老大島貝塚でも出土しているので、当時は寒流がもっと南下していたと考えられる。

貝類ではカキ、サザエ、イガイ、アワビ、ハマグリ、アサリなど

第 2 章 櫛目文土器時代　37

①西浦項　②西浦項　⑤煙台島

結合式釣針

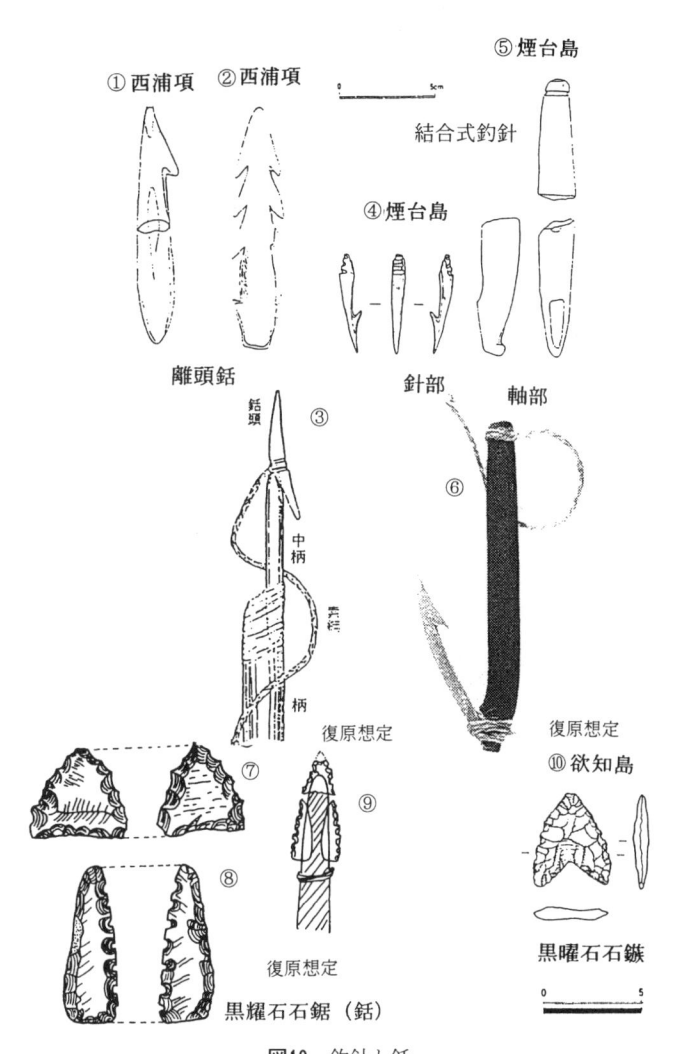

④煙台島

離頭銛　針部　軸部

銛頭
③
中柄
前柄
柄

復原想定　復原想定

⑦　⑨　⑩欲知島

⑧

黒曜石石鋸（銛）　復原想定　黒曜石石鏃

図10　釣針と銛
（①②③⑤金建洙 1998、④煙台島 1993、⑥チェ・ボックキュ 1998、⑦⑧⑨国史編纂委員会 1997、⑩欲知島）

が出土しているが、海底の地形条件により種類が異なる。東三洞では、岩礁性のイガイがもっとも多く次いでカキが、そして岩礁性のサザエやクボガイもみられるのに対して、内湾に位置する水佳里では、カキが多く砂地性のアサリもみられる。カキは海水に淡水が混じるところが条件としてはよく、河口付近や比較的浅い岩礁地帯に生育する。貝塚にみられる貝の種類のなかではもっとも量的に多い。

黄海に面する西海岸では骨角製銛頭の出土はなく、東海岸にくらべて漁網錘が多くみられる。ここは、黄河や遼河から流れ込んだ冷たい水が寒流となって、渤海湾に出て伏流水となり西海岸の島嶼地帯にぶつかると海底から上昇し、一方、南からは暖流が流れ込むので、2つの海流が合わさったよい漁場を形成している。近海の砂地や泥地に生息するボラ、スズキ、ヒラメ、エイや近海の岩礁地帯のタイを網や釣針で捕獲した。ここを西海岸漁撈文化圏とよんでおこう。漁網錘は、丸く平たい石の両側に刻みを入れたもので、金灘里遺跡IX号住居址からは600余個が出土した。近海のみでなく河川でも漁撈活動は行われ、渼沙里、岩寺洞、清湖里、弓山里、智塔里遺跡でも出土している。1975年調査の岩寺洞3号住居址からは、長さ2.2cm〜3.6cm、重さ5〜15gの漁網錘が12個出土し、石鏃やすり臼、炭化したドングリやクルミもみられた。また、10号住居址でも13個の石製漁網錘と1個の土器片を再利用した漁網錘（重さ15g）のほか、打製石斧やすり臼も出土した。集落では漁撈だけではなく、植物採取や狩猟も行われていたことを示している。

狩猟は、先端に石鏃をつけた矢を弓で引いて獲物をねらったり、石製の槍頭（ふつう石槍とよんでいる）を先端につけた槍を手で投げて、シカやイノシシを捕獲した。西浦項では海獣も食料としてい

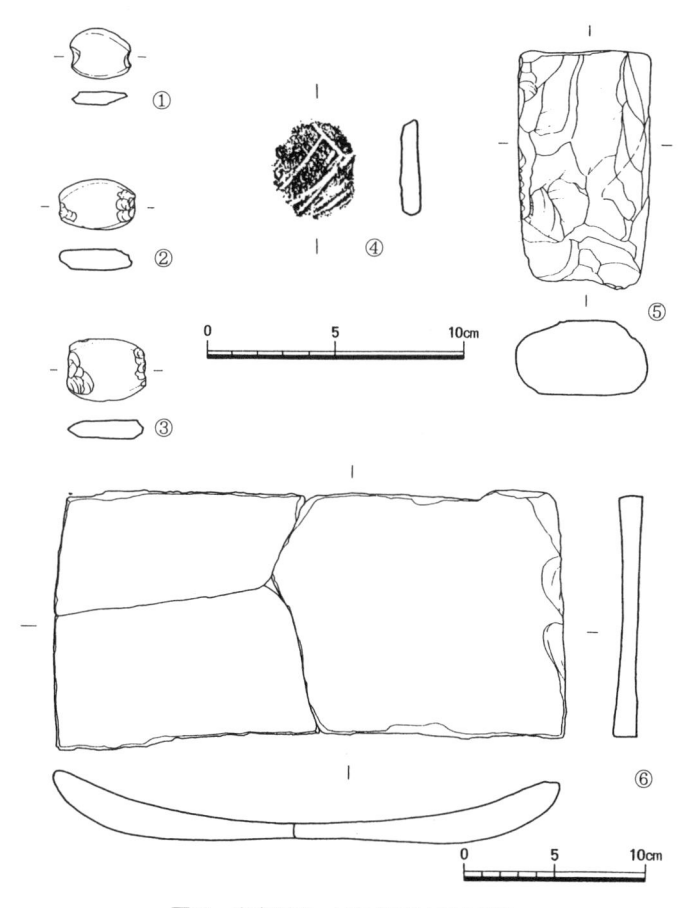

図11　岩寺洞75-10号住居址出土遺物
　①〜③石製漁網錘　④土製漁網錘　⑤打製石斧　⑥すり臼

たが、シカが哺乳類の55％を占め、東三洞でもシカが多い。水佳里はシカとともにイノシシも多くみられた。動物は食料として捕獲されたが、肉以外にも人間に利用された。イノシシの歯は基部に穴を

あけて垂飾品に、骨は釣針に利用された。シカの骨や角は銛頭や釣針、刺針につくられた。紡錘車も出土していることから、それで糸を紡ぎ骨針に通して漁網を編んだり、革を縫って衣服をつくっていた姿が想像される。

　家畜の飼育も後期になると行われた。東北朝鮮地域の西浦項と虎谷からは、ブタの骨がみつかっているが、出土した骨全体の10％に満たない。むしろイノシシの骨が10％をこえているのをみると、それほど飼育は盛んでなかったようだ。

　採取は、地上のドングリ、クルミなどの堅果類を採ったり、地下の根茎類を打製石斧で掘り出し食料としていた。慶尚南道陝川郡の鳳渓里遺跡の住居址内からは、ドングリ、クルミとともに長楕円形のすり臼が出土している。これは固い殻を取り、すり臼の上ですりつぶして粉にして食べたことを物語っている。

　農耕は前期から始まっていることが出土した穀物と農具から知られるが、生活のなかで食料として占める割合が大きくないことから原始農耕ともよんでいる。智塔里第２地区２号住居址では、住居内北壁下の土器のなかから約３合の炭化した穀物が出土した。アワあるいはヒエと推定されている。石鋤12点、石鎌１点、鞍形すり臼４点、すり棒６点も同時に出土しており、これらは畑作農耕に伴う耕作具、収穫具、調理具である。鞍形すり臼は、真ん中が凹み前後の両端が立ち上がる石製のすり臼であるが、その形が馬の背に着ける鞍に似ていることからその名がついた。第２地区では石鋤があわせて57点出土したが、２種類に分かれる。ひとつは長さ50〜65cmの扁平で幅が広い大型品であり、他は長さ30〜40cmの幅の狭い小型品である。形と大きさのちがいは、そのまま耕具としての機能のち

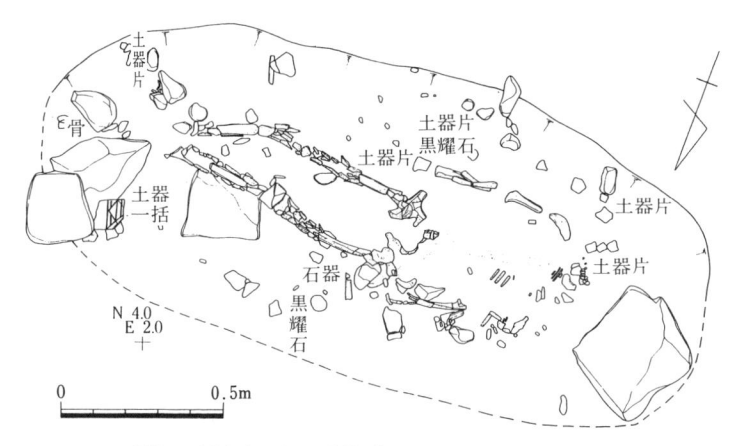

図12 煙台島4号土壙墓（国立晋州博物館 1993）

がいを示している。

　ピョンヤン市南京31号住居址は後期の住居であるが、床面から約1升の炭化したアワが検出された。鞍形すり臼12点以外に農耕と関連する遺物はみられないが、他に漁網錘や木材加工用の扁平片刃石斧が出土している。鞍形すり臼は中国の華北～東北地区の新石器時代にみられる農耕（アワ、ヒエの栽培）にその系譜が求められ、朝鮮半島でも炭化穀物と共伴することから、半島の農耕は中国東北地区の影響で始まったとみてよい。そうすると、穀物を粉にする鞍形すり臼が出土する遺跡では農耕が行われていた可能性が高い。また、土掘り具である凸字形石斧（石鋤）は、櫛目文土器時代後期から無文土器時代前期にかけて咸鏡道や平安道で出土するが、これも中国東北地区に系譜を求められる農具である。

5 埋葬

　遺骸を埋葬した墓として土壙墓が知られる。南海岸に面する慶尚南道の煙台島、上老大島山登、欲知島東港里、釜山市凡方はいずれも貝塚を形成する遺跡であるが、浅い坑を掘って手足を下に伸ばした伸展葬であり、多くは土壙内に人頭大の石を意図的にいくつか置いている。ひとつの土壙墓に1体埋葬を原則とするが、煙台島2号墓では熟年の女性（？）と新生児、性別不明の成人の3体が埋葬されていた。また、5号墓は屈葬と推定される。人骨と櫛目文土器片が共伴するのでこの時代の墓と確認できる。しかし、人骨は伴わないが積石があり、調査者によって墓と推定されている遺構が、矢島貝塚、東三洞貝塚、栗里貝塚にある。特別な副葬品はあまりみられないが、山登貝塚では伸展葬された女性の左腕にベンケイ貝製の腕輪2点とマツバ貝製の腕輪1点がはめられていた。煙台島では15基の土壙墓のうち13基で埋葬人骨が検出されたが、そのうち約半数の墓に骨や貝製品が副葬されていた。長軸250cmの楕円形をした7号墓は、壮年男性が伸展葬されていたが、右腕にイルカの歯40個に穴をあけて繋いでつくった腕輪が、左腕にイルカの歯32個をつないだ腕輪が副葬されていた。ここでは人骨もよくのこっており、1号墓が身長167cm、7号墓が161cmの男性と推定された。

　また人骨の研究から、欲知島東港里2号墓の男性頭骨の左右側頭部にみられる外耳道骨腫は、冷たい水中に長くいることによって生じると推定された。ほかの貝塚の人骨にもみられ、潜水作業による近海の魚貝類の採取によって生じたものと推定された。

慶尚北道蔚珍郡の厚浦里では、1辺約3mの方形土壙のなかに29群に分かれた40体以上の埋葬がみられた。手足の骨をまとめて整然と並べているので再葬墓であろう。長さ50〜20cmの大型磨製石斧を大量に副葬し、長さ1mの石を始めとして6個の大石が置かれていた。土器が出土していないので時代がはっきりしないが、積石遺構があるのでこの時代とみておこう。内陸部では春川市の校洞遺跡が知られる。今までみてきた遺構と異なり、洞窟内に3体が放射状に埋葬されるが石が置かれた痕はない。副葬された土器は、胴が膨らみ口縁が外反する深鉢で、西浦項末期の土器と類似する。大型石斧も副葬されていた。

第 3 章　無文土器時代

　無文土器の出現で櫛目文土器時代と区別され、青銅器の使用、稲作農耕の開始、磨製石剣・磨製石鏃などの磨製石器の使用、支石墓や石棺墓という墓制の出現を特徴とする。時代名としては無文土器時代という名称が一般に使われているが、文化内容では無文土器文化あるいは青銅器文化とよばれる。また、後期になると鉄器も現れることから前期を青銅器時代、後期を初期鉄器時代とよぶこともあるが、本格的な鉄器の使用に入るのは、次の原三国時代になってからである。無文土器時代は、おおよそ紀元前1000年から始まり、紀元前1世紀頃まで続く。

1　無文土器

　無文土器は、赤褐色軟質の土器で深鉢や壺などの器形があり、文字どおり文様がない土器もあるが、口縁に文様がつくものもある。櫛目文土器の伝統と地域性を受け継ぎつつ、中国東北地方からの外来的な要素も加わり新たな展開をみせている。土器の変遷は大きく前期と後期に分けられ、その境は紀元前300年頃である。

　前期の土器は、器形と文様により、孔列文土器、美松里型土器、公貴里型土器、コマ形土器（角形土器）、可楽里型土器、駅三洞型

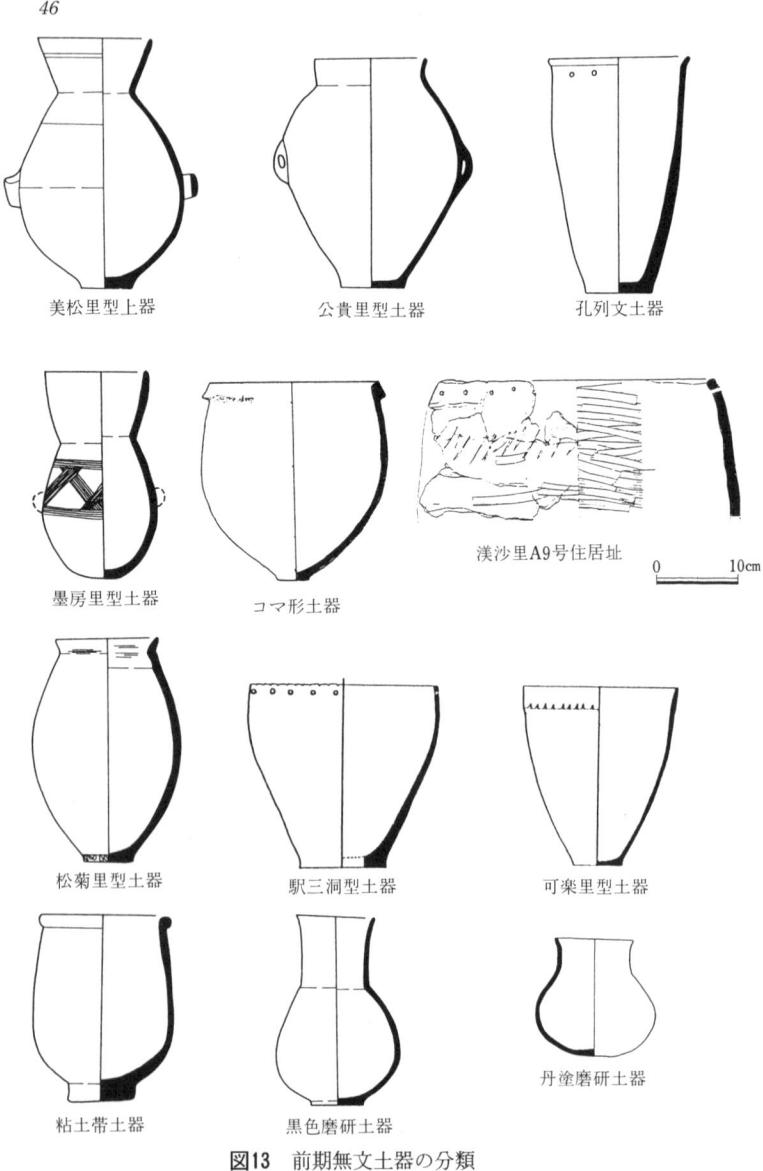

美松里型土器　　　公貴里型土器　　　孔列文土器

墨房里型土器　　　コマ形土器　　　漢沙里A9号住居址

0　10cm

松菊里型土器　　　駅三洞型土器　　　可楽里型土器

粘土帯土器　　　黒色磨研土器　　　丹塗磨研土器

図13　前期無文土器の分類

土器、松菊里型土器などに分類され、それぞれが地域的な分布範囲をもっている（図13）。

　孔列文土器は、他の土器の分類基準とは異なり、口縁に内側あるいは外側から突かれて貫通していない突瘤や貫通した小さな孔が点々と1列あるいは2列にめぐる深鉢で、大同江中下流域をのぞいて半島のほぼ全域に分布する。地域によりちがいがみられ、一括して扱うには問題があり、将来は地域ごとに型式名称がつけられるだろう。しかし、まだ細分が明確になっていないので、とりあえず孔列文土器と総称して、地域ごとにみていこう。豆満江下流域に分布する孔列文土器（深鉢）は、咸鏡北道虎谷遺跡、西浦項遺跡Ⅵ期から出土し、丹塗磨研土器が伴っている。孔は貫通しないで内側から突かれた突瘤文となるものが多い。それより南に位置する咸鏡北道と咸鏡南道の東海岸沿いでは、孔が貫通した孔列文土器が多く、胴に1対の瘤状あるいは切株状把手がつくのも多い。この地域の永興遺跡では、扇形斧、鐸形鈴などの石製鋳型が伴っている。

　漢江中・下流域では、欣岩里遺跡で孔列文土器と口唇刻目文土器、短口縁あるいは二重口縁に短斜線文をもつ土器のほかに、孔列短斜線文土器や口唇刻目短斜線文という複合した要素をもつ土器が出土している。後者の土器は地域的な特徴を示しているので欣岩里型土器（深鉢）とよばれている。最近このような土器が、大白山脈を越えた江原道の東海岸に面する朝陽洞、浦月里、坊内里などの集落遺跡からも発見され、その年代は坊内里2号住居址出土物の^{14}C年代測定によると2710±110B.P.（名古屋大学測定）とでている。ソウル市渼沙里遺跡A9号住居址からは、孔列短斜線文土器、口唇刻目孔列文土器、外側からの突瘤文土器といった深鉢が出ており、朝陽

洞5号住居址では、孔列文土器、口唇刻目孔列二重口縁短斜線文土器、口唇刻目文二重口縁土器、二重口縁短斜線文土器といった深鉢があり、その文様の組み合わせは複雑である。その成立については、東北朝鮮の孔列文土器と西朝鮮のコマ形土器（二重口縁短斜線文）が中朝鮮で融合して生じたという説がある一方で、孔列文と二重口縁短斜線文ともに鴨緑江流域にみられることから、西北朝鮮からの影響で生まれたという考えもある。

　可楽里型土器は、底部直径8〜11cmで、胴部は丸みをもたず直線的に外に開く二重口縁短斜線文土器の深鉢で、短く直立した頸部に肩が張った丸い胴部をもつ壺が伴う。漢江下流域の中朝鮮地域に分布する。一方、駅三洞型土器は、口唇刻目文と孔列文土器の深鉢で、短斜線文土器を伴わない。両者は、欣岩里型土器から派生したと考えられるが、駅三洞型土器は半島南部に広がりをみせており時期的にも新しい。忠清南道休岩里、慶尚南道検丹里、済州道上﨑里などで孔列文土器や口唇刻目文土器が出土している。

　公貴里型土器は、縦位置の環状把手が胴部に付き低い口縁をもつ壺で、鴨緑江上流域と吉林省の松花江流域に分布する。慈江道江界市公貴里遺跡は鴨緑江支流の禿魯江沿岸にあり、6軒の住居址が発掘された集落遺跡で、上記の壺のほか孔が貫通した瘤状把手付孔列文土器（深鉢）や黒曜石製石器が出土した。

　美松里型土器は、小さな平底に膨らんだ胴部、外反する長い頸部がついた壺で、胴には横位置の環状把手が付く。鴨緑江下流域から遼寧省に分布し、遼寧式銅剣と文化的つながりをもっている。美松里遺跡上層では上記の壺のほか、器形は同じであるが瘤状把手がついた壺や瘤状把手付深鉢（広口無頸壺ともいう）、外反する口縁に

刻目文をめぐらした深鉢とともに銅製扇形斧が出土している。この土器の南限とみられる清川江流域の平安南道の細竹里遺跡第Ⅱ期は、無文土器時代前期に属しさらに3期に細分される。2・3期の土器は美松里型土器と共通性があり、それより古い1期に二重口縁刻目文土器（深鉢）と肩の張る短頸壺が出土する。この深鉢の二重口縁刻目文に類似するものが平安北道の新岩里第2文化層のなかにみられ、美松里型土器に先行することは明らかである。3期にはまた、口縁に鋸歯文を刻んだ間に孔列文をめぐらし瘤状把手をつけた深鉢があり、これも広い意味での孔列文土器とよんでよいだろう。さらに南のピョンヤン市南京遺跡第2期の3号住居址では、胴の膨らみが下にさがった美松里型土器（壺）が出土している。美松里型土器は、頸部がさらに発達して大きく開く器形へと変化し、これを美松里遺跡出土の土器と区別して墨房里型土器という。

コマ形土器は、清川江の南から漢江以北のピョンヤン周辺と黄海北道・黄海南道の西朝鮮地域に分布する。器形は深鉢と壺があり、朝鮮の独楽（こま）にその形が似ているのでコマ形土器とよばれる。深鉢は、直径3〜5cmの小さな底部に丸みのある胴部をもち、二重口縁に数条を1単位とする刻目文を一定の間隔で施した土器で、刻目文を施さないものもある。高さは20〜30cmのものが多い。壺は、二重口縁に長い頸部がつき、深鉢より大形である。その南限は江華島の三巨里遺跡まで分布する。

松菊里型土器は、錦江流域の忠清南道で孔列文土器が消滅する頃に出現し、そこから南下し洛東江以西の西南部に分布する。小さな平底に長卵形に膨らんだ胴部、外反する口縁をもった甕を特徴とし、少数ではあるが鉢もある。甕は、高さ20〜30cm台が多いが、小さ

いもので10cm、大きいものでは50cmを超えるものもある。フラスコ形の丹塗磨研土器も伴う。孔列文土器のあとに出現することからこの地域では前期を2段階に分け、孔列文土器の段階を前半、松菊里型土器の段階を後半と設定する。これに対し、松菊里型土器を「中期」と設定する考えもある。しかし、他の地域における中期の土器の内容がまだよくわからず、半島全体に中期を設定するのは、無理がある。

　前期の段階で、赤褐色軟質の無文土器とは別系統の丹塗磨研土器（紅陶）、彩文土器が現れる。丹塗磨研土器は丸底の壺で、赤いスリップ（酸化鉄）が掛けられて、ていねいに磨かれ光沢がある。器種は壺がもっとも多いが、ほかに高杯、鉢、甕、コップ形などがある。壺は支石墓や石棺墓などの墓からの出土例が多く、他の器種は壺とともに住居址から出土する。彩文土器は、丹塗磨研土器とほぼ同じ器形であるがそれより大きく、黄褐色を呈し、肩部に茄子形やW字形の黒色文様がつけられる。形や磨研技法からみて丹塗磨研土器の一系統とみることができ、出現はそれよりやや遅れる。慶尚南道大坪里遺跡1号住居址からは、丹塗磨研土器と彩文土器が共伴している。

　後期の無文土器は、半島南部では口縁に粘土紐を貼りつけた粘土帯土器（深鉢）が広く分布し、黒色磨研土器（長頸壺）もみられる。粘土帯土器はさらに二分され、断面が円形の粘土帯で胴下部が膨らむ甕が後期前半に、断面が三角形の粘土帯で長胴形の甕が後期後半に位置づけられる。大田市の槐亭洞囲石木棺墓からは、高さ17cmの円形粘土帯土器と高さ22cmの黒色磨研土器が共伴している。中部朝鮮でも、孔列文土器の次の段階に粘土帯土器がみられる。粘土

帯土器は漢江流域以南に広く分布し、一部の地域では原三国時代の初期まで存続する。半島北部ではこの頃中国東北地方から鉄器文化が流入してくる。半島南部の土器と直接の対比ができないため、鉄器との共伴関係からみると、鴨緑江上・中流域では深鉢の魯南里型土器、豆満江中下流域では虎谷遺跡Ⅴ・Ⅵ期の瘤状把手付深鉢、深鉢、平底壺などがある。また、西北朝鮮では、細竹里第Ⅲ期になると無文土器にかわり縄蓆文土器が出現し、その器形としては壺、甕、鉢、高杯、盤がみられる。半島北部の土器は、流入してきた鉄器文化の影響を把握できよう。

2　青銅器文化

中国東北地方の青銅器文化（遼寧青銅器文化）が朝鮮半島に流入して盛行し、この時代の文化を特徴づけている。青銅器にはさまざまな種類があるが、おもに銅剣の種類によって青銅器文化の時期が細分される。前期は遼寧式銅剣に代表され、後期は細形銅剣が現れる段階をいう。その区分は無文土器による前・後期の二時期区分とほぼ対応する。

遼寧式銅剣は、満洲式銅剣、琵琶形銅剣、曲刃青銅短剣ともよばれ、中国の遼寧省を中心に分布し、遼寧青銅器文化を代表する遺物である。この銅剣は、琵琶形ともよばれるように楽器の琵琶に似ており、剣身の中位に突起があり、その下半部は丸く膨らむ。刃のつけ方、剣身の平面形、突起と抉りの位置などをもとに岡内三真（1982）は次の4式に分類し、型式学的変遷からみてⅠ式→Ⅱ式→Ⅲ式→Ⅳ式への変化を想定した。

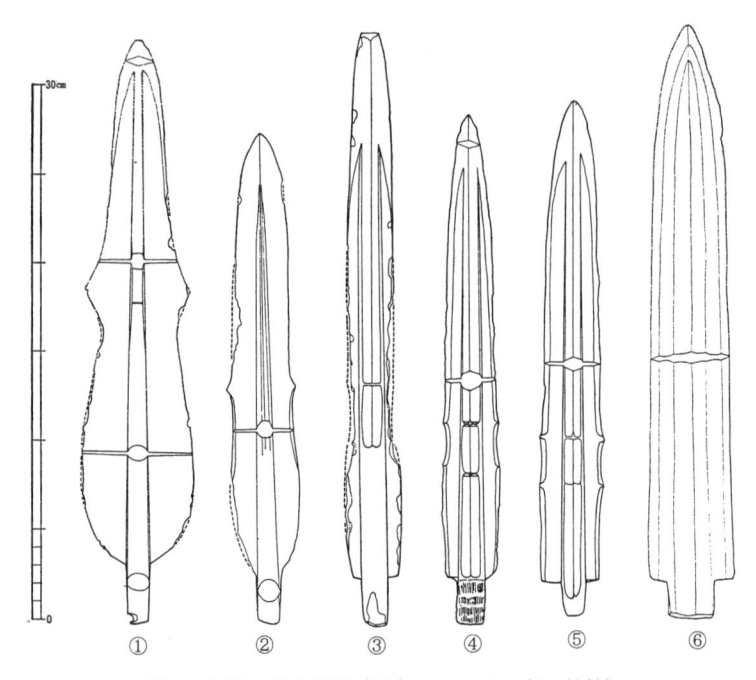

図14 銅剣の形式分類（岡内 1982から一部を抜粋）
①遼寧式銅剣Ⅰ式 ②同Ⅱ式 ③細形銅剣Ⅰ式 ④同Ⅱ式 ⑤同Ⅲ式
⑥多樋式銅剣

Ⅰ式：刃部中位より上に高い突起があり、剣身下部は関（まち）に近いところが大きく膨らむ。

Ⅱ式：刃部中位より下に低い突起と浅い抉（えぐ）りがある。抉りより下は、いったん膨らむが関に向かってすぼまる。刃先から抉りまでを研磨して刃をつける。

Ⅲ式：突起と抉りをもつがⅠ式ほど強調されない。鎬（しのぎ）と刃を関近くまで研ぐ。

Ⅳ式：突起と抉りをもたず、琵琶形を呈さない特異な形である。

鎬と刃は関まで研がれる。

細形銅剣は韓国式銅剣ともよばれるが、形態からみて遼寧式銅剣Ⅱ式から派生したもので、2つの突起（節帯ともよばれる）と細くスマートな剣身を特徴とする。抉りの上につく突起を第1突起、下につく突起を第2突起とよぶ。刃のつけ方、突起と抉り、鎬の研ぎ方などをもとに次の3式に分類される。

Ⅰ式：脊（むね）と刃の研ぎが抉りまでで、その下には及ばない。脊を研ぎだしてつけられた鎬も抉りの位置までである。

Ⅱ式：脊と刃の研ぎが抉りより下方の関までおよび、鎬も関までつく。剣身全体に刃が研ぎだされ、第2突起が明瞭となる。

Ⅲ式：脊の研ぎ出しが関以下の茎にまで及ぶもの。

この他に、剣身に突起と抉りがなくなり、鎬の両側の剣葉に樋が1条ずつあるいはそれ以上の数の樋が通る銅剣もある。2つの突起を特徴とする細形銅剣とは区別して、有樋式銅剣や多樋式銅剣とよばれる。これらの銅剣の型式的な変遷の流れは、細形銅剣Ⅰ式→細形銅剣Ⅱ式→細形銅剣Ⅲ式→有樋式銅剣・多樋式銅剣とたどれる。これはあくまで変化の方向であり、忠清南道の南城里囲石木棺墓ではⅠ式とⅡ式が共伴している。

以上の銅剣の型式分類をもとに、青銅器文化の時期区分を設定すると次のようになる。

Ⅰ期──遼寧式銅剣が半島に出現する以前の時期で、青銅器としては銅製刀子、銅製泡（釦）などがあり、出土する遺跡は半島北部にかぎられる。平安北道の新岩里遺跡は発掘調査によりⅠ期層→Ⅱ期層→Ⅲ期層と区分され、Ⅱ期層に属する第3地点第2文化層から、二重口縁土器とともに銅製刀子が出土した。この把頭部に環をもつ

銅製刀子は、西周時代と並行する遼寧省撫順の望花遺跡から出土した環頭刀子と類似し、その年代から紀元前10〜9世紀と推定される。次の段階のⅢ期層から美松里型土器が出土しているので、その土器出現以前であることは明らかである。

Ⅱ期―遼寧式銅剣Ⅰ式が出現し、扇形銅斧、遼寧式銅矛、銅鑿、多鈕粗文鏡などの青銅器が現れる。遼寧式銅剣は、茎部を銅鑿へ転用したものも含めると半島では今までに約54口が知られる。おもに石棺墓から出土するが、南部では支石墓からも出土し、全羅南道の積良洞2-1号支石墓には遼寧式銅剣、遼寧式銅矛、管玉が副葬されていた。遼寧式銅剣Ⅰ式は遼河西岸の遼寧省十二台営子1号、2号墓や遼寧省南山根M101号墓から出土しており、その墓の上限年代は西周時代末期から春秋時代初期すなわち紀元前9世紀初頭〜8世紀と推定されている。その根拠は、南山根M101号墓で共伴した銅戈が、上村嶺M1052墓出土の「虢太子元徒戈」銘銅戈に似ており、上村嶺遺跡の年代が紀元前9世紀初頭〜7世紀中葉とされているところにある。また、遼河東岸の遼東半島の双房6号墓では、遼寧式銅剣、銅斧とともに美松里型土器の祖形とみられる把手付長頸壺が共伴している。以上を勘案すると朝鮮半島への遼寧式銅剣の流入の上限年代は、紀元前8世紀頃であろう。これらの青銅器と共伴する遺物に天河石（アマゾナイト）製の飾玉がある。ヒスイよりあざやかな青緑色をした半円形あるいは曲玉形を呈する装飾品で、やはり遼寧青銅器文化にもみられる。この時期には青銅器を製作するための鋳型もみられ、扇形斧、鐸状鈴、遼寧式矛などの石製鋳型が、咸鏡南道永興、忠清南道松菊里、全羅南道霊岩で出土し、すでに青銅器の鋳造が行われていたことを示している。しかし、銅鉱石の採掘

や精練を行った遺跡はまだ発見されていない。

Ⅲ期―細形銅剣Ⅰ式が出現し盛行するが、一部でⅡ式も現れる。遼寧式銅剣も退化した型式であるⅣ式がみられる。多鈕粗文鏡、銅鐸、異形有文青銅器（防牌形銅器、剣把形銅器、ラッパ形銅器など）などの青銅器を特徴とする。とくに、異形有文青銅器は忠清道に集中するという地域的な特徴的を示すもので、忠清南道南城里囲石木棺墓では細形銅剣Ⅰ式8口、Ⅱ式1口、防牌形銅器2点、剣把形銅器3点、多鈕粗文鏡2点、銅斧1点、銅鑿1点、天河石製曲玉1点、粘土帯土器、黒色長頸壺が出土した。

Ⅳ期―細形銅剣Ⅱ式が出現するが、Ⅰ式も使用されている。細形銅矛、銅戈も新たに出現し、剣・矛・戈のセットが揃う。多鈕精文鏡、鈴付異形青銅器（八珠鈴、双頭鈴、竿頭鈴など）などがある。異形青銅器の形態も変化し新たに鈴がつくことが特徴で、はじめは忠清道に分布していたが、やがて慶尚道の方へ分布範囲を広げた。また、この時期から鋳造鉄斧、鉄鑿などの鉄器が南部朝鮮にも現れるようになる。

Ⅴ期―細形銅剣Ⅰ式、Ⅱ式が残存するが、新たにⅢ式、有樋式・多樋式銅剣が現れる。漢の四郡設置、とくに楽浪郡の設置（紀元前108年）による漢文化の流入で、車馬具、漢鏡などの漢式文物が現れるが、依然として細形銅剣、銅矛、銅戈も使われている。ピョンヤン市貞柏里で工事中に発見された土壙墓からは、細形銅剣Ⅱ式、銅矛、車馬具、鉄剣、鉄斧などともに「夫租薉君」と彫られた銀印が発見され、その年代を押さえることができた。すなわち、夫租とは楽浪郡に置かれた夫租県であり、その設置されていた年代は『前漢書』と『後漢書』の記事からみて紀元前75年から紀元30年であり、

この墓もその間に造営された。被葬者は「薉君」からみて土着の濊族の首長である。この段階は、まだ細形銅剣をはじめとする青銅器が使われているが、ピョンヤン周辺はすでに楽浪郡に組み込まれており、楽浪郡の設置による中国からの新たな文化の影響を受けて成立しているので、次の原三国時代へ含める考えもある。

 I 期と II 期をあわせて前期とし、およそ紀元前10世紀から4世紀末まで、III 期と IV 期と V 期を後期とし、紀元前4世紀末ないし3世紀初めから紀元前後までとみている。ただし、南部朝鮮では V 期のある時期に瓦質土器が出現するので、それ以降を原三国時代とよぶ。前期の銅製刀子は咸鏡南道龍興里遺跡と新岩里遺跡の2カ所で知られるのみで、半島北部のかぎられた地域であるのに対して、II 期の遼寧式銅剣は北から南の全羅道まで広く半島全体に分布し、この段階で青銅器の鋳造も始まった。

 半島における青銅器文化の流入および始まりの年代については、次のように青銅器文化の流入、青銅器の流入、青銅器の製作開始の三段階にわけて考えるとわかりやすい。

①青銅器文化の流入

 青銅器文化が遼東から伝わってきたことはほぼあきらかであるが、文化の内容としては青銅器以外に土器や石器があり、それが青銅器の流入に先立って朝鮮半島に現れる段階が考えられる。孔列文土器やコマ形土器の出現を半島における青銅器文化の始まりとみると I 期以前に新しく 0 期を設定できる可能がある。その年代は、紀元前13〜11世紀と考えられる。遼東の湾柳街遺跡では青銅武器が発見されており、朝鮮半島北部でもこの時期の青銅武器がみつかる可能性がある。

②青銅器の流入

　青銅器そのものの流入時期をみると、銅製刀子、銅製泡の段階と遼寧式銅剣Ⅰ式の段階の２段階が考えられる。新岩里の銅製刀子は西周時代とみられ、紀元前10〜9世紀にさかのぼる。朝鮮半島の遼寧式銅剣Ⅰ式は、遼寧省では春秋時代初期を上限とし、上村嶺の例から紀元前655年を下限とする。この年代をそのまま朝鮮半島にあてはめると、紀元前8〜7世紀となる。それに対して、遼寧式銅剣の年代の根拠とした十二台営子遺跡や南山根遺跡は遼河の西側の遼西地域にあり、間に遼東をはさんで朝鮮半島とは距離があるので、半島での遼寧式銅剣Ⅰ式の年代を遼寧省の下限年代から紀元前7〜6世紀に下げる考えもある。

③青銅器の製作開始

　青銅製品の鋳型が出土し、半島での鋳造生産を開始する段階がある。美松里遺跡で出土した扇形銅斧は美松里型土器と共伴するのでⅡ期に属し、同じ型式の銅斧の鋳型が咸鏡南道永興遺跡から出土している。ここからは、鐸状鈴鋳型や遼寧式銅矛鋳型そして孔列文土器も出土しており、これらの遺物もⅡ期に属する。したがって、美松里型土器と孔列文土器が使用されているある時期から青銅器の生産も始まり、この時期に青銅工具や青銅武器の鋳造が開始された。

3　住居と集落

　前期の住居は長方形竪穴住居であり、方形はきわめて少ない。長辺が6〜12m、短辺が4〜6mのものが多く、大きいものでは、黄海北道石灘里12号住居址の長辺12.3m、短辺6.55mで、その面積は

80.5m² というのがある。柱穴は中央に長軸に沿ってほぼ等間隔に並び、その線上に複数の炉が並ぶ。炉は住居中央ではなくどちらかの短辺に片寄り、石で囲うことはなく床面に焼土の塊となって発見される。京畿道交河里1号住居址は、柱の配置から上屋構造が推定された。長辺9.5m、短辺2.3mの住居内には、中央長軸に1.6mの間隔で4個の柱穴がほぼ1列に等間隔に並び、ここに立つ柱は棟持柱と推定され、屋根は切妻形に復原された。床の壁際には70〜80cmの間隔で柱穴が並んでおり、この壁柱は壁面の崩壊を防ぐための施設であったと推定される。あるいは、壁柱が土壁のさらに上の地上に延びて、地上壁があった可能性もある。壁の外側の地面では、柱穴は発見されていない。京畿道玉石里遺跡の住居址は、長辺(東西)15.7m、短辺3.7mと細長く、東側寄りに砥石と磨製石鏃の未製品と石材料が多く出土し、この場所が石器製作址と推定された。住居内での空間の利用のしかたを示す例である。孔列文土器が出土しており、測定された¹⁴C年代の2590±105B.P.から、長方形住居の年代を知ることができる。他に、咸鏡北道虎谷遺跡・会寧五洞遺跡、咸鏡南道永興邑遺跡、慈江道公貴里遺跡、平安北道細竹里遺跡、京畿道駅三洞遺跡・欣岩里遺跡(図18)、忠清南道白石洞遺跡、江原道朝陽洞遺跡、慶尚南道検丹里遺跡・芳基里遺跡などで前期の住居址が知られる。1994年に調査された忠清南道保寧郡舘山里遺跡の4号竪穴住居址は、長辺20.4m、短辺5.8m、深さ0.8mという最大規模を誇る住居で、長軸に沿って柱穴が2列に並ぶ。住居内は4区に仕切られ、各区に炉がひとつずつ設置される。出土した土器には、二重口縁短斜線文、口唇刻目孔列文、孔列文斜格子文がみられた。ここでは、十数棟の住居が標高45mの尾根の頂上近くに営まれる

第3章 無文土器時代 59

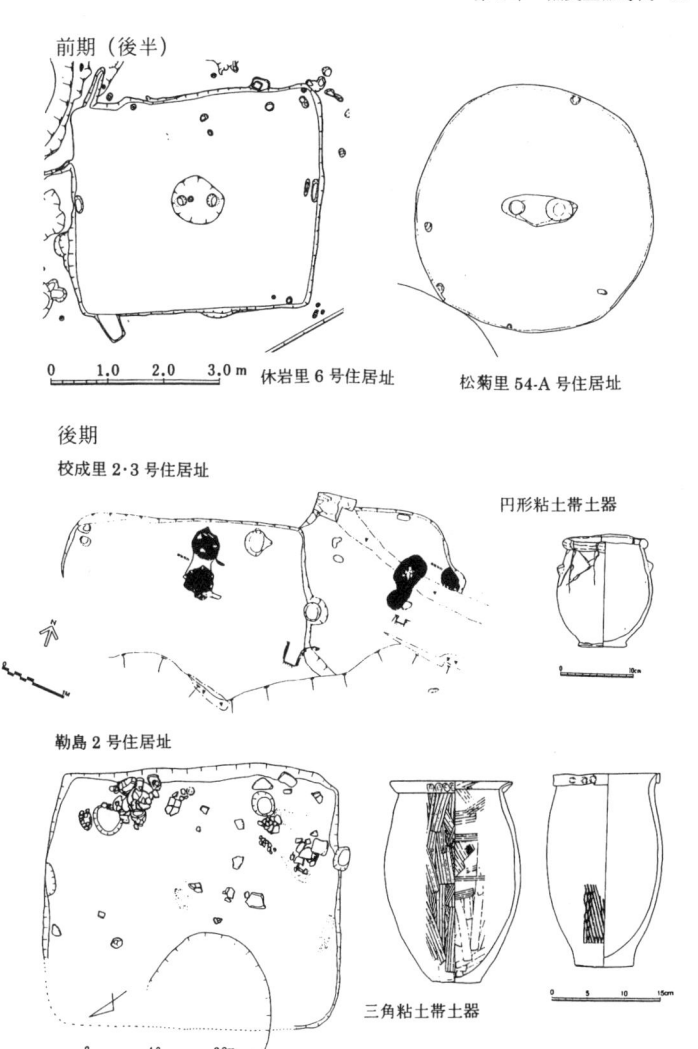

前期（後半）

0 1.0 2.0 3.0m 休岩里6号住居址

松菊里54-A号住居址

後期

校成里2・3号住居址

円形粘土帯土器

勒島2号住居址

三角粘土帯土器

図15 前期と後期の住居址

が、そのなかでも 4 号住居址は高いところにあり立地上の優位を占めている。十数棟のなかには、大型住居と小型住居という規模のちがいがすでに生じている。

　これにやや遅れて半島南部では、松菊里型住居が現れる。1975年から調査された松菊里遺跡では、第50地区 1 号住居址をはじめとして平面が円形の竪穴住居の中央に長軸 1 m くらいの長楕円形の土坑をあけ、その土坑のなかの両端に柱穴をあけた住居が数多く発掘された。土坑内には焼土がみられず石が入っている例があることから、炉ではなく石器製作にかかわる施設とみる考えもあるが、なお検討の余地をのこしている。この施設は今までに調査された住居址に例がない特異なものであり、これを菊松里型住居と名づけた（図 3 ）。この遺跡では、菊松里型土器、丹塗磨研土器、三角形石庖丁、抉入片刃石斧などが出土し、これらを含んだひとつの特徴ある文化を菊松里類型文化とよんでいる。円形住居のほかに長方形住居も営まれたが、こちらの方には中央に土坑はみられない。その後、忠清南道休岩里遺跡では方形住居と楕円形住居で松菊里型住居と同じ長楕円形土坑をもつが、口唇刻目文土器が出土する住居址が調査された。土器からみると松菊里遺跡に先行するので、これを新たに休岩里型住居とよんだ（図15）。円形か方形かという住居平面形にこだわらず中央土坑内双柱穴という共通点からみると菊松里型住居も休岩里型住居のなかに含めて、その亜型とみなせる。それに対して、中央土坑の外側に双柱穴をもつ住居が検丹里遺跡で調査された。長方形住居の中央に楕円形の土坑を掘ることは共通しているが、その長軸の外側に柱穴を設置するところが異なり、これを検丹里型住居とよぶ。ここでは孔列文土器が出土している。休岩里型住居と検丹

里型住居はほぼ同時期であるが、前者が半島の西南部に後者が東南部に分布し、地域的なちがいがみられる。

　後期になると竪穴住居の形態も長方形、方形、円形と多様になる。しかし、ひとつの集落でみると同じ形態の住居が多い。忠清南道校成里遺跡は、標高188mの見晴らしのよい山頂に立地する集落で、頂上部を広場のようにのこしてまわりを方形住居址が囲んでいる。斜面に営まれたため下部が流出しているが、2号住居址は一辺3mの隅丸方形で、斜面上部の北壁際に偏って2つの炉が設置される。3号住居址は遺物がもっとも多く、断面円形の粘土帯を口縁につけた甕、下膨らみの壺、浅鉢などの土器、無茎磨製石鏃が出土している。後期前半の遺跡で、ここでは石鏃の出土量も多く石器製作のあとがうかがえ、立地からみて高地性集落といえよう。

　後期後半の集落は慶尚南道勒島遺跡にみられる。海岸に面する標高10mの緩い斜面に11棟の長方形あるいは方形の住居が営まれた。11号住居址は長さ3.48mの長方形住居で三角粘土帯土器、高杯脚部破片とともに鉄器による削痕のあるイノシシとシカの骨、そして炭化米3粒が出土した。12号住居址は一辺4.2mの方形住居で四隅に柱穴があき、そこに直径25～27cmの柱が立つ勒島遺跡での典型的な住居である。一方、半島北部のほうをみると、この時期の縄蓆文土器を出土する細竹里遺跡第Ⅲ期の住居址では、壁際に煙道をつけたオンドル施設が出現し、このオンドル施設はしだいに南方へ広がっていく。

　この時代の集落の立地は、①標高100mをこえる高地、②標高20～40mの台地上、③川岸や海岸近くの低地という三類型に分けられる。櫛目文土器時代にくらべ、より高いところに集落がつくられ

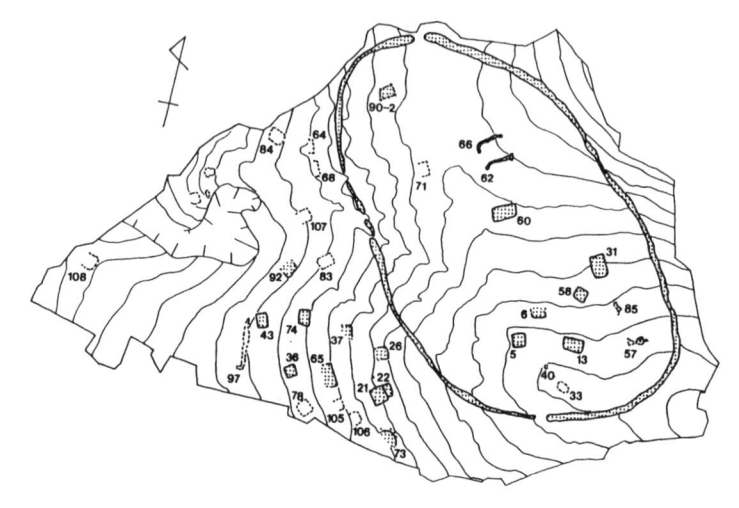

図16 検丹里第2期（環濠期）集落図（釜山大学校博物館 1995）

はじめるのが特徴である。集落のまわりに溝をめぐらす環濠集落は、そのうち①と②の立地条件にみられる。この時代のおもな環濠集落をみると次のようである。検丹里遺跡は、標高110～120m、平地からの比高が50m ある丘陵の上に営まれた集落である。1990年に発掘調査された結果、集落は三時期にわたるが、そのうちⅡ期の段階に環濠がつくられ、Ⅲ期にはすでに環濠が使われなくなっていた。環濠は、長径118.8m、短径70m の楕円形で1周し、面積は5974m^2 である。濠の断面は幅2m、深さ1.5m のV字形を呈し、出入り口は南北の2カ所に掘りのこした陸橋がある（図16）。土層の堆積をみると、濠の内側に土塁があった可能性が高い。遺跡では総数80軒の竪穴住居址が検出されたが、Ⅱ期に属するのは16軒と前後の時期にくらべて少ない。Ⅱ期の住居は、環濠内にあるのが6棟、環濠外

にあるのが10棟である。環濠内のうち、60号住居址は環濠内中央に位置する大型長方形で、他の住居とは離れた位置に1棟のみあるので祭祀関係の建物と推定される。のこりの5棟は標高の高い南側に偏ってあり、配置から2グループに分けられる。各グループは長方形の1棟と方形の1〜2棟が組み合わさってひとつの世帯共同体を形成していたという見解がある（釜山大学校博物館 1995）。環濠外では1棟の中心となる長方形住居（65号）に、8棟の方形住居と1棟の円形住居でひとつの集団を形成している。時期は孔列文土器から松菊里型土器へ移行する頃である。

松菊里遺跡は、錦江の支流である石城川とさらにその支流である蓮花川に面する標高30〜40mの舌状台地上に立地する。遺跡全面の発掘はまだ終っていないが、集落は少なくとも三時期にわたることが明らかとなり、時期によって木柵列や環濠がめぐる。

Ⅰ期は、丘陵の上に方形住居が営まれるが、環濠のような施設はまだ出現しない。

Ⅱ期は、集落の縁辺を木柵がめぐる。柵の柱穴は、方形で一辺が1.6m、深さ1mをはかる大きなもので、その間隔は1.8mであった。発掘で確認された柵列の総延長は430m余りであるが、推定では2.5kmにおよび、その集落面積は最大で約61haになる。住居はⅠ期と同じ方形竪穴住居で、すべて木柵列の内部に位置する。

Ⅲ期は、集落のまわりを断面U字形の環濠がめぐる。住居の平面は円形ないし長方形で、Ⅱ期とは異なる。この円形住居が典型的な松菊里型住居である（国立公州博物館 1993）。

他に、前期では蔚山市芳基里（標高150m）、慶州市錫杖洞（標高53m）、昌原市南山（標高100m、2800m^2）、晋州市大坪里玉房Ⅰ地

区・玉房Ⅳ地区、慶尚南道山清郡沙月里で、後期では慶山市林堂洞Ⅰ地区、金海市鳳凰台（三角粘土帯土器出土）などの遺跡で環濠集落がみつかっている。また、大邱市八達洞遺跡は、環濠が集落を一周せず、尾根の先端を切断するように濠が「く」字形に掘られる。ここでは、尾根先端の高所部に長さ16.5mの大型長方形住居1軒が位置し、濠のめぐらない斜面に9軒以上の長方形住居が等高線に平行して配置される。

　環濠集落の役割については、高所に立地し、深い溝は外部からの侵入を防ぐ機能をもつことから、集落を外敵から防禦するためのものという考えがある一方、中央に大型住居（群）を配置していることから集落内に首長層が現れ、彼らが集団を統率する上で、外部と区別して集落内部の人びとの一体感を高めたという考えもある。いずれにせよ、環濠集落の出現には、農耕とくに稲作の始まりが大きな契機となっている。水田の共同作業や収穫物の分配には統率者が必要であり、保管された収穫物をめぐる集落どうしの争いもあったであろう。

4　稲作

　農耕におけるこの時代の大きな変化は、稲作の始まりである。すでにアワやヒエなどの畑作雑穀農耕が櫛目文土器時代に中国華北や東北地方から陸伝いにきていたが、水田稲作農耕は海を渡って中国から伝わった。

　半島南部の松菊里遺跡第54地区は1977年から調査がはじまり、25軒の住居址と多数の木柵柱穴が検出された。そのうち1号住居址で

は西南壁の床面から395gの炭化米が発見され、13号住居址でも東壁の床面から10cm上で多量の炭化米が検出された。13号住居址の炭化米は長幅比が1.4～2.0の短粒米である。両住居とも一部が調査されただけであるが長方形住居と推定されている。また、長方形住居である2号住居址では籾痕がついた土器底部がみつかっている。1号住居址出土の木炭からの^{14}C測定年代は850～410 B.C.（補正）と出ているが、遺物もあわせて考えると紀元前5～4世紀とみておくのがよい。遺跡が立地する丘陵は蓮花川や石城川に注ぐ川や谷がいくつも入り込んでいるので、ここを利用して水田を営んだようだ。第54地区の住居址では、外湾刃半月形石庖丁、三角形石庖丁（2号住居址）、石鎌などの農具のほか大型蛤刃石斧、抉入片刃石斧、扁平片刃石斧、石鑿、砥石などの工具、磨製石鏃、磨製石剣などの武器が出土した。工具は木を切り、加工する道具で、鍬や鋤などの木製農具もこれらを使って製作されたと考えられる。また、他の地区の円形住居址からは鞍形すり臼が出土していることから、雑穀類の栽培も行われていたことがわかる。

　水田稲作の確実な証拠である水田遺構は、1998年に蔚山市の玉峴遺跡ではじめて調査された。標高25～32mの丘陵上に50棟以上の長方形住居が営まれ、その集落の端には入り込んだ小さな谷の出口につくられる。水田1枚の面積は1坪未満～3坪前後と小さく、水田を区切る畔の幅は16～52cmである（図17）。水田内には足跡、耕作具痕、柱穴、株痕がのこっていて、耕作具痕は鋤のような道具の痕と報告者はみている。水田から谷の上部へは、幅2～2.5m、深さ0.8～1m、長さは谷の奥まで150mという長い溝が延びている。集落を区画する溝（環濠）であると同時に、水田へ水を供給する役割

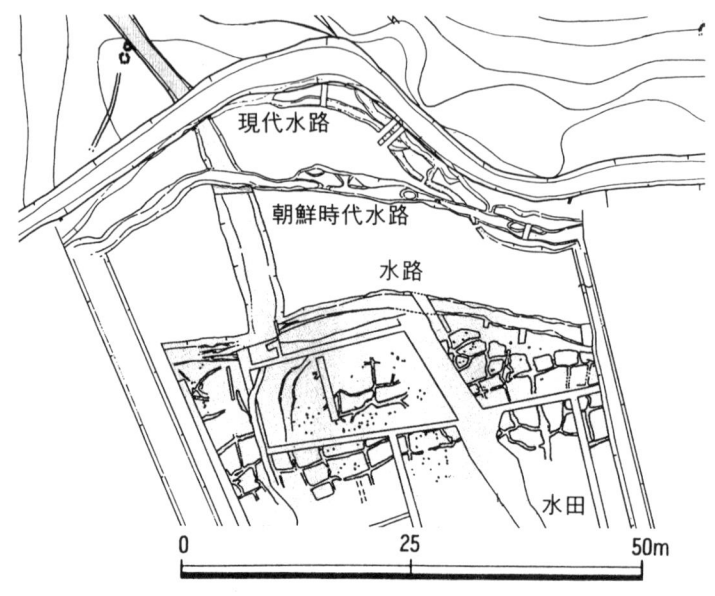

図17 玉峴水田址（慶南大学校博物館・密陽大学校博物館 1999）

ももっていた。竪穴住居址、溝、水田址からは孔列文（突瘤文）土器が出土しているので、これらの遺構はほぼ同時期とみられる。

　一方、半島の中部でも米がみつかっている。京畿道驪州郡欣岩里遺跡は、南漢江中流域左岸にある標高123mの丘陵の支脈尾根上に立地し、14棟の長方形竪穴住居址が営まれた。そのうち12号住居址は、長さ9.7mの長方形住居址であるが、床面から炭化米78粒と、オオムギ、モロコシ、アワといった穀物が出土した。炭化米の長幅比は1.3〜2.1で短粒米である。この住居址から出土した遺物には、孔列文土器、有段磨製石剣、外湾刃半月形石庖丁、環状石斧、磨製蛤刃石斧、扁平片刃石斧、磨製石鏃、石製紡錘車、打製石斧、漁網

第 3 章　無文土器時代　67

欣岩里 12 号住居址

孔列文土器

磨製石剣

外湾刃半月形石庖丁

漁網錘

紡錘車

環状石斧

打製石斧

磨製蛤刃石斧

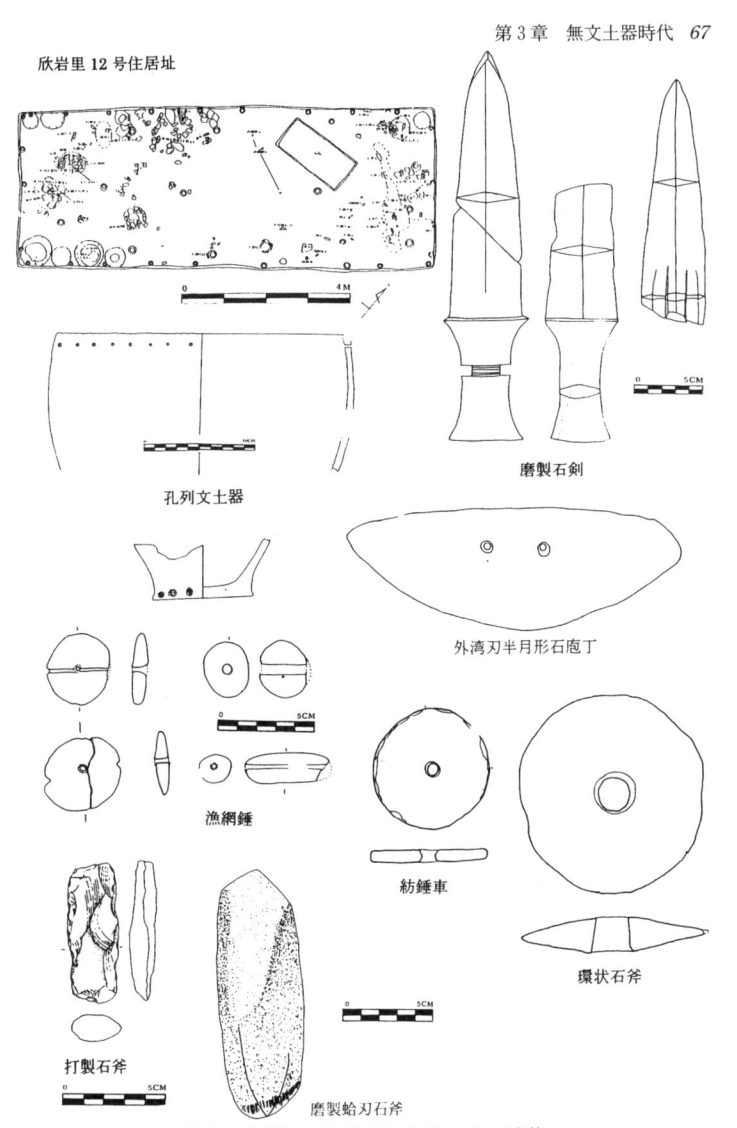

図18　欣岩里12号住居址とその出土遺物

錘があり、河川での漁撈や畑での雑穀の栽培など多様な食料獲得が行われていた（図18）。12号住居址出土品からの^{14}C測定年代は、1310〜910 B.C.（補正）と出ている。出土した石包丁には三角形がなく、すべてが半月形であり松菊里遺跡とのちがいをみせている。

ここよりさらに北へ上がった北緯39度に位置するピョンヤン市南京遺跡は、大同江中流域の右岸、川から50mしか離れていない平地に立地する。長さ8.8mの長方形竪穴住居の36号住居址では、炭化した米、アワ、キビ、モロコシ、ダイズが出土した。住居内からはコマ形土器、磨製蛤刃石斧、半月形石包丁も出土し、^{14}C測定年代は1270〜860 B.C.（補正）であり、欣岩里12号住居址の年代とも近い。遺跡の立地や高緯度という環境、アワ、キビ、ムギなどの畑作穀物がともに出土していることから、欣岩里と南京遺跡の米は畑作と考えられる。

稲作にかかわる農具には、穂摘具としての石包丁（韓国では石刀とよぶ）がある。当時は根刈りではなく、穂を片手で握りもう一方の石包丁を握った手で茎を切る穂首刈りであった。また、この時代の遺跡からは蛤刃石斧、抉入石斧、細部加工用の扁平片刃石斧が出土しているので、クワ、エブリなどの農具はこれらの磨製石器によりつくられた木製品であったと推測される。朝鮮半島出土の石包丁は刃のつく位置と全体の形から、直刃長方形、直刃半月形（櫛形ともいう）、外湾刃半月形（舟形ともいう）、外湾刃木葉形（杏仁形、魚形ともいう）、V字刃三角形に分けられる。半月形は直刃と外湾刃の区別があるが、それ以外は刃の形が1種なので全体形のみでよばれることが多い。分布をみると長方形石包丁は漢江以北にあり、とくに豆満江流域に集中している。直刃半月形石包丁は平安北道と

第3章 無文土器時代 69

大陸伝いルート
華北ルート

遼島半島ルート
栖霞揚家圏

南京
欣岩里

山東半島ルート
黄海

松菊里
大坪里

黄河

東海焦庄
淮河

菜畑
板付
宇木汲田
曲り田

華中ルート

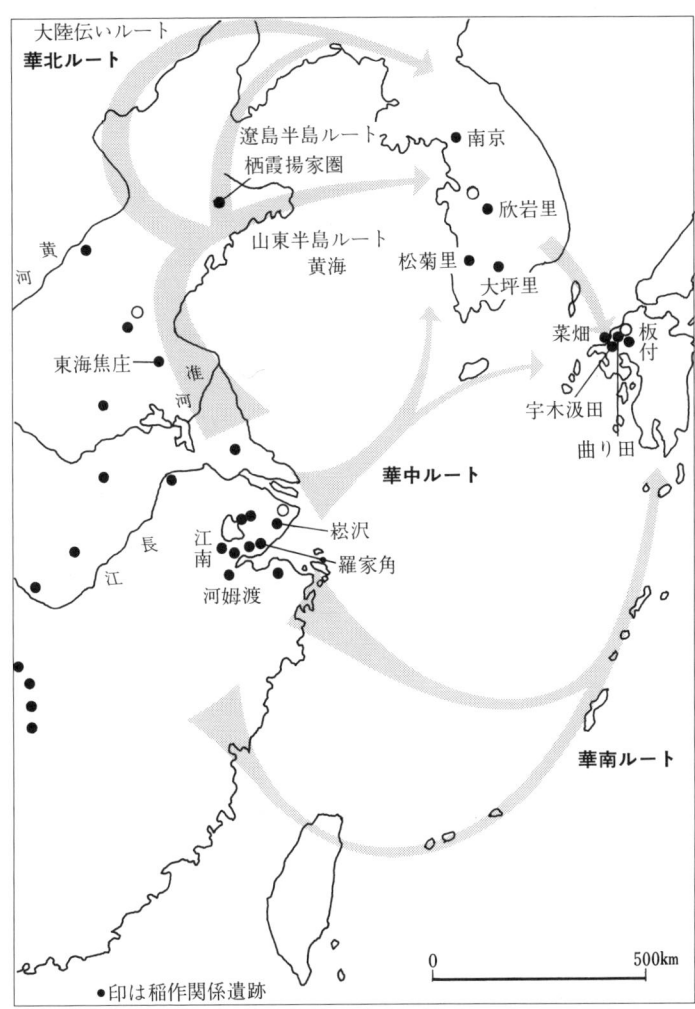

崧沢
羅家角
江南
河姆渡

長江

華南ルート

0　　500km

●印は稲作関係遺跡

図19 稲作伝播ルート（高倉 1995を一部改変）

咸鏡北道に分布し、その範囲は一部長方形と重なる。これらは中国華北の畑作地帯にも分布が広がっているので米以外の雑穀農耕と関係する。外湾刃半月形石庖丁は、豆満江流域を除き朝鮮半島のほぼ全域に分布し、大同江、漢江、錦江、栄山江、洛東江の流域などにみられる。三角形石庖丁は忠清南道から全羅北道、全羅南道、慶尚南道の西海岸から南海岸にかけて分布する。米の出土遺跡や水田耕作と思われる範囲とほぼ分布が重なるので、三角形石庖丁は水田耕作と密接なつながりがある。前期の遺跡では甑が出土していないので、米の調理は甕で煮る方法であったが、後期の後半（勒島期）になると底部に複数の孔をあけた甑が現れ蒸す方法が始まった。

　稲作は中国の長江下流域で始まり、長い年月を経て朝鮮半島に伝播した。その伝播経路は図7にみられるように、①華中ルート、②山東半島ルート、③遼東半島ルート、④大陸伝いルートが可能性として考えられる。このうち水田稲作伝播ルートとしてもっとも可能性が高いのは②で、山東半島の龍山文化期の遺跡である楊家圏で稲の籾痕が発見されている。畑作稲の伝播ルートは水田とは異なり、③あるいは④である可能性が高い。中継地点にあたる遼寧省大連市大嘴子遺跡（紀元前1000年頃）では、3号住居址からコウリャンの入った1個の陶壺、米の入った3個の壺、種類が不明であるが穀物の入った2個の壺が出土した。丘陵地帯にありコウリャンを伴うことから米も畑作と思われる。

5　支石墓

　櫛目文土器文化のなかに中国東北地方から新たな影響を受けて無

第3章 無文土器時代 *71*

①石棺式支石墓

②卓子式支石墓

③碁盤式支石墓

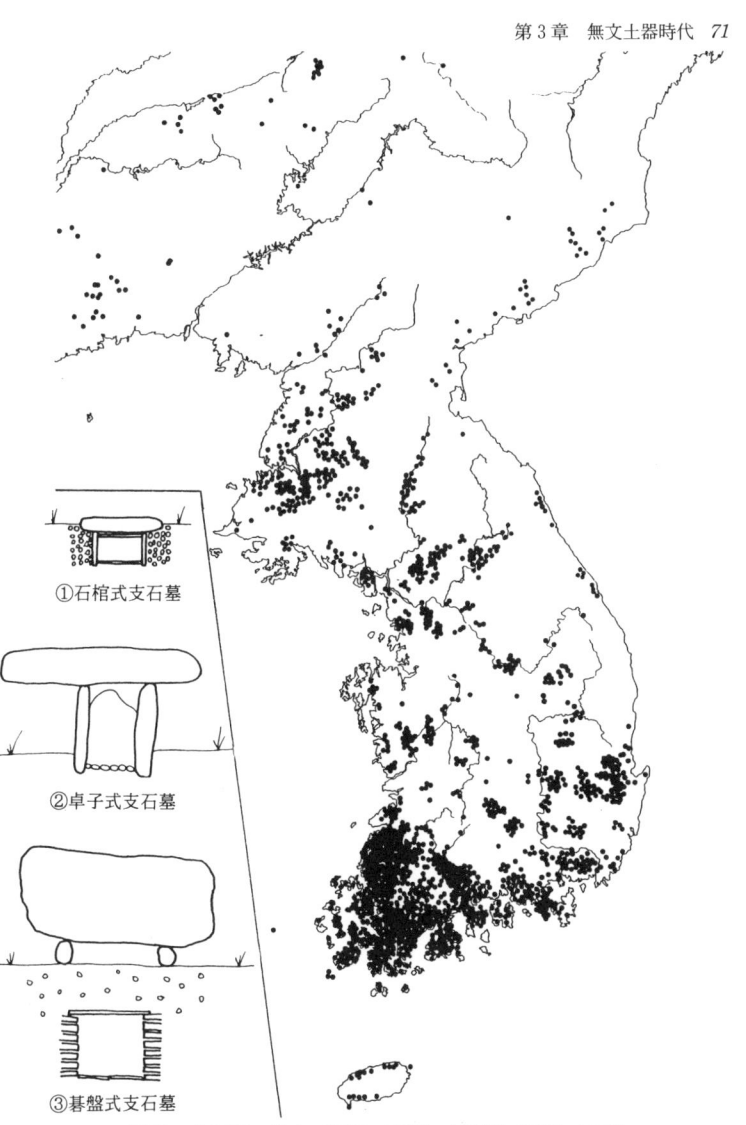

図20 支石墓の分布（甲元 1997）と種類（甲元 1980）

文土器文化が生じ、農耕生産が定着すると墓制にも新たな変化が生まれた。それが支石墓の出現である。地上に巨石を置くのを特徴とし、大きいものでは長さが8mを超えるものがある。数基から数百基が群集してひとつの墓域をつくるが、今までにおよそ2000カ所の遺跡が見つかっている。そのうちの半数近くが全羅南道に集中し、慶尚南道、慶尚北道、京畿道にも多い。それにくらべ、咸鏡南道、咸鏡北道、慈江道、両江道の東北部では分布がきわめて粗である（図20）。

それらは①石棺式支石墓（上石を埋葬主体の石棺が支える支石墓で、石棺の外側に接して積石施設がある。変形支石墓あるいは沈村里型支石墓ともいう）、②卓子式支石墓（2枚の板石を立てて支石としてテーブルのように平らな上石をのせた支石墓で、大規模な積石施設をもたないかまったくない。北方式支石墓、テーブル形支石墓ともいう）、③碁盤式支石墓（将棋の碁盤のように厚みのある上石を数個の支石で支えた支石墓で、上石の下に積石施設をもち、そのなかに埋葬主体を設ける。南方式支石墓ともいう）の3種に分けられるが、②の卓子式支石墓に巨石が多い。もっとも早く出現したのは①で、黄海北道黄州郡沈村里キン洞3号墓では有茎磨製石剣が副葬され、その時期はコマ形土器の紀元前1000年頃である。①からやがて支石が発達して②と③が派生した。②は、①の積石がなくなり石棺の側壁が厚くなった2枚の支石の間を閉塞石で閉じて箱形の墓室をつくり、複室になるものもある。平安南道北倉郡大坪里5号墓から美松里型土器が出土している。③は、①の積石の一部が発達して大きな数個の支石が出現したものである。全羅南道霊巌郡長川里1号墓では細形銅剣茎部近くの破片が出土し、同じく麗川郡積良

第3章　無文土器時代　73

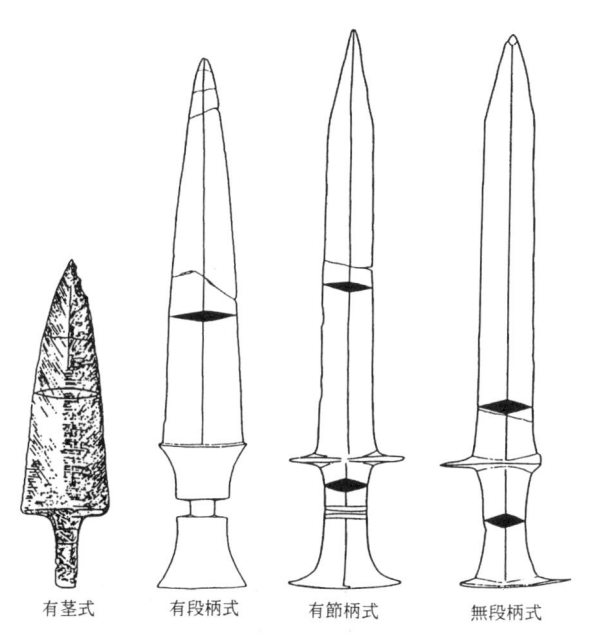

　　　　　有茎式　　有段柄式　　有節柄式　　無段柄式
図21　磨製石剣の分類（田村 1988より）

洞7号墓では遼寧式銅剣が出土した。分布をみると、①は朝鮮半島の全域から中国東北地方に広くみられるが、②は平安南北道と黄海南北道に集中し、中国東北地方にも広がる。南への分布は希薄であるが、全羅北道長水郡三峰里でもみつかっている。③は京畿道より南、とくに全羅南北道、慶尚南北道に密集している。②と③は分布の中心が北と南にわかれることから、北方式と南方式ともよばれた。

　支石墓に副葬される遺物に磨製石剣と磨製石鏃がある。磨製石剣は手で握る部分の形により、有茎式と有柄式に大きく二区分される。有茎式は茎に木質などの柄をつけて使用したと思われるが、副葬さ

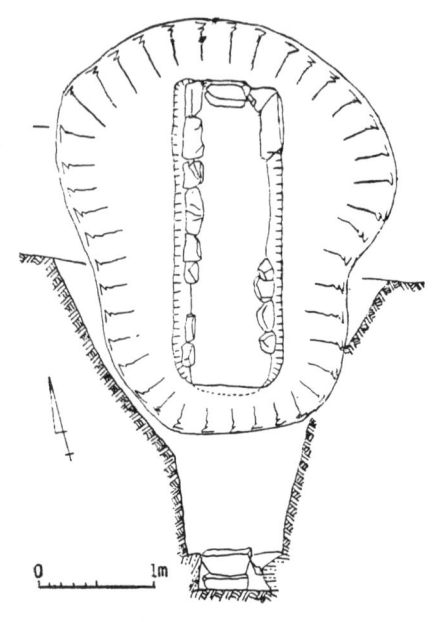

図22 槐亭洞囲石木棺墓

れた有茎式磨製石剣にその痕跡はない。有柄式は木質柄を刃部と一体で石でつくったもので、有茎式に遅れて出現する。有茎式磨製石剣はコマ形土器と伴出するので、無文土器文化の始まりとほぼ同じ時期に出現している。したがって、遼寧式銅剣より出現は早いので、銅剣を模したのではなくより古い時期の石器から生まれたものである（田村 1988）。有柄式磨製石剣は柄の形によりさらに有節式、有段式、無段式に区分でき、その順番で変遷する。無段有柄式磨製石剣を副葬した松菊里石棺墓は、前期のもうひとつの墓制である。石棺墓は板石を底に敷き側壁も板石を立てて組み合せて墓をつくるが、支石墓とは異なり単独で存在することが多い。松菊里石棺墓ではほかに遼寧式銅剣、磨製石鏃、天河石製曲玉形飾玉、碧玉管玉が出土し、紀元前5世紀頃とされる

後期になっても、一部で支石墓がつくられるが、鉄器文化の流入や細形銅剣の出現に伴い、囲石木棺墓へと変わっていく。大田市槐亭洞では、すりばち状に深さ2mくらいの土壙を掘ったのち、さら

に垂直に 1 m くらいの長楕円形土壙を掘る。土壙内の壁際には石が積み上げられ槨のようになり、木棺が納められる。石の蓋はなく土がかぶさり、さらに積石状に石が積まれていた。土壙内の木棺とその外側の石積みとの関係は、どちらが先につくられるかという問題がある。石を積んで槨をつくった後に木棺を入れたとみれば、石槨墓といえるし、木棺を入れた後に壁との隙間に石を詰めたとみれば、囲石墓といえる。石の配置状態をみると後者に近いので、ここでは囲石墓とよぶ。なお、槐亭洞では床面から木材が出土し、木棺の存在が確認されたので囲石木棺墓とよびあらためる。このような墓は、忠清南道の牙山郡南城里、扶餘郡蓮花里でもみつかっている。

6 鉄器の出現

後期になると、中国東北地方から鉄器文化が伝わってくる。慈江道龍淵洞遺跡からは、完形品だけでも51点に及ぶ多数の明刀銭とともに、鉄矛、鉄斧、鉄鎌、鉄鍬などの鉄器が出土した。遺跡は1927年に工事中に発見されたため、遺構はよくわからないものの内部主体は土壙（木棺の存在が不明の場合、単に土壙という）あるいは木棺をもつ積石塚状の墓と推定されている。明刀銭は、中国戦国時代の燕（紀元前323〜222年）でつくられた刀子の形をした貨幣で、刀身に「明」という字が陽刻されている。燕の昭王の東胡征伐を契機として鉄器文化が流入したと考えるならば、その年代は紀元前 4 世紀末を上限として押さえることができる。半島北部では、細竹里、虎谷遺跡からも鉄製農工具が出土している。

始めは北部にかぎられていたが、しだいに南部に波及していった。

忠清南道素素里遺跡では耕作中に採集された遺物ではあるが、細形銅剣Ⅱ式、剣把頭飾、銅戈、多鈕精文鏡などとともに鋳造鉄斧、鋳造鉄鑿が出土した。ここでは他に長さ6cmの青色ガラス管玉もみられたが、同じように忠清南道合松里遺跡でも青色ガラス管玉とともに鋳造鉄斧が出土している。これらのガラスを化学分析した結果によれば、戦国から前漢時代のガラスと同じ鉛バリウム系統のガラスであることがわかり、鉄器文化とともに大陸から半島に伝わってきたものである。しかし、後期は依然として青銅器が盛んに使われていて、鉄器がそれに取って代わり本格的に生産され使用されるのは、次の原三国時代になってからである。

第4章　原三国時代と楽浪郡

1　「原三国」という時代

　原三国という時代名称は、金元龍が1972年にはじめて使用した。それによれば、いわゆる三韓時代、三国時代初期、または考古学でいう金海時代に対する新しい命名であり、文献史上からも考古学上からも妥当な名前であろうといい、英語でいえば「プロト三国時代」になる（金元龍 1972）。無文土器時代と三国時代にはさまれた時代で、それ以前は金元龍のいうように金海時代とよばれていた。この名称は、1920年に発掘された金海会峴里貝塚の地名をとってつけられた。貝塚では、最下層から赤色素焼土器・黒褐色素焼土器・陶質黝黒色土器が出土し、これらを金海式土器と総称した。最上層から出土した赤色素焼土器・陶質黝黒色土器は三国時代に属するものであり、貝塚は三国時代まで継続していたことは明らかである。また、最下層の赤色素焼土器のなかには後期無文土器も含まれているので、貝塚の始まりはこの段階までさかのぼる可能性がある。出土した土器には完形品がほとんどないため全体の器形がわからず、色調と土質からの判断であったため金海式土器の全体像を知るのはむずかしかった。そして、貝塚も長い期間にわたって営まれたため、時

代名称として金海の名を用いるのは曖昧さがのこりよくないということで、青銅器文化の次にくる時代ということで初期鉄器時代という名も使用された。しかし、鉄器は無文土器時代後期にはすでに数は多くないが出現しているので、金海時代のみを初期鉄器時代とよぶのは正確ではなく、無文土器時代（青銅器時代）後期を初期鉄器時代Ⅰ、金海時代を初期鉄器時代Ⅱとよぶ考えも出された。このような名称問題を解決しようとしたのが金元龍で、文化内容よりも先に無文土器の終わり以降で百済、新羅が出現する三国以前と時代概念を先に設定した。この時期の貝塚は南海岸の各所で形成され、熊川貝塚や馬山城山貝塚などで発掘調査も行われたが、良好な単純層はなく土器も破片が多いため、原三国時代の土器内容を明らかにするのはむずかしかった。同時一括資料は墳墓遺構にみられ、1979年から1981年にかけて行われた慶州市朝陽洞墳墓遺跡の第2次～4次調査でこの時期の土器内容が明らかにされ、1988年から行われた義昌郡茶戸里墳墓遺跡で出現期の様相がさらに明らかとなった。そして、金海市良洞里遺跡や釜山市老圃洞遺跡、慶山市林堂洞遺跡でもこの時期の墳墓群が調査された。いずれも朝鮮半島南部であるが、土器は灰色の瓦質土器が副葬され、鉄製の武器や馬具もみられた。

さて、3世紀の半島の様子を述べた『三国志』魏書東夷伝によると、南部朝鮮には馬韓・弁韓・辰韓の三種があり、それぞれのなかに50余国・12国・12国があったという。この三種が3つの韓であり、そこから三韓時代という名称が生まれた。同書によれば、北では高句麗が丸都を都として国家を形成しており、東海岸には濊貊族が住んでいた。また、現在のピョンヤンを中心とする地域には前漢の武帝が紀元前108年においた楽浪郡があり、3世紀初めにはその南半

部を分割して帯方郡が設置された。このように見てくると、この時期の半島をひとつの時代名で呼ぶのは無理がある。したがって便宜上、高句麗と楽浪・帯方郡を除いた地域に原三国時代という時代名称を適用する。

2　土器の編年

　赤褐色の軟質土器も使われているが、この時期には灰色あるいは黒灰色の軟質土器が新たに出現し、瓦質土器とよばれる。胎土が精選され、製作に回転台が使用され、土器表面を叩く打捺技法が採用されているところが無文土器と大きく異なる点である。また、色調が灰色であることから密閉窯による還元焔焼成が推定されるが、軟質である点をみると焼成温度はそれほど高くなかったようだ。このような技術は在地にはなく、楽浪郡での土器製作技術の影響が半島南部に及んで瓦質土器が出現したと考えられる。かつて金海会峴里貝塚から出土した黒褐色素焼土器と陶質黝黒色土器の一部がこれにあたると考えられる。

　編年に良好な資料を出した朝陽洞は、慶州市内から仏国寺方向へ約10km行ったところの低丘陵に立地する墳墓遺跡である。1978年に地元民から土器の出土が報告されたのを契機として、国立慶州博物館によって発掘調査が行われた（崔鍾圭 1983）。遺構は、木棺墓26基・木槨墓13基・甕棺墓20基のほか三国時代に属する石槨墓が8基調査され、その成果をもとに瓦質土器の長頸壺と墓制の変遷からみた編年案が次のように提示された（図23）。[　]内は、その後に調査された遺跡である。

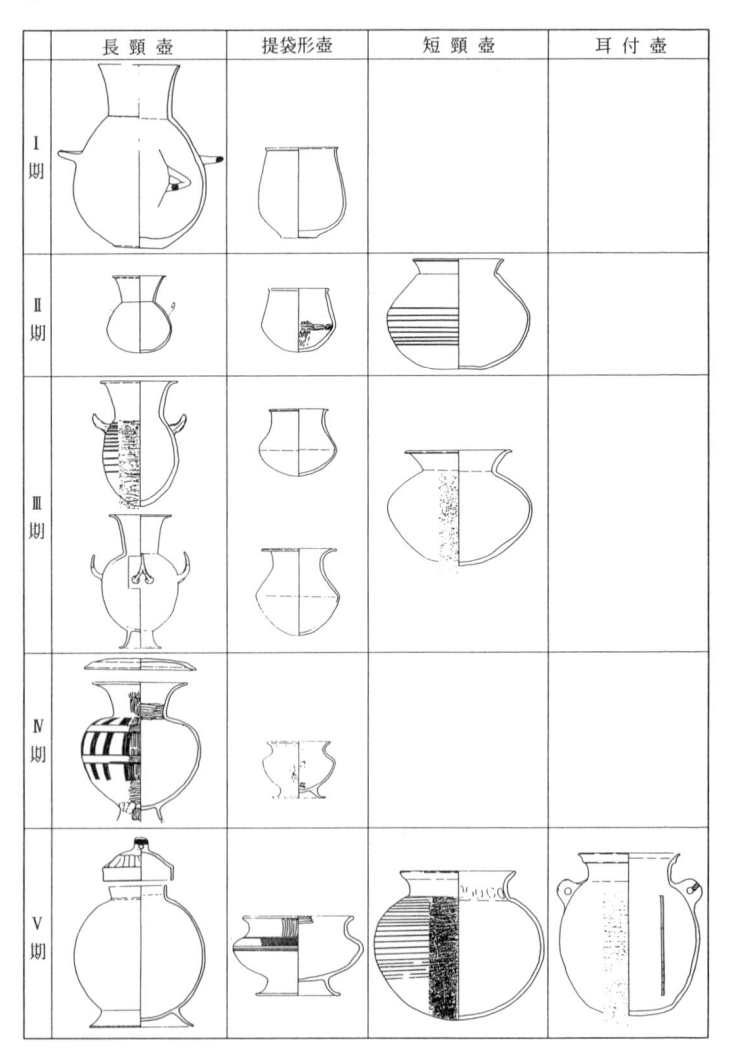

	長 頸 壺	提袋形壺	短 頸 壺	耳 付 壺
Ⅰ期				
Ⅱ期				
Ⅲ期				
Ⅳ期				
Ⅴ期				

図23 瓦質土器編年表（韓炳三 1989）

第4章　原三国時代と楽浪郡　*81*

　I期　朝陽洞5号墓が代表的であり、無文土器のほか、瓦質土器の初現形態を示す牛角把手付黒色磨研平底長頸壺が出土した。底部は胴部にくらべてまだ器壁が厚い。青銅器には、剣把・多鈕素文鏡・小銅鐸があり、鉄器には剣・刀子・戈という武器がある。墓は長さ1.4m、幅0.5mの木棺を深さ1.4mの土壙に納めた。

　II期　朝陽洞38号墓が代表であり、牛角把手付長頸壺は胴下部が膨らみ玉ねぎ形を呈する。口頸部が強く外反し、底部は平底気味であるが厚みがなくなり丸底といってよいだろう。巾着形を呈する提袋形壺も長頸壺の胴部と同じ器形を呈する。この段階であらたに縄蓆文打捺短頸壺が出現する。青銅器には、内行花文日光鏡、重圏文日光鏡、内行花文昭明鏡、内行花文家常富貴鏡などの前漢鏡が出土し、鉄器では剣があった。墓は土壙の規模がやや大きくなった木棺墓であるが、38号墓では土壙中央に腰坑が掘られた。副葬品を収めたようであるが、腐植してのこっていなかった。[茶戸里1号墓]

　III期　朝陽洞60号墓が代表であり、牛角把手付長頸壺は胴部が長くなり最大径は胴上部にある。口頸部の外反はさらに強くなりラッパ形を呈する。提袋形壺は胴下部の膨らみがさらに増すとともに口縁部がすぼまって小さくなる。さらに口縁部が外反するものも現れる。60号墓では青銅器の副葬はなく、鉄器に鎌、刀子、板状鉄斧、馬の轡がみられた。墓は土壙がさらに大きくなるとともに深さが浅くなるものも現れ、そこに木棺が納められる。土壙の大型化は、時期差とみるよりも階層差とみたほうがよく、この時期にも小さな土壙は存在している。

　IV期　朝陽洞2号墓が代表であり、牛角把手付長頸壺は姿を消しかわりに台付長頸壺が出現する。それは、牛角把手を取り除き底部

に台を付けた形を呈し、亞字形土器ともよばれる。提袋形壺も同時に姿を消し、新たに炉形土器が出現しやや遅れて無蓋高杯も現れる。器種の転換のみでなく製陶技術の変化もみられ、瓦質であるが胎土が硬くなり陶質に近い短頸壺も現れる。2号墓は長さ4m、幅1.5mの土壙を掘り四隅に柱を立てて木槨をつくりそのなかに木棺を納めた墓で、ここに新たな墓制として木槨墓が登場した。［良洞里162号墓、下垈カ23号墓］

Ⅴ期　地元民から報告された朝陽洞収集品が代表であり、台付長頸壺の頸部が短くなり鈕付蓋がつく有蓋台付直口壺が出現する。その器形は肩が張る胴部から球形の胴部へと変化した。Ⅳ期に現れた炉形土器や無蓋高杯も引きつづき使用された。墓は木槨墓であるが、Ⅳ期にくらべさらに大型のものが出現する。この大型木槨墓も時期差とみるよりは階層差とみた方がよい。［大成洞29号墓］

5期に分けたなかで、Ⅰ期は無文土器時代の末期に位置づけられる。牛角形把手丸底長頸壺、小型甕、短頸壺が出現するⅡ期からが原三国時代であり、それらが継続するⅡ・Ⅲ期を前期とする。Ⅳ期になると新たに台付長頸壺、炉形土器、無蓋高杯が出現するので、それらが継続するⅣ・Ⅴ期を後期とする。ただし、Ⅴ期では有蓋台付直口壺が出現する。朝陽洞の発掘以降、良洞里、茶戸里、林堂洞、中山里、下垈の墳墓遺跡の発掘で資料が蓄積され、さらに細分した編年案が李盛周、申敬澈や高久健二らにより出されているが、基本的にはここでみた変遷の流れと変わらない。将来もさらに細分されることを考慮して、ここでは前期と後期に大きく二分してみていこう。この二分は瓦質土器の器種変化のみでなく、木棺墓から木槨墓への墓制の変化によっても裏づけられる。

第4章　原三国時代と楽浪郡　83

　原三国時代の開始、すなわち前期の始まりの年代は茶戸里1号墓の副葬品によって知ることができる。深さ205cmと深い墓壙に刳抜式の割竹形木棺を納めた木棺墓であるが、墓壙底の中央には腰坑とよばれる副葬品を入れる長さ65cm、幅55cm、深さ12cm（推定）の穴が掘られていた。穴のなかには竹かごに包まれて、

図24　茶戸里1号墓出土内行花文星雲文鏡（李健茂ほか 1989）

漆鞘入り銅剣、漆鞘入り鉄剣、木製剣把付き鉄剣、漆鞘入り鉄製素環頭刀子、銅矛、鉄矛などの武器類、鋳造鉄斧、木柄付き鉄鎌などの利器類、内行花文星雲文鏡（図24）、青銅帯鉤、青銅環などの装身具類のほか五銖銭、小馬鐸、漆塗り筆というように多量の副葬品が収められ、木棺と墓壙のあいだでは木柄付き板状鉄斧や高杯、弓などの漆器が検出されたが、木棺のなかにはガラス玉と四角形の石製品が入っていたにすぎない（李健茂ほか 1989）。これらの副葬品のうち、前漢鏡に属する星雲文鏡や五銖銭からみて1号墓は紀元前1世紀後半と考えられる。星雲文鏡、青銅帯鉤、五銖銭、鉄製素環頭刀子などの漢系遺物は楽浪郡を通じて入手したものであり、瓦質土器の出現とともに原三国時代の開始にあたっては楽浪郡の影響が大きい。

　後期の開始は良洞里162号墓によって知ることができる。長さ5m、幅3.4m、深さ1.2mの墓壙に木棺を納めた大型木槨墓で、木棺

内には鏡、鉄剣、水晶製玉とガラス製玉を連ねた首飾りを副葬し、木棺外には台付長頸壺、鉄矛、鉄鏃60余点、鉄刀、鉄斧、鉄鎹が副葬された。また、木棺の下の四隅には板状鉄斧が10枚ずつ並べて敷かれており、大量の鉄器が見られることがこの時期のひとつの特徴でもある。鏡のうち後漢鏡である長宜子孫銘内行花文鏡、四乳禽獣文鏡と倭鏡である内行花文日光鏡からみて、162号墓は紀元2世紀後半に位置づけられる。

中部地方の土器には、硬質無文土器、打捺文土器、打捺のない還元焔焼成の灰色ないし黒色土器の3種がある。硬質無文土器の器種のなかで主流をなすのが中島式土器とよばれる外反口縁平底甕で、春川市中島、加平郡馬場里、河南市渼沙里、水原市西屯洞、忠州市荷川里などの漢江流域の住居址から出土しているが、漢江上流を越えて東海岸の江陵市草堂洞、襄陽市柯坪里、溟州郡安仁里にまで及んでいる。原三国時代の早い時期の遺跡では硬質無文土器が多く出土し、遅い時期の遺跡からは打捺文土器や灰色ないし黒色土器が多く出土するという時期的なちがいがみられる。

3　鉄器の普及と発展

鉄器はすでに無文土器時代後期に出現しているが、原三国時代になると大量に生産され実用に使われるとともに墓への埋葬も盛んとなった。朝鮮半島に最初に伝わった鉄器は中国戦国時代の燕国からであったが、この時代には新たに楽浪郡から鍛造製品やその技術が伝わり鋳造・鍛造の鉄器が普及した。前期の木棺墓の副葬品にはいぜんとして青銅器文化の影響をのこす細形銅剣や銅矛が儀器として

みられるが、実用の利器は鉄剣や鉄矛などの鉄器へと転換していった。墓の副葬品からこの時代の鉄器をみると、前期の農工具には鋤・鎌・鑿・鉇・刀子・鋳造有銎鉄斧・鍛造有銎鉄斧・板状鉄斧、武器には短剣・矛・無茎鏃、馬具には轡があり、この段階で鉄器のほとんどの種類が出現している。このうち、板状鉄斧は茶戸里1号墓で木柄につけられた状態で出土したものがあり、実用であることは確かであるが、ほかに刃部を研ぎ出してないものもあり、こちらは鉄地金（素材）と考えられている。前期の終わり頃の茶戸里64号墓には約6kgの鉄鉱石が副葬され、製錬が行われていた可能性をしめす。後期になると無茎鏃に加えて有茎鏃が現れ、楽浪郡からの新たな影響で出現した全長1mに近い素環頭大刀もみられる。この頃になると鉄器の多量副葬が行われ、良洞里235号木槨墓では板状鉄斧30余点を木棺の下に敷き、鉄斧10点、鉄鏃50余点、鉄矛7点、素環頭大刀1点が副葬されていた。

　多量の鉄器出現の背景には、当地での鉄の製錬、精練を予測させる。『三国志』魏書東夷伝弁辰条には、「辰韓や弁韓では鉄を産出し、韓・濊・倭はこれを得にやって来るし、楽浪・帯方の二郡にまで供給していた」と記されている。弁韓の地の製鉄関係遺跡としては、馬山市城山貝塚がある。標高49mの丘陵上に形成されたこの遺跡は上下2つの文化層があり、下層からは無文土器が出土し、上層は「金海土器」を含む貝層であった。炉の壊れた固い壁片や土製風管が上層と下層に挟まれた黒褐色粘土層から発見され、これが冶鉄址とされた。その年代は、貝層最下部で五銖銭が発見されているので紀元前後頃と推定された。釜山市東莱楽民洞貝塚でも直径約4mの竪穴の北壁に接して長さ75cm、幅25cm、深さ18cmの半地下式の炉址

が発掘されたが、製錬炉ではなく鍛冶にかかわる遺構と考えられる。

辰韓の地である慶州市の北東部にある隍城洞遺跡では、原三国から三国時代にかけての製鉄関係遺構が多数みつかっている。約1ヘクタールある遺跡の南半部に前期の鍛冶遺構が、北半部に後期の鍛冶遺構と三国時代の精練炉が分布している。前期のものは、直径4～5mの円形竪穴住居址内の壁に接して炉が設置された。Ⅰ-タ-9号住居址でみると、東壁に接して直径約80cmの不正円形の炉が設けられ、南壁内側に沿って排水用とみられる溝が長さ3.5mにわたり延びている。住居址内からは、牛角形把手、短頸壺などの瓦質土器と無茎両翼鉄鏃、鍛造鉄斧、鉄刀子、砥石が出土した。あわせて16軒の住居址が調査されたが、瓦質土器や紡錘車が出土しているのをみると、ここで生活を行いながら鍛冶を行ったと考えられる。後期になると住居の平面形が隅丸方形にかわるが、大きさはかわらず炉の設けられる場所も一方の壁に接している。Ⅰ-カ-1号住居址でみると、西壁に接して粘土を丸く積んだ内径40cmの炉がつくられている。孫明助（1997）によると、前期は銑鉄や小鉄塊を素材にした鍛造が行われ、後期になると溶解工程が加わった鍛造が行われたという。精練炉は住居内ではなく外に独立して設置された。石と粘土で炉体がつくられ、そのうちのひとつは直径80cmの円形炉である。炉の周辺には、鉄滓、鉄塊片、風管が散在していた。この精練炉は三国時代になってからのものである。

同じように忠清北道鎮川郡の石帳里遺跡で調査された長方形の箱型炉、円形炉、方形炉など40基以上の製錬・精練炉も三国時代初期の4世紀頃と推定される。製鉄関係の炉は紀元前後から出現するが、おもに鍛冶に使用されたもので、本格的な製錬・精練炉は3世紀末

から4世紀になってからである。石帳里と同じ馬韓の地である北漢江流域の馬場里では住居址のなかから鉄滓、鉄片、風管が出土し、朝鮮北部では慈江道魯南里で、石と粘土で炉壁をつくった精錬炉と思われる施設が単独でみつかっており、紀元前後の年代が与えられている。

4　集落と墓制

(1) 集落

　集落は丘陵の上に形成され、無文土器時代にひきつづき環濠がめぐる集落もある。しかし、中部地方では河川流域の自然堤防上に、東海岸では砂丘の上というように低地にも集落は形成された。このような集落の立地のちがいは生業ともかかわっている。慶尚南道の梁山市平山里遺跡は、環濠に囲まれた集落構造がよくわかる遺跡である。標高150m（平地との比高60m）の東にのびる舌状台地上に平面が円形と方形の2種類の竪穴住居が16軒営まれ、南側に環濠が確認された。環濠は標高145mの等高線に沿い、東側と北側は削平されて検出できなかったが、本来はこちらにものびていたと推定される。長さ120mにわたって検出された環濠をみると、幅は1～3mで断面が逆台形を呈し、濠内側には20～30cmの間隔で木柵列の柱穴があり、濠外側には土を盛った土塁の跡がのこっていた。東側寄りの濠が切れたところが出入口で、その内側には望楼と推定される建物の柱穴群が検出された。平地と隔絶された高台にある環濠で望楼の存在も推定されるので、防禦的性格の強い集落といえよう。住居址は大型方形住居が中央部に位置し、そのまわりに小型の住居

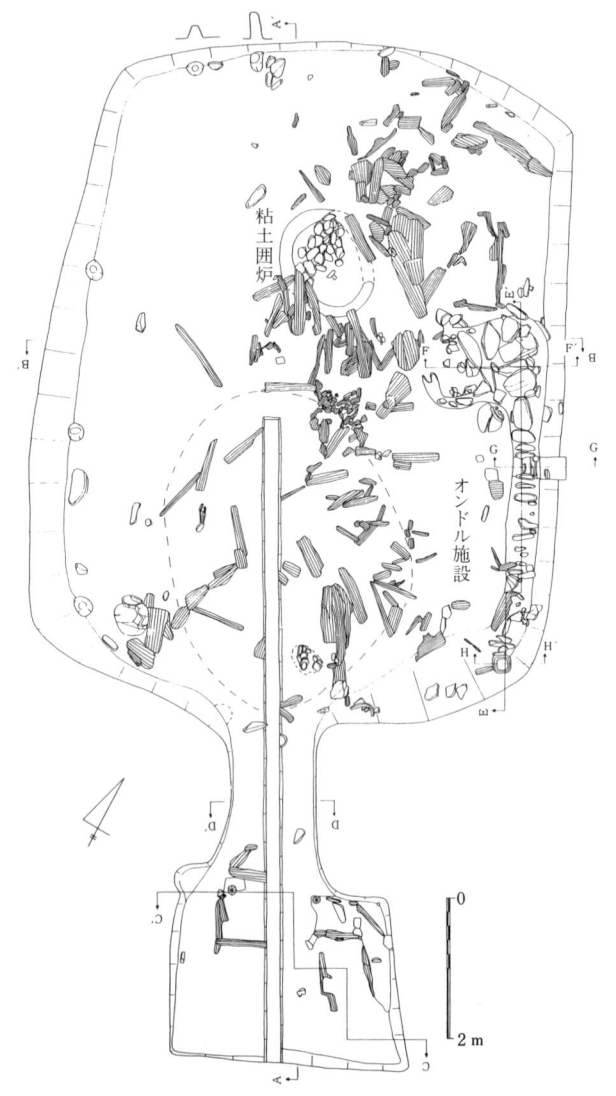

図25 渼沙里A—1号墳住居址（裵基同・尹又埈 1994）

が配置される。柱穴は壁際にあり、炉は片方の壁に寄ってつくられた。また、住居の外側をまわる溝が検出されている。12号住居ではコメなどの炭化穀物が出土しているので、下の平地で農耕が行われていたと推定できる。昌原市南山遺跡も標高97mの丘陵上に環濠集落（内側の濠、外側の濠は無文土器時代）が営まれ、ほかに梁山市多芳里遺跡、大成洞遺跡でも環濠集落が見つかっている。発掘が遺跡の一部分であったり、丘陵上のため土が流出している場合もあり、環濠の全体像が不明な遺跡も多い。

　中部地方の渼沙里遺跡は漢江の自然堤防上に営まれた集落で、住居の平面形は呂字形、凸字形、方形、円形、楕円形と多様である。このうち呂字形、凸字形は地域的な特徴を示し、中部地方と東海岸にみられる。呂字形は入口を入るとすぐに小さな方形の部屋（前室）があり、いったん細い通路を通って奥の居住空間へと入る（奥室）。奥室は方形あるいは長方形であるが、奥壁や前壁が外側にふくらみ五角形や六角形になるものもある。呂字形のA-1号住居址は全長10m、奥室の長さ5.3mであり、中央から奥壁に寄って粘土囲いの炉があり床面上の横壁に沿って平面L字形のオンドル施設がつく（図25）。住居内からは、打捺文灰色壺、中島式土器、無茎鉄鏃、鉄製刀子、仿製鏡、砥石、漁網錘が出土し、^{14}C年代測定の結果は1730±50B.P.と出ている。漁網錘が、前室が省略された形の凸字形住居であるA-13号や方形住居のA-14号を始めとしてこの遺跡で多く出土していることから、漢江での漁撈活動がうかがえる。同じ中部地方でも、水原市西屯洞遺跡は標高101mの丘陵上に一辺4m前後の方形や長方形の竪穴住居が営まれ、7号住居址ではオンドルが設置されていた。ほかに、加平郡馬場里（北漢江支流域）、春川

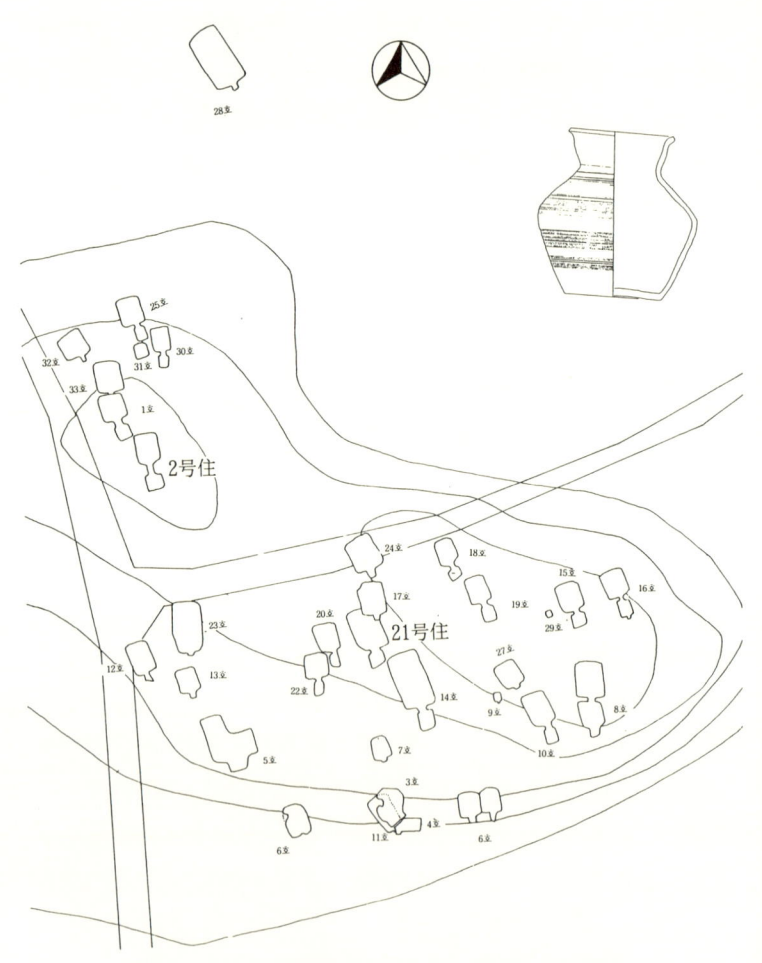

図26 安仁里集落遺跡と2号住居址出土楽浪系短頸壺

市中島（北漢江流域）、中原郡荷川里、天安市長山里（標高90mの丘陵上）でも住居址が発掘された。その多くは一辺4〜6mの方形で中央から一方に偏って炉があり、四隅に柱穴をもつ住居である。

住居内出土遺物に鉄斧、鉄鏃、鉄製刀子などの鉄器がみられるようになるのも原三国時代の特徴である。また、この時期の後半になると壁際に竈がつく住居が出現し、底部に複数の穴をあけた甑が出現した。

東海岸の安仁里遺跡は、海岸近くの標高7mの自然堤防上に営まれた集落で、すべて南側に出入口を設けた35棟の凸字形や呂字形の竪穴住居からなる。地形からみて集落は北と南の2群に分けられ、各群に1棟ずつ奥室の面積が100㎡を超す大型呂字形住居がみられる（図26）。他の住居が30〜50㎡であるのに対して特別に大型であることから、共同作業場あるいは祭礼儀式に使用された場と推定されている。なお、2号住居址からは中島式土器とともに楽浪系の平底短頸壺が出土している。21号住居址では^{14}C年代が測定され、2080±50B.P.とでている。

貝塚は無文土器時代には数がいったん減少するが、原三国時代になるとまた増加する。とくに海岸が入り組んだ南海岸に集中して分布し、その立地は丘陵の上であることが多いが、生産活動の中心となる微高地や山麓に位置する貝塚も少数ではあるが存在する。金海市会峴里や府院洞（海抜10mの山麓）では、カキ、ハマグリ、アサリなどの内湾性の貝類が主体をなすがイガイ、メガイアワビなどの外海域の貝類もあり、広範囲にわたる漁撈活動が推定されるとともに、炭化米や麦などの穀物が出土していることから畑作や水田耕作も行われており、多様な生業活動があった。その背景には、洛東江が運び込んだ土砂の堆積により湾内には貝の生息に良好な環境が形成され、湾奥部では陸地化が漸移的に進み自然堤防や後背低湿地が形成され、水田農耕に適した土地が提供されたものと思われる。標

高6〜7mくらいの丘陵端部から沖積地に立地する釜山市東莱区の楽民洞貝塚は、カキを主体としてハマグリや外海域のアワビ、サザエもみられるが魚類は少なく、そのかわりアシカの骨が多く出土した。しかし、ここの貝塚の特徴は漁撈活動に伴う貝や魚、海獣のみでなく、シカとイノシシなどの陸上での狩猟活動の結果としてのこされた骨が多くみられ、またウシや中小形から小形のウマ、イヌといった家畜の骨も少数ではあるがみつかっている。さらに、ここでは第3節で述べたように鉄生産遺構である炉が発見されており、日常の生業活動が多様であったことを示している。なお、貝塚からはシカやイノシシの肩甲骨を利用した6点の卜骨が出土しているが、このような卜骨の出土例は光州市新昌洞、泗川郡勒島、釜山市朝島、金海市府院洞、海南郡郡谷里、金海市鳳凰台、昌原市南山、群山市余方里、慶山市林堂洞低湿地でもみられる。

(2) 墓制

無文土器時代後期の囲石木棺墓が単独で営まれるのに対して、この時代の木棺墓や木槨墓は集団墓を形成し、その集団のなかで規模が大きく副葬品が豊かになる有力者の墓が出現する。前期の墓制は木棺墓で、墓壙と木棺のあいだに土器などを副葬するが、初期の茶戸里1号墳や朝陽洞38号墳に前漢鏡をはじめとして豊富な副葬品を伴うことから、すでに有力者の出現が想定される。後期になると木槨墓が出現し、木棺と木槨の間の空間が副葬品の置かれる場所となり土器や鉄製武器が多量副葬される墓もみられる。この木槨墓という新しい墓制の出現には楽浪からの影響が考えられる。甕棺墓も前期と後期をつうじてみられるが、林堂洞遺跡では小児用の墓として

用いられ、茶戸里や朝陽洞でも木棺墓や木槨墓の集団墓のなかに混じって存在していた。

周溝墓はすでに無文土器時代後期の保寧市寛倉里遺跡でみられるが、この時代になると遺跡の数が増加し、天安市清堂洞、清州市松節洞、公州市下鳳里、舒川郡烏石里、益山市永登洞で調査されている。中央部に掘った土壙に木棺を配置しそのまわりを溝がめぐる。溝は口字形にめぐるものとコ字形にめぐるものがあるが、コ字形は

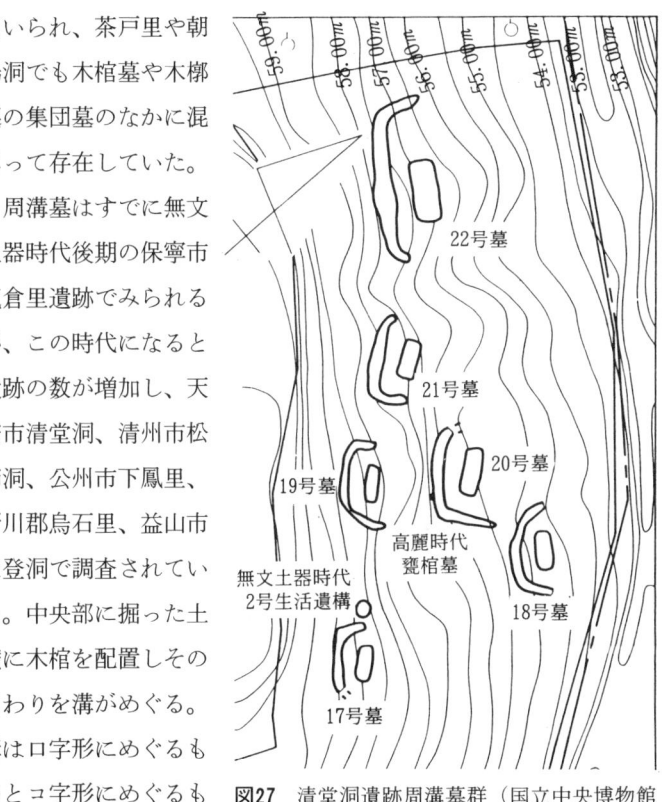

図27 清堂洞遺跡周溝墓群（国立中央博物館 1993）

丘陵斜面に造営されたため傾斜の低い方には溝が掘られなかったようだ。天安市清堂洞遺跡は標高60mの東西にのびる丘陵の上に営まれた周溝墓群である。25基すべてが周溝墓で、丘陵斜面につくられたため溝はコ字形にまわる。内部主体の木棺の長さは2〜2.7mで、周溝の一辺は3m前後であるが、22号墓を含む3基のみは木槨でその長さは3mを超え、周溝の一辺も4〜5mと大型化している（図

27)。Ⅰ期～Ⅲ期に時期区分され、Ⅰ期は原三国前期後半、Ⅱ・Ⅲ期は原三国後期にあたる。副葬品と内部主体のちがいから被葬者の階層差を考えることができる。上位階層の副葬品をみると、Ⅰ期の5号木棺周溝墓に銅製馬形帯鈎11点と多数のガラス玉を副葬し、Ⅱ期の14号木槨周溝墓に銅製棒状帯鈎、環頭大刀（全長81.4cm）、環頭刀子、鉄矛、鉄鏃、鉄刀子、鋳造鉄斧、鉄鑿、鉄鎌を副葬し、Ⅲ期の22号木槨周溝墓には環頭大刀（全長92.4m）、鉄矛、鉄鏃、鉄刀子、鉄斧、鉄鑿、鉄鎌を副葬している。原三国後期から木槨が出現し鉄器の多量副葬が始まるのは、南部地方の木槨墓と共通する現象であるが、後期になっても木棺はのこり、中位や下位階層の埋葬主体となっている。ひとつの丘陵を共有する集団墓であるが、そのなかにあって副葬品の質と量、埋葬主体部のちがいから階層の分化を知ることができた。

5 楽浪郡地域

（1） 楽浪郡の歴史と文化

　紀元前2世紀の初め、中国における秦・漢交代期に燕の地域から亡命してきた衛満が王倹城（今のピョンヤン）に都をおいて新しい王朝を建てた。衛満が創始した朝鮮ということで衛氏朝鮮とよばれる。この頃から、中国の文献に記録された朝鮮半島の様相は信頼できるようになる。中国からやってきた王、韓、高など多くの土着化した貴族や朝鮮在地の豪族により支配層が形成され半島の西北を支配地域として栄えたが、紀元前108年には前漢の武帝により滅ぼされた。武帝は王倹城のあったところに楽浪郡、その南に真番郡、東

(東海岸)に臨屯郡、東北(咸鏡道)に玄菟郡の4郡を設置し、各郡のなかにさらに県を配置して漢は朝鮮半島に郡県支配をしいた。紀元前82年には真番、臨屯の二郡が廃止され、前75年には玄菟郡も西北地方へ移動し、実質的には楽浪郡のみが半島の支配にあたった。その背景には、衛氏朝鮮の時期に中国から流入し土着化した貴族が支配していた地域を引き継いだ楽浪郡のみが強い支配基盤をもち、その他の地域は在地豪族の力が強く支配基盤が脆弱であったことがあげられる。楽浪郡は旧3郡の領域の一部を取り込み、東部都尉、南部都尉を置いて支配を広げたが、紀元後30年には2つの都尉を廃止し東海岸の7県も放棄して17県のみに縮小した。2世紀末になると後漢の混乱に乗じて、すぐ西に位置する遼東郡の太守(長官)である公孫度が楽浪郡を支配下に入れ、3世紀初頭にはその子の公孫康が楽浪郡の南半部を割いて帯方郡を設置した。その位置は載寧江を中心とする地域である。中国では3世紀前半に後漢が滅び魏・呉・蜀の三国が鼎立する時代になると、魏は公孫氏を滅ぼし楽浪・帯方の2郡を支配下におさめ、その後、魏を滅ぼした西晋が2郡の支配を引き継いだ。しかし、西晋の衰退と北の高句麗の勢力拡大により、ついに313年には高句麗により滅ぼされた。

中国の各王朝は400年にわたりピョンヤンを中心とする西北朝鮮に楽浪郡をおいて郡県支配をつづけた。太守などの最高支配階層は中国から派遣され任務が終ると帰国したが、衛氏朝鮮以来の土着中国人や新たに流入した中国人、朝鮮土着の人びとによって構成された支配階層は、郡治(郡の役所)がある大同江南岸の楽浪土城(楽浪郡治址)周辺に築かれた中国式の木槨墓と塼室墓に埋葬された。その数は、1925～26年の調査で確認できたものだけで1386基(推定

で木槨墓460基、塼室墓926基）にのぼるので、実際はこの数倍あったと推定されている。王、韓、高という姓をもつ中国系人は中、下級官吏に登用されたことが、これらの墓に副葬された印章や土城から出土した封泥によって知ることができる。また、墓には外来文化である漢系の漢式鏡、漆器、環頭大刀、馬具、弩、銅鼎と土着文化である無文土器文化の細形銅剣、銅戈がともに副葬され、生活遺跡である土城出土の土器をみても漢の灰陶系のほか山東半島や遼東半島系の土器もあり、ひとくちに楽浪文化といっても複合した内容をもっていることがわかる。この文化の影響は朝鮮半島南部へもおよび、瓦質土器、漆器や木槨墓の出現をうながし、その地域から出土する漢式鏡、銅製馬具、車輿具、銅鼎などは楽浪から伝わったものである。

（2） 土城の発掘

　楽浪・帯方の2郡では支配の拠点として土城を築き、そこに役所をおいて郡治や県治とした。楽浪郡治は郡の首県である朝鮮県の県治におかれ、帯方郡治はその首県である帯方県の県治におかれた。これまでに発掘あるいは分布調査により、この時代の土城と確認されたのは次の6カ所である（図28）。

①楽浪土城（朝鮮県、楽浪郡治址）ピョンヤン市楽浪区域土城里
　　東西約700m、南北約600m。

②於乙洞土城（䄧蟬県）平安南道温泉郡城峴里
　　南面約139m、東面約125m、北面約150m、西面約117m。
　　外城は東西450m、南北約300m。

③青山里土城（昭明県）黄海南道信川郡青山里

信川土城ともいう。東西約490m、南北約200m。

④雲城里土城(列口県) 黄海南道殷栗郡雲城里

東西100m、南北60m。外城は周囲1kmをこえる。

⑤智塔里土城(帯方県、帯方郡治址) 黄海北道鳳山郡智塔里

古唐城、唐土城ともいう。南面約557m、東面703m、北面約545m、西面約430m。

⑥所羅里土城(夫租県) 咸鏡南道金野郡セドン里

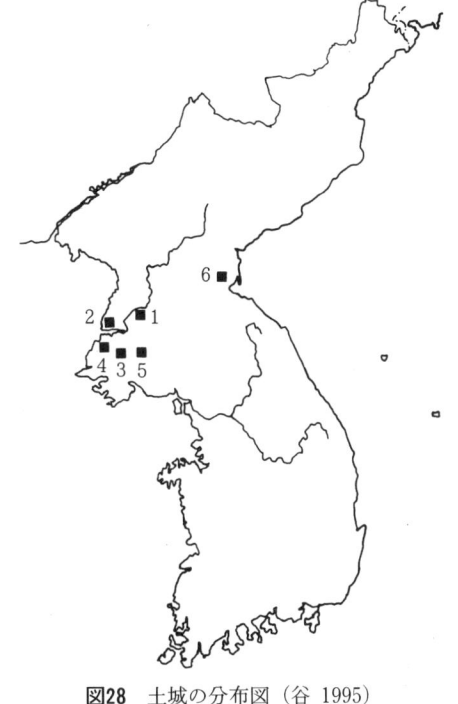

図28 土城の分布図 (谷 1995)
1：楽浪土城 2：於乙洞土城 3：青山里土城
4：雲城里土城 5：智塔里土城 6：所羅里土城

東西約290m、南北約170m。

楽浪土城は、今のピョンヤン市街とは大同江をはさんだ南側の川辺に位置する（図30）。五峯山から北につづく丘陵の端が大同江岸で高くなった台地上に自然の地形を利用してつくられたため、平面形は方形を呈さず壺を横に倒した形となっている。壺の口が東北（河岸）を向き底が西南（山側）を向く。城内は起伏が多いが中央やや

図29 封泥（左）と軒丸瓦（右）
「楽浪太守章」（上）と「朝鮮右尉」（下）封泥の印影（朝鮮総督府 1925）
「楽浪礼官」銘軒丸瓦拓本（関野 1923）

東北寄り、ちょうど壺の肩部にあたる場所に一段高く平坦になっているところがあり、そこは城内でもっとも多く瓦が散布していた。1935、1937年にここを発掘して、長さ40mの塼敷道路、礎石をもつ建物址、直径1.35mの塼囲い井戸などの遺構が検出された。発掘によって出土した封泥に「楽浪大尹章」があり、ここの土城出土と伝えられる封泥に「楽浪太守章」がみられることから（図29）、この土城が楽浪郡治の址と認められた。すなわち、太守は最高支配者の長官であり、王莽は諸官の名を改めたときに太守を大尹としたので、2つの名はいずれも楽浪郡の長官をさしている。さらに、「楽浪礼官」と陽刻された瓦当の出土は、ここに太守のもとで漢の天子にかかわる祭祀を司った礼官の建物があったことを示し、郡治であることをさらに裏づけてくれる（図29）。封泥は、公文書や私文書に紐をかけて、その結び目に粘土を張って印を押して封印した粘土の塊

である。表面には役人の官印や私印が押され、裏面には紐の痕跡がのこる。官印は一辺が2.1cm前後であるのに対して私印はそれよりも小さい。印面には郡名や県名、官職が記され、郡の次官クラスでは「楽浪守丞」があり、県の長官には「朝鮮令印」、次官クラスに「昭明丞印」「堤奘丞印」、その下のクラスでは「朝鮮右尉」（図29）「不而左尉」「遂成右尉」がみえる。県名の押された封泥は、その県から楽浪郡治に運ばれてきた文書などに封印されたものであろう。

　楽浪土城からは灰色や黄褐色の四区画蕨手文軒丸瓦が多量に出土するほか、「楽浪富貴」や「千秋萬歳」という吉祥句を記した軒丸瓦、建築に使用された灰色の長方塼が出土した。また、青銅製品では鼎、五銖銭、貨泉、三角錐形鏃、帯鉤、漢式鏡破片があり、鉄製品には有銎斧、鏃、環頭刀子があった。土器には、壺、花盆形、筒形杯、高杯（豆）、鼎、甑などの器種があり、胎土には灰色泥質、滑石混入、白色の3種があった。そして、土製品には、土器作りに使用された当て具があるほか紡錘車などの生活用具もみられた。

　6つの土城のうち楽浪土城に次いで大きいのは智塔里土城である。城内から文字が記された塼や瓦が出土したというが、詳しいことは不明である。ここから東北に約4km離れたところに塼室墓があり、その墓に「帯方太守張撫夷塼」「大歳存戊漁陽撫夷塼」「大歳存申漁陽張撫夷塼」という銘のある塼が使用されていた。中国河北省の漁陽県出身の張撫夷が、帯方太守としてこの地で没したために埋葬された墓とみられ、その年代は戊申の年、すなわち288年あるいは348年と推定される。この塼室墓の発見によりこの地が帯方郡に属し、楽浪土城に匹敵する大きさをもつ智塔里土城が帯方郡治址とされた。

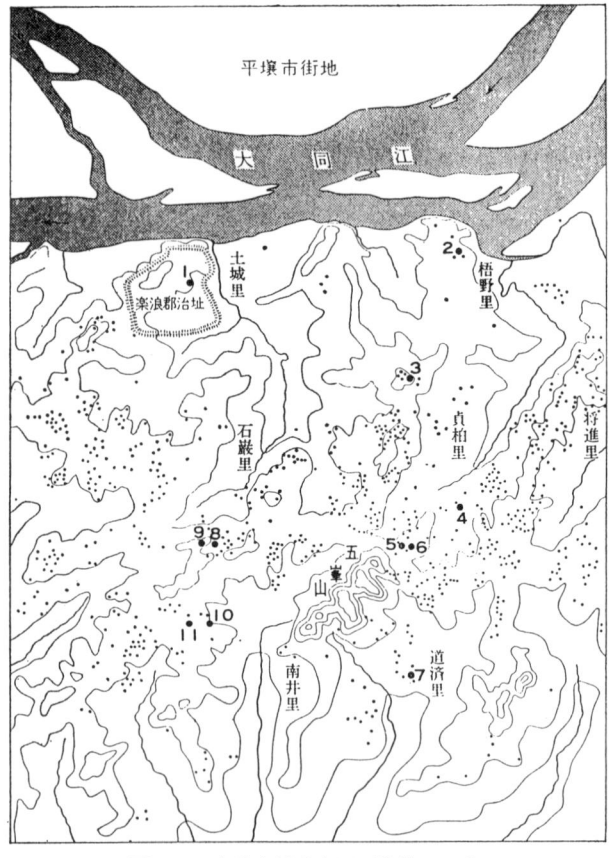

図30　楽浪古墳分布図（駒井 1972）

　同じように、於乙洞土城から東北約500m離れたところに後漢時代（紀元85年）の秥蟬県碑があり、青山里土城の周辺では「昭明」と記された塼が発見されており、それぞれ秥蟬県治、昭明県治の址と推定される。

（3） 木槨墳と塼室墓

　土城の周辺には郡治や県治の支配階層と密接な関係をもつ古墳群が築かれた。於乙洞土城の近くには葛城里古墳群、青山里土城の近くには福隅里古墳群、雲城里土城の近くには雲城里古墳群、智塔里土城の近くには養洞里古墳群が確認されている。楽浪土城の近くでは、古墳群は五峯山の山麓に広く分布し、その数は数千基にのぼると推定される。現在の地名でいうと梧野里、貞柏里、石巖里、将進里、道済里、南井里の各地域に分布する（図30）。楽浪郡がおかれていた時代の郡内の古墳を一般に楽浪古墳とよぶが、その分布の中心は楽浪土城の周辺にある。竪穴系の木槨墓と横穴系の塼室墓の2種があり、紀元2世紀頃に木槨墓から塼室墓へと変遷したが、ある期間は両者が併存していた。

　木槨墓は地下に墓壙を掘って底に板材あるいは角材を敷いて床面となし、四壁に角材を積み上げて長方形や正方形の槨をつくり、天井は梁を渡した上に板材を架ける。そのなかに納められる木棺は厚い板材を組み合せ、その結合には千切とよばれる木製の蝶形鎹が使用された。木槨は内部に木棺を納めたのちに天井（蓋）が掛けられ、その上に粘土が張られ、さらに封土が被せられる。墳丘は平面が長方形や正方形を呈する方形墳で、大きいものは一辺が30mを超えるが、一般的には20〜15mのものが多い。

　木棺には1人が埋葬され、木槨にはひとつの木棺（単葬）から複数の木棺（合葬）が入る。被葬者の数や槨の構造から木槨墓は4種に分けることが可能であり、それは時間的変遷をも示している。楽浪郡設置当初はひとつの墳丘にひとつの墓壙が掘られ、そこに長方形木槨がつくられひとつの木棺が納められた「単葬墓」であるが、

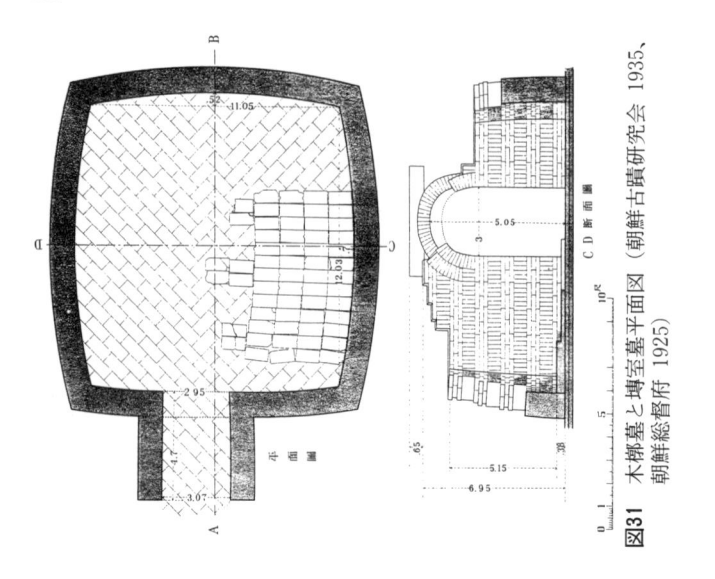

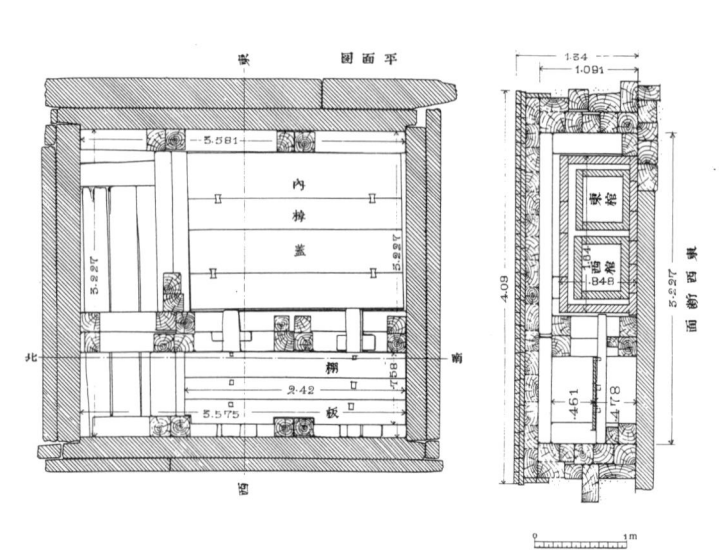

図31 木槨墓と塼室墓平面図（朝鮮古蹟研究会 1935、朝鮮総督府 1925）

紀元前1世紀後半になるとひとつの墳丘に2つの墓壙が掘られ、それぞれに長方形木槨がつくられひとつずつ木棺が納められた「併穴合葬墓」（同墳異穴合葬墓ともいう）となった。この型式はひとつの木槨でみると、単葬墓となんら変わるところがない。そして、紀元後1世紀にはいるとひとつの墓壙にひとつの大きな木槨がつくられ、そこに2〜4個の木棺が入れられる「同穴合葬墓」が出現しこの型式がもっとも栄えた。合葬墓は夫婦埋葬（2つの木棺）が基本型であるが、併穴は別々の墓壙に同穴は同一の墓壙というちがいがある。北朝鮮では、単葬墓と併穴合葬墓をあわせて木槨墓とよび、同穴合葬墓を囲槨墓とよんでいる。同穴合葬墓は、木棺の配置方法によりさらに2種に分けられる。木槨の中央に間仕切りの隔壁を設け、その左右に夫婦の木棺を別々に入れる「間仕切り型同穴合葬墓」と、木槨内に間仕切りのない「同一槨内同穴合葬墓」である（図31）。後者には夫婦2体の埋葬のほか、それに1〜2体が加わった追加葬もみられる（田村 1979）。それを区別するため夫婦合葬墓と多数合葬墓によび分けよう。紀元1〜2世紀には同穴合葬墓が盛んに営まれるが、多数合葬墓はとくに上位階層に採用された。その末期には羨道のつく木槨墓も現れ木室墓ともよばれた。2世紀に木槨合葬墓が営まれている時代に、新たに中国の影響を受けて塼室墓が出現した。塼室墓は床に人字形に塼を敷き詰め、壁から天井へは長手平積み3層と小口立積み1層をくり返して塼を積み上げた。天井は中心に向かってすぼまる穹窿天井となり、四壁は外側に膨らんだ胴張りを呈し、ひとつの壁に出入口となるアーチ形の羨道がつくられるのが基本型である（図31）。平面形でみると、単室墓、前室と後室のある2室墓、前室に側室がつく2室墓の3種があり、2〜3世紀に

かけて造営された。副葬品には、木槨墓にみられなかった竈や甑の瓦質明器と緑釉や褐釉の陶器がある。

次に、各型式の代表的な楽浪古墳についてみていこう。

夫租薉君墓（貞柏里1号）は1958年に発掘調査された単葬木槨墓で、漢系の銀印、馬具のほかは細形銅剣、剣把頭、銅矛、鉄剣など青銅器文化を引き継ぐ在地系の副葬品が多い。銀印には「夫租薉君」と記され、楽浪郡の属県である夫租県出身の在地薉族の墓と推定される。彼は楽浪郡の支配体制に組み込まれ、なんらかの理由により東海岸にある夫租県からピョンヤンの楽浪土城に出仕した人であろう。その時期は玄菟郡の移動により、この地が楽浪郡に組み込まれた時（紀元前75年）からそう遅れない頃であろう。青銅器の遺物からみても矛盾せず、墓の年代は紀元前1世紀後半であろう。

高常賢墓（貞柏里2号）は間仕切り型同穴合葬墓で、細形銅剣のほかに銀印、漢式鏡、銀製帯鉤、馬面、漆器など漢式系の副葬品が多い。銀印は2個出土し、ひとつは一辺2.2cmの「夫租長印」とある官印で、ひとつは一辺1.5cmの「高常賢印」とある私印で、夫租県の長官に任命された土着中国人系の高氏の墓であることがわかる。墓の年代は楽浪郡が夫租県を廃止する紀元30年以前で、副葬品の漆塗蓋棒に書かれた「永始三年」（紀元前14年）以後であり、およそ紀元前1世紀末が考えられる。

王光墓（貞柏里127号）は同穴夫婦合葬墓で、正方形の木槨内の東南部に内槨がつくられ、そこに2つの木棺に納められた夫婦が埋葬された。夫人の東棺からは、銀製指輪、ガラス耳璫、釵子が出土し、主人の西棺からは、2個の木印、鉄剣、銅製帯鉤、銀製指輪、絹冠残欠などが出土した（朝鮮古蹟研究会 1935）。これらは身につ

けた副葬品であるが、内槨の外の西と北側には漆器、土器、武器、馬具が置かれた。両面木印に「楽浪太守掾王光之印」「臣光」、鼻紐木印に「王光私印」とあり、楽浪太守掾の官職についた王光の墓であることがわかる。楽浪太守掾は楽浪太守直属の官僚であり、土着中国系貴族の最高位でもある。墓の構造と副葬品から1世紀と考えられる。

　石巌里9号も同じく同穴夫婦合葬墓であるが、夫人の埋葬空間は確保されていたが実際には埋葬されなかった。しかし、墳丘は一辺30mと大きく、墓壙と木槨の隙間を玉石と木炭で充填し厚葬され、主人の木棺内から目、鼻、耳、口を塞いだ玉製品や玉璧、純金製帯鉤が出土しているので郡太守クラスの人物とみられる。この墓も「居摂三年」(8年)銘の漆器や長宜子孫内行花文鏡が出土しているので、1世紀の年代が与えられる。

　王肝墓（石巌里205号）は地下2.7mにつくられた同穴多数合葬墓で、主槨の外に側槨をつくっているのが特徴である。まず主槨のなかに夫婦を合葬しその2つの木棺を内槨で囲み、西と北の空間に副葬品を収めた。その後、西の空間に1人の女性を追葬した（西棺）ため、主槨の西に接して副葬品を収める側槨がつくられたが、そこも1人の女性の追葬により木棺（側棺）が収められ、最終的に副葬品は主槨の北側に集められた。西棺の女性はのこった人骨から熟年と鑑定され、同じ棺から小児の頭骨も出土した。男性1人と女性3人の埋葬であるが、夫人以外の女性は主人とどのような関係であったのだろうか。主人の官職と名を記した木印から王肝墓と名づけられ、その年代は2世紀とみられる。

　このように、楽浪郡の古墳からは被葬者の名前と官職がわかる印

章が出土し、楽浪土城からは郡や県名と官職の印章が押された多量の封泥が出土し、具体的に郡の政治構造を知ることができる。印章と封泥は、それ以前の衛氏朝鮮にもなく、同時代の朝鮮半島の他の地域にもみられないことで、中国の漢帝国の郡県支配の特徴をよく示している。

第5章　高句麗

　『三国史記』には、「高句麗の始祖である朱蒙が卒本川にいたって、土壌が肥沃で山河が険固なのでここに都しようとしたが、まだ宮室をつくる遑がないので沸流水のほとりに庵を結んで、国を高句麗と号した」とあり、広開土王碑文には、「沸流谷の忽本の西において、山上に城を築き都を建てた」とある。卒本と忽本は音が通じるので同じ土地を指しており、そこは現在の遼寧省桓仁県であると考えられ、鴨緑江の支流である渾江（佟佳江）中流域に位置する。この地域は、『漢書』にみえる前漢の武帝が朝鮮半島に置いた4郡のひとつの玄菟郡（紀元前107年設置）があったところであるが、紀元前75年には玄菟郡の郡治が桓仁の西方の新賓県に移り、しだいに西方へ押しやられていった。この背景には高句麗族の成長があり、紀元前1世紀頃に桓仁で高句麗が建国したと考えられる。この時期を前期とするが、桓仁における前期の遺跡についてはよくわかっていない。『三国史記』によると紀元3世紀初頭には国内城（吉林省集安市）へ遷都し南進政策を押し進め、313年にはピョンヤンに置かれていた楽浪郡を滅亡させているので、高句麗勢力は4世紀初めまでにはピョンヤンに及んでいたことがわかる。427年に平壌城に遷都するが、そのときまでを中期とよぶ。後期は、427年から新羅・唐連合軍により滅亡させられる668年までのあいだをいう。平壌城は、

現在のピョンヤン市街から東北に6kmほど離れた大同江北岸の台地にある清岩里土城と推定されており、その東北には大城山城がひかえている。586年には現在のピョンヤン市街にある長安城に都を移したことが『三国史記』に記される。王城が移った586年を境に後期を前半と後半に分けられる。

1 積石塚

　文献によれば、高句麗は紀元前1世紀頃に建国したとみられるが、考古学的には新しい墓制である積石塚の出現をもって高句麗のはじまりとするのが一般的である。積石塚は、平面が方形を呈するものが多く、河原石や山の塊石、面取りをした切石を積み上げ、中央に埋葬主体を設けるのを基本とする古墳である。石の積み方には、石を乱石積みのままの場合や切石を数段垂直に積み上げて基壇（方壇ともいう）をつくるもの、両者を組み合わせたものなどがある。埋葬主体には、（竪穴式）石槨や（横穴式）石室のちがいがある。これら内容のちがいには時期差や階層差が反映されていると考えられており、それをさぐるための分類が試みられている。分類には、古墳の外表構造のちがいに力点をおく方法と埋葬主体のちがいに力点をおく2つの方法がある。外表構造のちがいに力点をおいた李殿福は、次のような分類を行った（李殿福 1980）。

　1式　積石塚—石を積んだ、基壇のない墳丘で、地上より高いところに石槨をつくる。

　2式　方壇積石塚—底辺に1層の方壇をつくり、その上に石を積む。

第5章 高句麗 109

積石塚

方壇積石塚

方壇階梯積石塚

方壇階梯石室墓

封石洞室墓

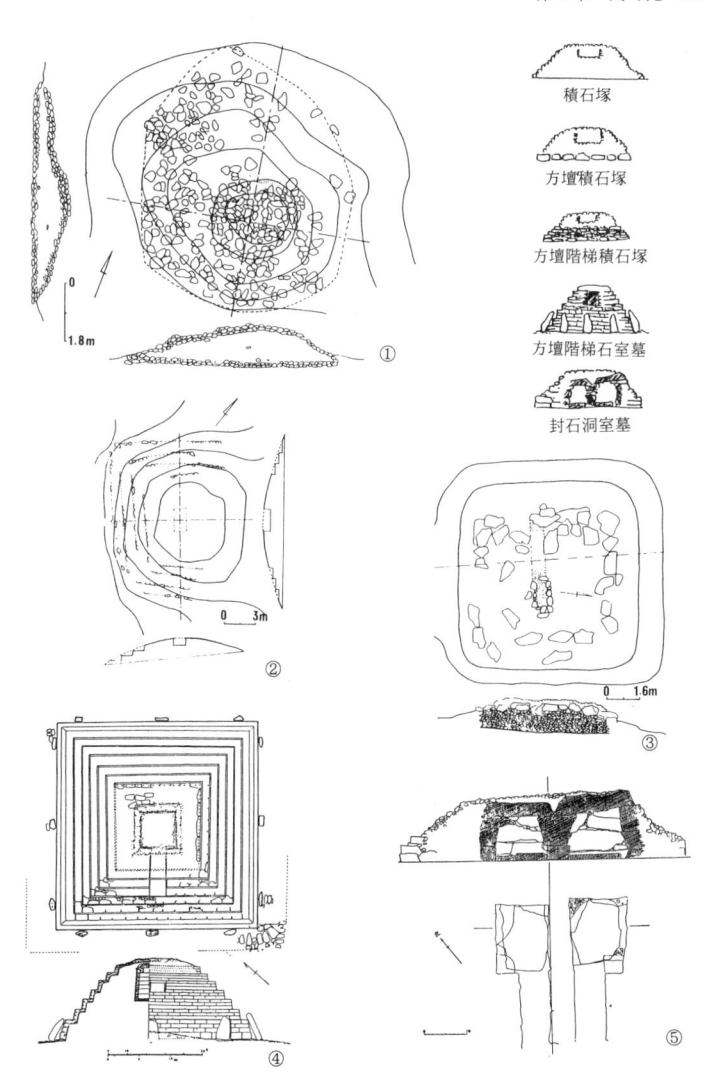

図32 積石塚分類図（李殿福 1980、田村 1982より）

3式　方壇階梯積石塚―底辺に階梯状（階段状）に2層から5層の方壇を積んで、最上部に石槨をつくり石を積む。

4式　方壇階梯石室墓―方壇を数段積み、上部中央に横穴式石室をつくる。最下段の方壇のまわりに巨石を立てる。

5式　封石洞室墓―横穴式石室を地上につくり、その上に石を積む。

年代観については、1式は積石塚のなかでもっとも早く出現し、その始まりは高句麗建国以前にさかのぼる可能性があることを指摘している。2式は、五銖銭や貨泉の出土からみて後漢初期に出現し、黄釉陶器の年代から4世紀までつづき、3式は2式に遅れて出現し、4式は積石塚のなかではもっとも発展した型式で、大型が多いことから統治階級の墓であろうとみた。1式が最初に出現し、その後2式、3式、4式へと外形にみえる方壇が発展していったという考えである。

それに対して、田村晃一は、古い時期の積石塚に階段状の墳丘が見られること、李殿福のいう3式あるいは4式の方壇階梯積石塚の方壇を形成する切石の加工は多様であり、一様には把握できないことを指摘した。すなわち、太王陵や将軍塚のような発達した積石塚は時期差を示すものではなく、社会的要因による特殊例であるという。そして、外形にみる石の積み方のちがいは、技術的工法あるいは社会的地位の相違であり、時間的な差異を明らかにするためには、埋葬主体の構造に注目すべきだとして、次のような分類を行った（田村 1982）。

1式　石槨積石塚

　a類　方台形もしくは方錐形の封丘。〈李殿福1式〉（図32－①）

b類　方台形もしくは方錐形の封丘のまわりに、1段（層）の基壇を巡らす。〈李殿福2式〉

　c類　数段（層）の階段状に構築された封丘。〈李殿福3式〉（図32－②）

2式　羨道付石槨積石塚

　a類　単葬用で槨室の幅が狭い。（図32－③）

　b類　合葬用で槨室の幅が広い。

3式　石室積石塚（横穴式石室）

　a類　穹窿式天井をもつ。

　　a1類は、方壇石室積石塚。a2類は、方壇階梯石室積石塚。

　b類　平天井式で床面は地上近くにある。2室、3室と並列するものが多い。〈李殿福5式〉

　　b1類は、方壇石室積石塚。b2類は、方壇階梯石室積石塚。（図32－⑤）

　c類　平天井式で床面は地上よりかなり高い。〈李殿福4式〉（図32－④）

ここでは、李殿福の分類基準に出てこなかった「羨道付石槨」をひとつの型式と認定して独立させたが、このような考えはすでに朱栄憲の分類（1962）にもみられた。彼は積石塚を、1式―無基壇積石塚、2式―基壇積石塚、3式―槨室積石塚（羨道施設がつく竪穴式石室）4式―墓室積石塚（横穴式石室）に分類したが、そのうちの3式が「羨道付石槨」にあたる。そして、発展過程を1式→2式→3式→4式と考えた。それに対して田村は、「羨道付石槨」の羨道は小さくて、外部とをつなぐ通路としての機能をまったくはたしておらず、羨道の初源形態というよりもむしろ退化形態であり、横

図33 集安出土巻雲文軒丸瓦（縮尺不同）
①国内城出土 ②禹山下3319号墳付近採集

穴式石室の羨道の影響を受けて生じたものとみた。朱栄憲の分類にもとづけば、4式→3式になる。田村は、石槨積石塚の出現を紀元前後を中心とするある幅をもった時間を想定し、石室積石塚の出現を3世紀末〜4世紀前半頃とみた。

魏存成（1994）は、李殿福と田村晃一の案を折衷して、1式—無壇石壙墓、2式—方壇石壙墓、3式—方壇階梯石壙墓、4式—方壇石室墓、5式—方壇階梯石室墓と分類した。ここには「羨道付石壙（石槨）」は入っていない。

4人の研究者の積石塚についての分類を見ると、おおよそどのような種類があるかを理解できよう。石室墓や羨道付石槨墓には無基壇式がないことから、無基壇式石槨積石塚がもっとも初源形態である。平面は方形のほか楕円形や円形があり、その出現は紀元前3世紀にさかのぼるという説もあるがはっきりしない。この型式の深貴里78号墳から、褐色磨研鉢形土器、黒色磨研鉢形土器、五銖銭が出土しているのでいちおう紀元前後の年代は与えられる。無基壇式石槨積石塚の下限年代は、上活龍7号墳より出土した土器片に書かれた崗の異体字である「罡」が、広開土王碑文の字体に類似するので

5世紀前半と考えられる。魏存成は、方壇石槨土壙墓や方壇階梯石壙墓の出現も無基壇式とほぼ同じ紀元前後と考えており、この三種は時期差ではなく階層差とみなした。

方壇階梯石壙墓の下限年代は、上活龍5号墳の基壇から2m離れて出土した輻線蓮蕾文軒丸瓦が集安の将軍塚の瓦と類似することから5世紀前半と考えられる。方壇階梯石室墓の年代を考える際に、3層の方壇をもち禹山下3319号墳付近から採集された「□四時興詣□□□□萬世太歳丁巳五月廿日」銘連弧巻雲文軒丸瓦が参考となる。これと類似した巻雲文軒丸瓦が、集安の国内城（通溝城）の城内から出土し、瓦当の縁に「太寧四年太歳□□閏月六日己巳造吉保子宜孫」銘が記されている。太寧は東晋の年号であるが、4年には閏月がなくこの年の2月には咸和と改元されているので、4年は誤りであり3年閏8月6日が己巳にあたるので太寧3年（325年）を誤ったとみられているが、いずれにせよ4世紀前半の瓦であることは間違いない。巻雲文と連弧巻雲文を比較すると、連弧の付加が新しい様相を示しているので、その軒丸瓦に記された「丁巳」は357年にあたり、3319号墳は4世紀中葉に位置づけられる。墳丘から出土した東晋の青磁壺の年代観からも4世紀中葉がふさわしい。これにより、方壇階梯石室墓の年代の一端を4世紀中葉に求めることができる。なお、1990年の調査で3319号墳の墓上から多量の塼が発見されたので、石室ではなく塼室とみる考えもある（耿鉄華 1993）。

一方、田村は巻雲文軒丸瓦を連弧巻雲文より古く位置づけ、国内城の巻雲文軒丸瓦と同じ文様をもつ「歳□戌年造瓦攷記」銘巻雲文軒丸瓦が、国内城の北方にある梨樹園子南遺跡から出土していることから、すでにこの頃、造瓦所が置かれて瓦生産が始まるが、瓦の

文様からみて中国の影響を受けているのは明らかであり、そこには中国からの工人の移動があったと推定し、そのような背景をもとに高句麗に横穴式石室が出現したとみて、石室積石塚の出現を前記のように3世紀末〜4世紀前半頃に位置づけた。

　方壇階梯式石室墓のうちもっとも新しく位置づけられる切石積みの石室積石塚は、将軍塚出土の輻線八蓮蕾文軒丸瓦や禹山下41号墳の四耳壺の年代観から、5世紀初頭の年代が与えられる。

　このように見てくると、積石塚という墓制の流れは次のように理解することができるだろう。まず埋葬主体を石槨として外形が無基壇式のものが紀元前に出現し、その後まもなく紀元前後頃に外形が方壇や方壇階梯となるものが現れ、この三者は階層差を示しながら共存した。そして、3世紀末から4世紀前半に中国の影響を受けて上位階層の墓である方壇や方壇階梯の積石塚に横穴式石室が採用され、最上位階層は墳丘規模がより大型化し切石もていねいになる一方で、依然として下位階層の無基壇式の石槨積石塚もつくられつづけた。5世紀前半に積石塚の造営は終るが、ちょうどその頃、都が集安から平壌に移った。

2　封土墳と壁画古墳

　積石塚が石のみを積み上げてつくったのに対して、封土墳は横穴式石室に土をかぶせた古墳で、平面が方形や円形を呈するものが多いが、基底部に列石を巡らすものは方形である。墳丘は古墳により大きさが異なるものの、その構造に大きなちがいはなく分類の基準材料にはなりにくい。それに対して、石室は平面形、室の数、側室

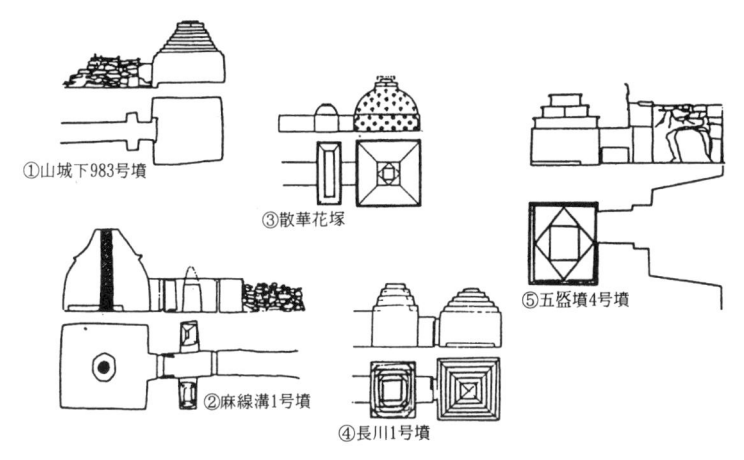

図34 封土墳石室の分類（東・田中 1995より）

の有無など変化に富んでおり、また約90基の石室にはさまざまな壁画が描かれているので、石室構造と壁画内容から分類することが可能であり、編年も行われている。封土墳のうち石室は単室と複室に分かれ、さらに両側に耳室がつくものがある。東潮は、これらにもとづき集安の壁画古墳を次のように分類した（東・田中 1995）。

　1類＝玄室＋羨道＋羨道に龕（小側室）

　2類＝玄室＋羨道＋羨道に側室（天井が羨道より高い）

　3類＝玄室＋左右側室が1体化した横長の小前室＋羨道

　4類＝玄室＋発達した前室＋羨道

　5類＝玄室と前室が分離し独自の石室をもつ

　4類と5類では、それまでの穹窿天井や多層持送天井にかわり、三角持送天井や平行持送天井が新たに出現した。1類〜3類が4世紀から5世紀にみられ、4類と5類が5世紀から6世紀にみられる。石室形態上からは、1類から5類への変化が追えそうであるが、時

間軸の上にのせたときにかならずしもこの順序に整列するわけではない。また、積石塚や壁画のない封土墳の石室も考慮に入れると、楽浪や帯方系の塼室墓、遼東地域の塼室墓、遼東地域の多室墓などからの影響がみられる。これは中国から高句麗に石室が伝わるとき、1系列から伝わったのではなく複数系列から伝わったためと考えられる。

　集安の封土墳のうち石室に墨書された銘文から、被葬者と時期がわかる古墳がある。下解放墓区の牟頭婁墓は、4類の石室で壁画こそないが前室の北壁から西壁にかけて80行に及ぶ墨書の墓誌がみつかっている。そこには、「国岡上広開土地好太聖王」の「奴客たる牟頭婁」と記されており、墓主の牟頭婁が高句麗第17代目の広開土王に家臣として仕えていたことを語っている。そして、広開土王が没したことも記されているので、墓の年代は没年の412年以降、おそらく5世紀中葉頃と思われる。

　同じく墓主が墨書された古墳に安岳3号墳（一辺33m、高さ6mの方台形墳丘）がある。黄海南道安岳郡五局里にある壁画古墳で羨道・羨室・前室・後室（玄室）が一直線に並び、南に入口が開く。羨室と前室の境には2枚の石扉が置かれ、前室の東西には長方形の側室がつき、後室には東側から北側へとL字形の回廊がまわっている。後室は1段高くなり、前室と北側回廊の境に八角柱がそれぞれ3本立てられ、前室から北側回廊まで見通すことができる。このような石室構造は遼寧省遼陽の石槨墓にもっとも近い。1949年の発掘当時、黒漆を塗った木棺が後室に3個、前室に1個あったというので、あわせて4体の埋葬が推定される。墨書は西側室入口の左上側、すなわち前室西壁の南半部に、7行68字が記される。1行目に「□

和十三年」とあり、□ははっきりしないが永和の「永」に当てられ、6行目に「冬壽」、7行目に「年六十九薨官」が書かれる。永和は東晋の年号で、その13年すなわち紀元357年に冬寿という人物が69歳で没したことを記している。『資治通鑑』には、遼東の慕容皝の勢力から逃れて咸康2年（336年）に「佟壽」が高句麗に亡命したと記され、この佟寿が墓誌に書かれた冬寿と考えられる。亡命年と没年からみてもおかしくない。墓誌を左手に見て西側室のなかに入ると、正面にあたる西壁には幄幕のなかで座っている墓の主人公が描かれ、側室の南壁にはその夫人がみえる。描かれた墓主は入口の墓誌に記された冬寿であり、安岳3号墳は遼東から亡命してきた冬寿夫妻の墓と考えられる。これに対して、冬寿は墓誌の下すなわち西側室入口の左下側に描かれた家臣の男子人物の名前であり、墓主は371年に没した高句麗の故国原王であるという説もある。しかし、故国原という名は王の葬地である集安の地をさしており、故国原王の王陵は集安になければならない。また、男子人物は、その左側に「帳下督」という官職名が朱書されているので、冬寿本人ではなく冬壽のもとに仕えていた「帳下督」であり、墓主はやはり冬壽とみなければならない。幄幕のなかに墓主を描く構図は舞踊塚や角抵塚に引き継がれていく。

　この墓は高句麗壁画古墳としてはもっとも古く位置づけられ、前室に吹奏・打鼓する男子、舞踊する女子、角抵（相撲）の図が、その東側室には車、牛舎、厨房、井戸、石臼が描かれ、後室の東側回廊から北側回廊にかけて250名をこえる行進図が描かれる。行進図には、その中心に墓主が乗った牛車があり、そのまわりを騎馬人物が取り囲み、行列の前方には鼓吹の楽隊、盾・槍・挂甲で身を固め

古墳透視図（西側）

図35 徳興里古墳玄室壁画

た歩兵などを描く。このような壁画内容も遼陽の古墳壁画と類似する。のちの高句麗古墳壁画にみられる四神図はまだなく、前室天井に日像と月像を表現する三足烏と蟾蜍、後室と西側室の天井に蓮華文を描く。

　もうひとつ墓主が記された古墳に徳興里古墳がある。ピョンヤンの西南20kmの南浦市江西区域徳興里にあり、南に広い平野をのぞむ丘陵上に立地する。東潮のいう4類石室に属し平面形は牟頭婁墓に似るが、天井構造は牟頭婁墓が2段平行持送＋三角持送であるの

に対して、5〜6段の多層持送をもつ穹窿天井で古い様相をとどめている。室内は漆喰が全面に塗られ、その上に壁画が描かれる。羨道は南に開き、いちばん奥の後室北壁と前室北壁西側の2カ所に幔幕のなかで座する墓主が描かれる。墓誌は、前室から後室へ通じる通路入口の上、すなわち墓主が描かれた前室北壁の上部に14行154文字が墨書された。「幽州刺史であった鎮という人物が、七十七歳で永楽十八年（409年）に没した」ことが記され、そこにはまた「釈加文佛の弟子である鎮」とあり、仏教が広まっていたことが知られる。壁画は、後室の四壁に墓主のほか、馬射戯図、高床倉庫、蓮華文、捧げものをもつ男子が並ぶ七宝行事図などが、その天井には梁、斗栱、火炎文、蓮華文などが彩色で描かれる。前室には、四隅に柱と大斗、大斗の上にのる梁を描き、それにより囲まれた四壁には墓主のほか、13郡太守図、鎮の家臣図があり、おのおのの人物には郡名や官職が記される。騎馬行列図の隊列のなかには、牛車に乗った主人公の姿もみえる。前室の天井には、狩猟図のほか牽牛・織姫伝説、三足烏の日像と蟾蜍の月像や天体図など、さまざまな図像が描かれた。

このように見てくると、壁画の内容は多様であり、それをもとに古墳編年することも可能である。壁画の内容を大きく分けると、次のようになる。

1) 墓主の生活とかかわる図像

墓のなかは死後の世界であり、ここには墓主が生前かかわった人物や生活の場面をそのまま死後の世界へ引き継ぐかたちで描く。墓主夫妻、付き人、厨房、家臣団、騎馬行列、戦闘などがある。

墓主像は、はじめ西側室や西壁（右壁）に位置するが、前室北壁

と後室北壁（奥壁）の2カ所へ移り、さらに後室北壁（奥壁）のみとなる。その後、四神図が天井から壁に降りてくると墓主像と玄武が北壁に共存する。このような変化は時代差を反映していると考えられる。

2）神仙思想にもとづく図像

現実の世界に存在しない鬼神や仙人・怪獣、山岳文、四神、北斗七星などの天体や星宿（蟾蜍は月像、三足烏は日像）などを描く。

星宿図を研究した金一権は、星と日月で方位を表し28宿体系を適用できない集安系星宿図と、28宿体系が適用できるピョンヤン系星宿図に分けた。後者の場合でも、28宿は中国そのままではなく、高句麗化した形になっている（金一権 1998）。

四神は、朱雀・青龍・白虎・玄武という4つの空想上の動物であり、それぞれ南・東・西・北の方位を示す。遼東城塚では、朱雀が欠けていたいたが、長川1号墳では四神がそろい、後室天井に描かれる。その後、天井から四壁に降りてきて双楹塚では後室北壁で墓主像と玄武が共存するが、玄武は墓主の左側に小さく描かれる。墓主像や人物像が消えると、四神が壁の中央の位置を占めて唐草文や蓮花文、雲気文と組み合わさり、最後の段階の江西大墓では後室四壁に四神のみが大きく描かれる。

3）仏教的要素をもつ図像

『三国史記』によれば、「小獣王二年（372年）に、前秦の王である符堅が順道という僧侶を派遣し、仏像と経文を送った」とあるので、4世紀後半には高句麗に仏教が伝わっていたとみられる。仏像の光背や台座に蓮（ハス）の花があるように、蓮と仏教とは深い結びつきがある。古墳壁画には、花がまだ開かない蓮蕾文、花が開い

た蓮花文、蓮花文とつながりの深い唐草文、蓮の花から仏、菩薩、天人などがうまれる蓮花化生、剃髪した頭の僧侶などが描かれる。

4）建築構造を表した図像

　石室をひとつの建物とみなして、柱や斗栱や梁などを建物内側から見たように描く。双楹塚では、後室四隅に二手先斗栱が、梁の上には人形蛙股が描かれ、後室へ入る通路の両側には天井まで届く石造八角柱が左右にひとつずつ立つ。

　墓主と四神の図像の位置や表現に注目して、壁画古墳の変遷をたどると次のようになる。

4世紀中葉	安岳3号墳（墓主は西側室の奥壁に位置し、四神図はない）
4世紀後葉〜末	遼東城塚（四神図の初出）麻線溝1号墳、山城下332号墳
5世紀前半	徳興里古墳（墓主は前室と後室の奥壁に位置し、天井に星宿図がある）、薬水里古墳
5世紀中葉	舞踊塚（墓主は後室奥壁、四神は後室天井）、角抵塚、長川1号墳
5世紀後半	双楹塚（墓主と玄武は後室奥壁、朱雀は後室天井、青龍と白虎は前室側壁）、天王地神塚、三室塚
6世紀	五盔墳4号墳（四壁に四神と蓮花文）、同5号墳、真坡里1号墳、通溝四神塚
6世紀後半〜7世紀前半	湖南里四神塚、江西大墓、江西中墓、高山洞1号墳、同9号墳、内里1号墳

3　桓仁の遺跡と遺物

　高句麗が最初に都をおいた「卒本」の地は中国遼寧省桓仁県と推定され、そこには高句麗時代の遺跡がのこされ遺物も出土している。前期に属する遺跡のほか、中期、後期に属する遺跡も多くあり、この地が高句麗時代のあいだを通じて重要な場所であったことを示している。まだ本格的に調査された遺跡は少ないが、山城と古墳群を中心にみていこう。

　五女山城は、渾江右岸（北）の標高804mの五女山を利用してつくられた石築の山城で、平地との比高差は約600mある。五女山は急峻な岩壁が連なり、頂上部は自然の要害となっている。城壁は山の東側に南北に1kmほど延び、南端で西に曲がる。外面が厚くなる楔形の厚さ20cmくらいの石を積み上げ、高いところでは8mにも達する。城内への出入りの門は南側に2ヵ所確認されている。山頂は平坦でそこには貯水池と井戸2基が今でものこっている。これらの遺構がいつの時代に造営されたのかは不明であるが、出土した遺物に高句麗前期にさかのぼる鉄斧や鉄鎌、褐色土器がみられるので、前期から山城として利用されたと考えられる。ただし、現存する城壁の築造法は前期より時期が下るという考えもあり、はじめは絶壁という自然の立地を活かして多少の手を加えた程度であろうか。前期の王都の構造はよくわからないが、中期の集安では山城に対応する形で、平地には王宮が置かれた平城が営まれた。前期にも平城があったとすれば、その候補としてあげられるのが下古城子土城である。五女山城から西南約10kmの比較的近いところにあり、

現在の桓仁の街からは 3 km という距離である。北壁237m、西壁264m のほぼ方形を呈し、高さはのこりのよい西北隅で約 2 m ある。城内からは、赤褐色土器、甑、四耳壺、獣面文軒丸瓦という高句麗の遺物が出土しているが、まだ確実に前期といえるものはない。高句麗以前の時期の遺物も出土していることから、漢時代の玄菟郡の土城を高句麗が再利用したと考えられている（李殿福 1991）。

　五女山城から東に下りて渾江を渡り、南に行ったところに高力墓子古墳群がある。両者の距離は約 5 km で比較的近い。古墳群は南北 1 km の範囲に基壇石槨積石塚から封土石室墳まで営まれるが、南側の高台に大型の積石塚が集中し、そのうちもっとも高いところに15号墳がある。発掘の結果によると南側の一辺約12m の方壇階梯積石塚が先につくられ、それに接して北の方壇階梯積石塚がつくられ、両者をあわせて長方形の積石塚となっている。複数の積石塚が連接したものを串墓あるいは連接墳とよんでいるが、比較的初期の積石塚に多い。15号墳は、北塚の埋葬主体部から火を受けた人骨と鉄銜、環頭大刀、鉄鏃、鉄帯鉤が出土し、後漢から魏晋の時代すなわち 2 ～ 3 世紀頃に位置づけられる。その北の19号墳でも有機質の鑣がつく鉄銜が出土していて、ほぼ同じ時期に位置づけられる。ちょうど集安に遷都する前後の時期である。11号墳は羨道付石槨方壇階梯積石塚で 1 号墳は封土墳と後出の墓制であり、集安さらに平壌へ遷都したのちにも古墳が営まれた。高力墓子古墳群は桓仁ではもっとも大きな古墳群であり、このなかに前期の王陵が含まれている可能性がある。

　封土墳のなかで、壁画が発見された古墳が 1 基のみある。桓仁の街から南へ 9 km の米倉溝古墳群のなかにある将軍塚（ 1 号墳）で

ある。一周の長さ150m、高さ8mの大型方形墳で、玄室と羨道の両側に小さな側室をもつ横穴式石室がつくられる。天井は四段平行持送で、その四壁には孔が複数あけられ一部には銅釘が刺さっていた。現代の葬儀会場に垂れる白黒の幕のように石室内にも幕が掛けられ、それを留めた釘がそのままのこったとみられる。壁画は四壁、天井、両側室、石門に漆喰を塗った上に、蓮花文と王字流雲文が描かれ、玄室の床には2基の棺台が設置され、黄褐釉四耳壺、黄褐釉竈、銅製品、鉄製品が副葬された。長さ77.5cmの黄褐釉竈は、竈というものの焚き口と煙突が左右に離れて位置するのでオンドルを模した明器である。石室構造、壁画内容、副葬品ともに集安の長川2号墳と類似するので、5世紀前半の年代が与えられる。

4　集安の遺跡と遺物

3世紀の初めに都が鴨緑江中流右岸に開けた集安の平地に移された。この時期の後半から後期の初めにかけてがもっとも領土を拡大したときであり、最大領域をみると北は吉林省吉林市あたり、西は遼河東岸、南はソウル市にまで及ぶ。吉林市の龍潭山城で高句麗瓦が出土しているように、高句麗瓦や高句麗式山城の分布、広開土王碑文の記事、『三国史記』に書かれた内容から範囲を推定できる。

広開土王は、その名にもあるように高句麗の領土を広く開いた王である。没後2年たった414年に、王位を継いだ長寿王が国内体制の整備のために立てた碑が「広開土王碑」あるいは「好太王碑」とよばれる。碑は集安市太王郷大碑街にあり、禹山墓区内の東南部に位置する。高さ6.39mにもおよぶ巨碑であり、角礫凝灰岩でつく

られた不整形の方柱の4面すべてに文字が縦書きで刻まれる。1775文字よりなる文章の内容は三部に分かれ、同時代に書かれた歴史史料として重要である。第1部は王家の由来と広開土王にかかわる系譜を記し、第2部は広開土王1代で領土を広げた武勲を記し、第3部はその結果として新領土と旧領土から守墓人を徴収し、高句麗の守墓役体制を立て直すことを記す。新領土は

図36 好太王碑（1913年撮影）

南方に多くあり、この時期の高句麗の南進政策を物語っている。

　碑の立つ集安は高句麗第2の都であり、平地の西寄りを南流する通溝河が本流の鴨緑江に合流するあたりに王城である国内城が築かれ、通溝河を4kmほど上がったところに包谷式の山城子山城があり、これらの周辺に多数の古墳が営まれた。国内城は東辺554m、南辺751m、西辺664m、北辺715mのほぼ方形で、城壁は土を芯として石をすこしずつ内側に積み上げる階段式で築かれ、基底部の幅は約10m、高さ4mをはかる。南壁は鴨緑江の流れと平行に位置し、

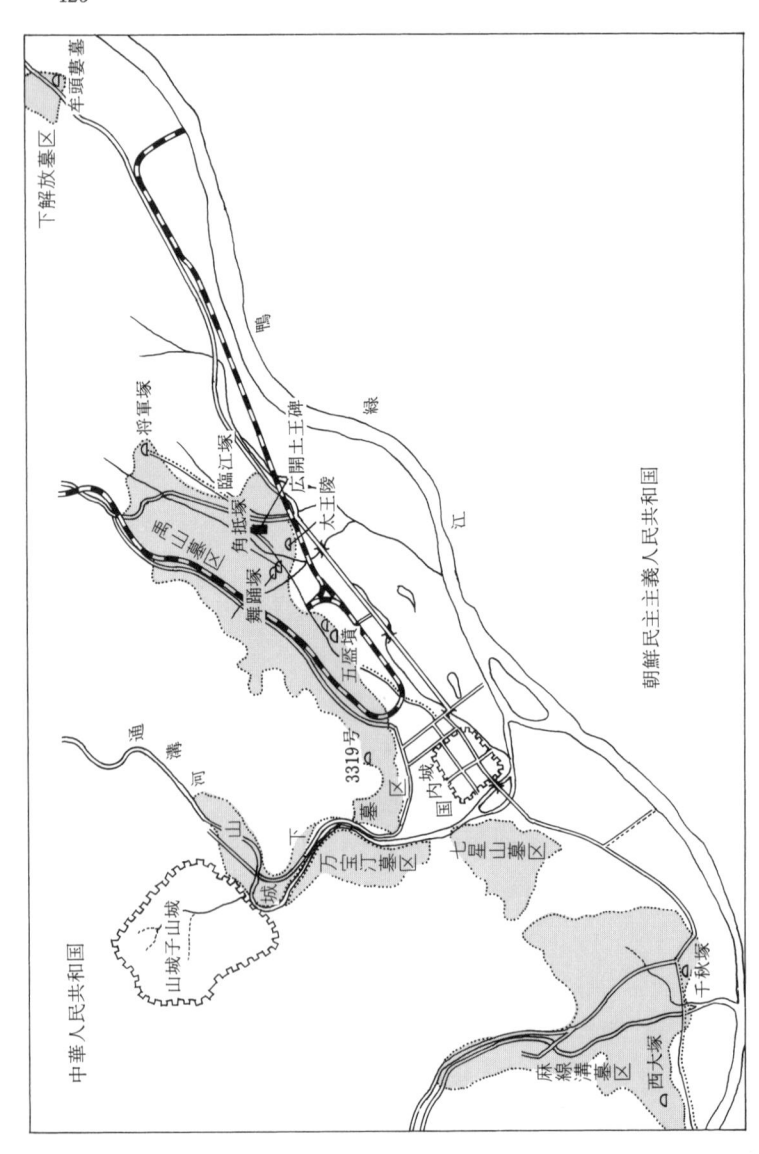

図37 集安古墳分布（高句麗研究会 1997）

西壁は通溝河に臨む。城門は南壁と北壁の中央に1ヵ所、東壁と西壁に2ヵ所ずつあった。外からの侵入者を攻撃する場所である馬面は城壁から8mほど突き出し、北壁に8ヵ所、南・東・西壁に2ヵ所ずつ設置されており、北からの侵入を意識してつくられたようだ。城内からは、礎石や土器、瓦が出土し、城内中央には宮殿遺構と推定される場所もある。国内城からはあいだにある山にさえぎられてみることはできないが、山城子山城は王都の北を守る位置にあり、通溝河の西岸にそびえる尾根の上を連ねて石を積んだ城壁がめぐる。自然の地形を巧みに利用し、北・東・西壁の背後は絶壁となり、南は谷の出口にあたりそこに小高い平地がある。ここには礎石をもつ2基の建物址と石壇をもつ1基の建物址がある。もっとも大きい建物は、南北92m、東西62mの範囲に礎石が広がり、赤褐色の瓦が出土する。石壇のある建物址は点将台とよばれ、見通しのよい立地にあるので望楼と推定される。東の城壁から眼下を見下ろすと、通溝河の両岸に山城下墓区がのぞまれる。

　集安の平地と山麓には積石塚と封土墳からなる洞溝古墳群があり、地理的な位置からみて大きく下解放墓区、禹山墓区、山城下墓区、万宝汀墓区、七星山墓区、麻線溝墓区の6区域に分けられる。下解放墓区のさらに北の鴨緑江上流には長川古墳群、良民古墳群などがあり、麻線溝墓区のさらに南の鴨緑江下流には太平溝古墳群、地溝門子古墳群、大高力墓子古墳群、高地古墳群などがあり、集安とその周辺に、32の古墳群あわせて1万2358基の古墳が分布している。そのうちでも洞溝古墳群の密集度は高く、全体の9割をこえる1万1300基が集中している。太平溝古墳群や高地古墳群は集安から桓仁へ通じる交通の要所に位置しており、都以外の要所にも人びと

高句麗

太王陵　　　　　幅線蓮華文軒丸瓦

千秋塚

将軍塚

願太王陵安如山固如岳

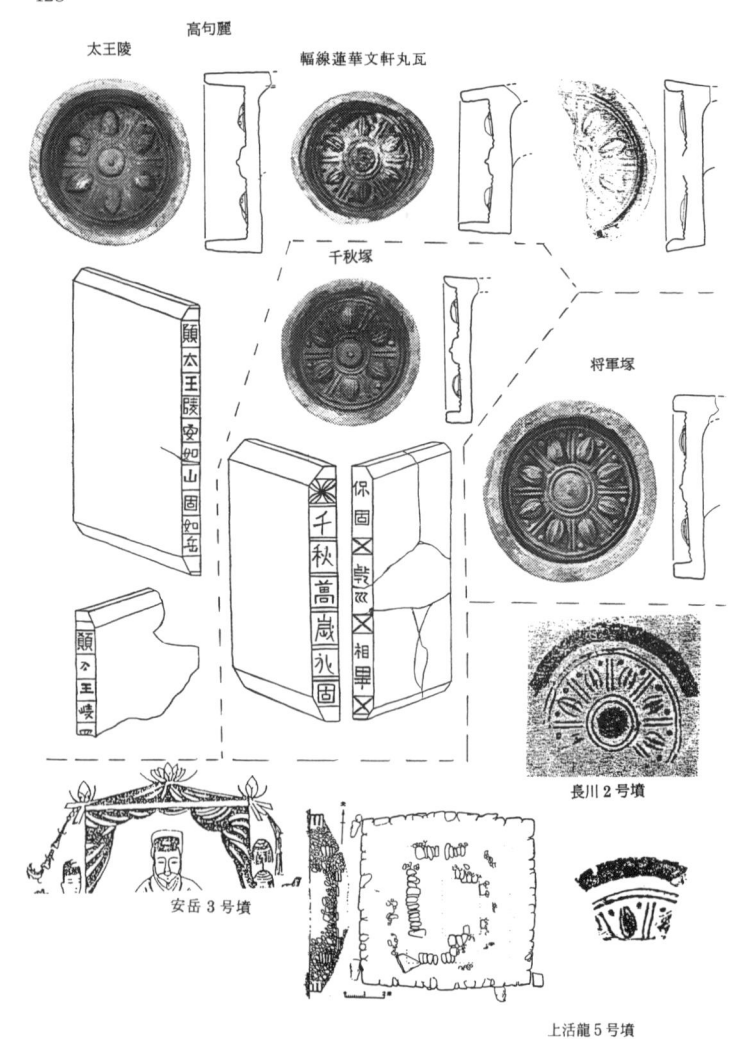

願々王陵

千秋萬歲永固

保固□□□相畢

長川2号墳

安岳3号墳

上活龍5号墳

図38　高句麗積石塚出土瓦塼

が住み古墳群が形成された。

　王都がおかれた集安には、王陵も築かれた。墳丘から「願太王陵安如山固如岳」銘塼が採集された禹山墓区の太王陵は、王の名前こそわからないが塼に「太王陵」とあるようにたしかに王陵である。1辺66m、高さ14.8mの切石方壇階梯積石塚で、頂部に家形石槨を納めた横穴式石室をつくる。方壇の四周には、高さ2mをこえる巨石を6個ずつ立て掛け威厳さを増している。墳丘からは他に灰色の6区画輻線Y字蓮蕾文軒丸瓦、6区画輻線蓮蕾文軒丸瓦、8区画輻線蓮蕾文軒丸瓦と平瓦、「保固…」銘塼が採集されるが、その使途は不明である。太王陵と同じ墳丘構造をもち、洞溝古墳群のなかでは最大規模を誇る積石塚が麻線溝墓区にある千秋塚である。1辺85.8m、高さ約15mの切石方壇階梯積石塚で、頂部に石室を構築したと思われる切石がのこっている。墳丘からは「千秋萬歳永固」、「保固乾坤相畢」銘塼や灰色の6区画輻線蓮蕾文軒丸瓦も採集され、太王陵との比較からも王陵と推定される。

　大型切石方壇階梯積石塚で方壇に巨石が立て掛けられ、墳丘から瓦が採集されることを王陵の条件とすれば、禹山墓区の将軍塚も王陵候補である。一辺31.58m、高さ12.4mと前二者にくらべ墳丘は小さいが、その周囲に兆域をもっておりこれを合わせると1辺100m近くになる。切石方壇階梯積石塚のなかではもっとも発達した築造技術による7層方壇構造であり、3層目の上に横穴式石室をつくる。方壇の各辺に巨石3個ずつを立て掛け、墳丘からは灰色の8区画輻線蓮蕾文軒丸瓦と平瓦が採集されている。他に瓦が採集された積石塚には、西大塚、臨江塚、禹山墓区3319号墳、上活龍5号墳、温和堡西大塚があり、このうちのいくつかは王陵候補である。

太王陵、千秋塚、将軍塚の3基の積石塚からはいずれも文様のある軒丸瓦が採集された。これをもとに編年すると、瓦は6区画輻線Y字蓮蕾文軒丸瓦→6区画輻線蓮蕾文軒丸瓦→8区画輻線蓮蕾文軒丸瓦の順となり、古墳は太王陵→千秋塚→将軍塚の順で築造された。太王陵で採集された6区画輻線蓮蕾文軒丸瓦と8区画輻線蓮蕾文軒丸瓦は、広開土王碑文にみえる守墓人による「酒掃」すなわち後世に墓を整備した際に、新たに軒丸瓦を追加したものである。太王陵築造期の瓦は6区画輻線Y字蓮蕾文軒丸瓦であり、千秋塚期、将軍塚期に整備された際には、そのときの瓦が使用された。「保固…」銘塼が採集されたこともそれを裏づけている。その年代については、Y字蓮蕾文が安岳3号墳の壁画にみられることから、太王陵を4世紀中葉に位置づけ、千秋塚を4世紀後半から末葉、将軍塚を5世紀初頭から前半とみる考えが出されている（田村 1984）。広開土王は碑文によると「国岡上広開土境平安好太王」と記されるので、葬地は「国岡上」の場所である。将軍塚は岡の中腹に立地し、軒丸瓦の年代観からみても広開土王陵にふさわしい。もう1人国岡上に葬られた王が故国原王（371年没）であり、太王陵が立地と年代観からみてその王陵にふさわしい。

　積石塚の蓮蕾文軒丸瓦や前に述べた国内城出土の巻雲文軒丸瓦はすべて灰色系統であるが、集安では赤褐色系統の軒丸瓦も出土している。国内城の東500mにある台地上の東抬子遺跡では、回廊で繋がった4棟の建物址が検出され、赤褐色の蓮花文・鬼面文・忍冬文軒丸瓦が多量に出土した。中心となるⅠ室は東西（正面）15m、南北11mで、周縁には川原石と黄土を敷き詰めその上に礎石を配置している。東壁から北壁沿いに、床に瓦片を敷き板石で蓋をしたL

字形に走る煙道を設置するが、これはオンドル施設である。柱のない中央には、長さ80cm、幅60cm、高さ１mの石柱を立て地上には60cmほど出している。この特異な石柱を、地母神を祭る施設とみて『三国史記』故国譲王９年（392年）に建立された国社に比定する考えがある（方起東　1982）。しかし、この時期の軒丸瓦はまだ灰色系統であり、赤褐色系統が出現するのは平壌遷都以降の時期なので国社とは別の建物であろう。

5　ピョンヤンの遺跡と遺物

　長寿王の時代の427年に、現在のピョンヤンに都が移された。この地は紀元前108年に漢の武帝により楽浪郡が設置され、その郡治である遺跡が大同江南岸の楽浪区域土城洞で発見され発掘も行われた。遺跡は楽浪土城とよばれ、「楽浪太守章」と書かれた印章を押した封泥が検出されている。漢が滅びると魏・晋に引き継がれたが、313年に高句麗の南下により滅ぼされるとこの地は高句麗の支配下に入った。しかし、土着漢人は中国本土に帰らずにここに留まるものもおり、また新たに本土の混乱を避けて渡ってくる漢人もいた。平壌駅構内塼室墳（353年）の被葬者である佟利や安岳３号壁画墳（357年）の冬寿、徳興里壁画古墳（408年）の鎮などはこうした漢人である。高句麗は彼らの知識や文化を受容しながら発展していった。

　さて、後期の都に置かれた王城は清岩里土城と推定されている。ピョンヤンの街から大同江を北西に３km上流にさかのぼった北岸に位置する。土城の南側は大同江に面して崖となり、東・北・西側

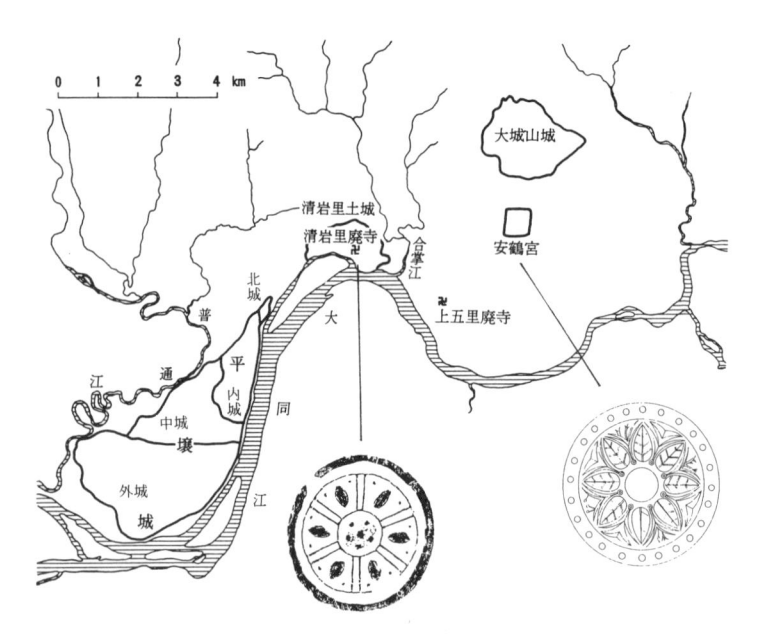

図39 ピョンヤン付近の高句麗遺跡と出土瓦

は丘陵の稜線上に沿って弧状に城壁がまわり、東西に約2.4kmと長い半月形を呈する。城内の各所に瓦が散布しているが、とくに東の酒岩山付近と西側では多量の瓦が出土し、一部では礎石も確認されている。酒岩山の西500mの台地上では1938年に発掘が行われ、中央の八角形の建物を取り囲むように北・東・西に長方形の建物が確認された。八角形の建物は岩盤の露頭を削って基壇をつくり、その周縁部に根石と考えられる割石列を巡らす。八角形の一辺は約9.5mであり、東西南北の4辺には幅2mの石の階段が設けられていたようである。北の建物は間口32.46m、奥行き19.1mの切石積み基壇をもつが、西側基壇の下に高句麗時代の瓦を多量に含む層が

あり、その下から八角形建物の基礎にみられた石敷きが検出された。切石積み基壇は高麗時代になって改築されたもので、創建当時は石敷きの面に建物が立っていたと推定される。発掘当初は宮殿関係の建物と期待されたが、出土品をみると多量の瓦のほか金銅製光背片、金銅製楽天像、金銅製小鈴など仏教関係の遺物があり、さらに「寺」刻銘のある平瓦も見つかっているので寺院址とされ、その土地の名をとって清岩里廃寺とよんだ。そうすると八角形建物は塔であり、北・東・西の長方形建物は金堂ということになり一塔三金堂式の伽藍配置になる。地元に金剛寺址という伝承のあることや文献記事から、清岩里廃寺を498年に創建された金剛寺に当てる考えもある（小泉 1940）。ところで、清岩里土城の年代を考える上では軒丸瓦の文様が参考となる。灰色系統と黄褐色系統、赤褐色系統の3種の瓦が出土しているが、そのうちで灰色系統のなかに将軍塚と同じ蕾形をもつ6区画輻線蓮蕾文軒丸瓦がある。瓦当中央の中房に珠文が6個つくことや中房のまわりの内圏が一重である点などは後出の要素であるが、それほど新しくならず遷都当時の瓦とみてよいだろう。王宮址はまだみつかっていないが、この土城のなかに王宮と寺院が立ち並んでいたと想定されよう。

　平城と山城の組合わせという高句麗の王都の構造はここにも引き継がれた。平城の清岩里土城に対応する形で、大同江の流域から東北に3km離れたところに大城山城がある。南西に開口する谷を囲むように6つの峰を連ねた石築城壁は総延長7kmにも及ぶ。城内からは清岩里土城と同じ型式の軒丸瓦が出土し、谷の出口には前後110m離れて二重につくられた南門があり、そこを出てまっすぐ進むと清岩里土城に突き当たるので、遺物やおたがいの位置関係から

【平壌市】
1. 和盛洞古墳
2. 青渓洞1号墳
3. 青渓洞2号墳
4. 内里1号墳
5. 魯山洞1号墳
6. 鎧馬塚
7. 南京里1号墳
8. 南京里2号墳
9. 湖南里四神塚
10. 高山洞1号墳
11. 高山洞7号墳
12. 高山洞9号墳
13. 高山洞10号墳
14. 高山洞15号墳
15. 高山洞20号墳
16. 安鶴洞7号墳
17. 安鶴洞9号墳
18. 嵋山洞古墳
19. 長山洞1号墳
20. 長山洞2号墳
21. 平壌駅前二室墳
22. 伝東明王陵
23. 真坡里1号墳
24. 真坡里2号墳

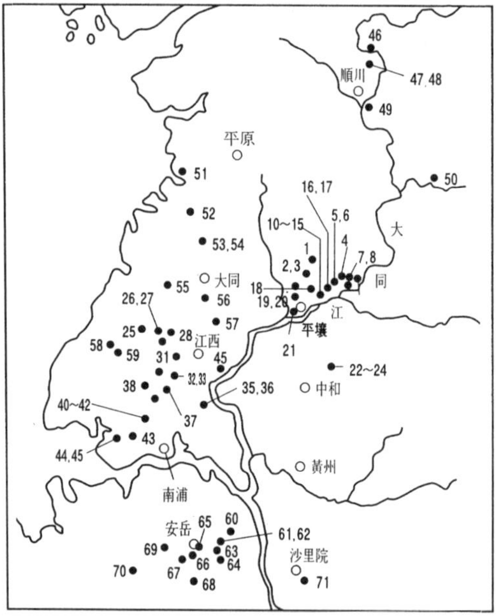

図40 ピョンヤン付近の壁画古墳分布図
(高句麗研究会 1997)

【南浦市】
25. 水山里古墳
26. 江西大墓
27. 江西中墓
28. 徳興里古墳
29. 肝城里蓮花塚
30. 薬水里1号墳
31. 普林里1号墳
32. 台城里1号墳
33. 台城里2号墳
34. 保山里1号墳
35. 大安里1号墳
36. 大安里2号墳
37. 双楹塚
38. 龍岡大塚

39. 龍興里1号墳
40. 牛山里1号墳
41. 牛山里2号墳
42. 牛山里3号墳
43. 狩猟塚(梅山里四神塚)
44. 星塚
45. 龕神塚

【平安南道】
46. 天王地神塚
47. 遼東城塚
48. 龍鳳里古墳
49. 東岩里古墳
50. 慶新里1号墳
51. 雲龍里古墳

52. 青宝里古墳
53. 徳花里1号墳
54. 徳花里2号墳
55. 加庄里古墳
56. 八清里古墳
57. 大宝山里古墳
58. 麻永里古墳
59. 桂明洞古墳

【黄海南道】
60. 伏獅里古墳
61. 鳳城里1号墳
62. 鳳城里2号墳
63. 安岳1号墳
64. 安岳2号墳

65. 安岳邑古墳
66. 坪井里古墳
67. 路岩里古墳
68. 安岳3号墳
69. 漢月里古墳
70. 月精里古墳

【黄海北道】
71. 御水里古墳

みても2つの城の組合わせはふさわしい。城内の高台には基壇をもつ建物址や多くの池が造営され、多量の炭化したアワやキビなどの穀物が検出されたところもあり、ここは穀物倉庫と考えられている。戦争のときの兵糧貯蔵庫であろう。

大城山城のすぐ南に安鶴宮址があり、おたがいに近い位置関係からそこを後期の王城とみる考えもある。安鶴宮址は一辺620mの少し歪んだ正方形に城壁がめぐり、南壁に3カ所、他は1カ所ずつ門が設けられる。城内には南から南宮、中宮、北宮の建物がならび、北宮の東西に東宮と西宮が位置し、お互いが回廊でつながっている。非常に整然とした建物配置であり、出土した軒丸瓦と軒平瓦をみるとそれまでの高句麗瓦と異なる文様が多く、また色調も灰色が多いので、その年代は高句麗後期後半以降に位置づけられるので、王城ではなく王室の離宮とみるのがよいだろう。

長寿王が平壌に遷都したときに造営された王都が清岩里土城と大城山城であるが、平原王28年（586年）に都は長安城に移された。大同江と普通江に挟まれた現在のピョンヤン市街を大きく取り囲む城壁が長安城にあたり、北から北城、内城、中城、外城に区画される。内城と外城の城壁の石には、工事分担、監督者の名とともに丙戌（566年）の年号が刻まれたものがあり、この城壁が『三国史記』にみえる長安城であることを裏づけている。内城ではかつて建築遺構や高句麗瓦が検出されここに王宮があったと推定され、外城には新たに条坊制がしかれた。平城と山城の組合わせという今までの王都構造を捨てて、新たに中国の制度を取り入れて総延長23kmにも及ぶ城壁で囲まれた王都空間をつくり出した。

後期の墓制は、積石塚はほとんどつくられなくなり封土墳が主体

となる。ピョンヤン周辺にも多くの封土墳が営まれたが、そのうち壁画古墳のみを取り上げても71基がある。大同江流域に広く分布するが、平壌地域と安岳地域、龍岡地域の3ヵ所に分布の中心がある。平壌地域は王都の置かれた場所で、大城山城付近に多数の古墳群がある。安岳地域と龍岡地域は大同江を下った両岸の広い平野に位置し、高い生産力を背景に栄えた豪族たちの墓であろう。この他、平原郡、順川市、中和郡、沙里院にもわずかながら分布する。

龍岡地域の江西大墓（遇賢里大塚）は直径約51mの大型円墳で、一辺3.1mの正方形の玄室をもつ両袖式横穴式石室である。切石花崗岩を積み上げた四壁には、素地の上に直接四神を彩色で描くが、南壁では入口の左右に1対の朱雀が配置される。天井は平行持送と三角持送を組み合わせ、忍冬文、飛天・神仙・山岳、忍冬蓮花文、麒麟を描く。墳丘と石室規模は最大級であり、壁画内容も他を圧倒していることから王陵と推定される。壁画内容と石室構造から6世紀末に編年され、平原王（590年没）の王陵である可能性がもっとも高い。

6　土器の編年と墓への副葬品

古墳出土の土器をもとに編年が行われているが、資料が少なくそれほど活発ではない。高句麗土器には、灰色や黄褐色の土器、胎土は赤褐色で黄褐色の釉薬をかけた黄褐釉陶器があり、時期が新しくなると褐色や黒色の磨研土器も出現する。器種には、四耳壺、短頸平底壺、平底鉢、双耳壺、盤などのほか、墓への明器として倉や焚口と煙突の位置が離れた竈が出土している。耿鉄華と林至徳（1987）

	四耳壺	短頸平底壺	カマド
前期			
中期			
後期			

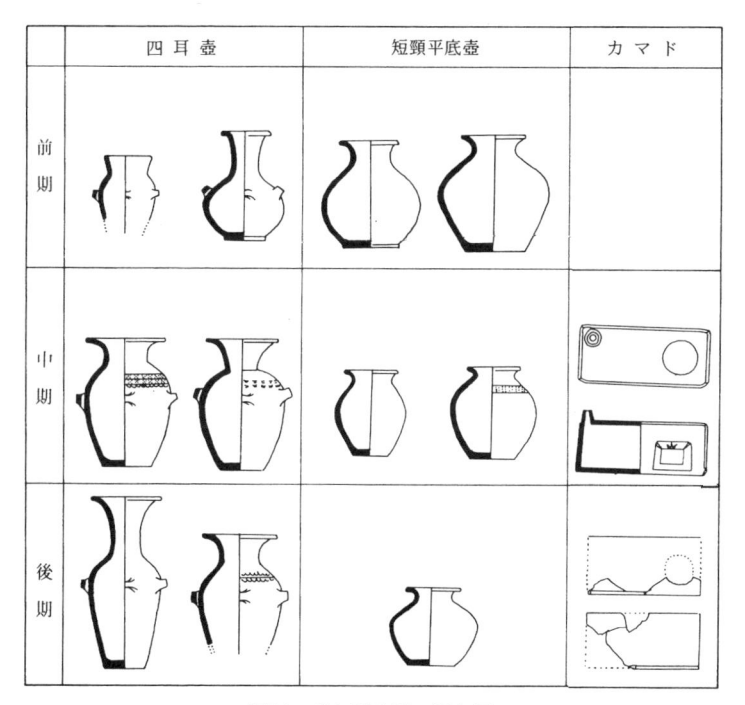

図41 高句麗土器の編年図

の集安出土高句麗土器研究によると、四耳壺の変遷を基準にして前期（〜3世紀末）、中期（4世紀初頭〜5世紀末葉）、後期（6世紀後半〜封土石室墳）に3区分できるが、これは都の移動をもとにした前期、中期、後期の年代とはあわない。編年基準が異なるので、このちがいはやむをえない。考古遺物による時期区分と歴史記録による時期区分は、このように異なることがよくある。

前期は、細長頸に下ぶくれの腹をもつ四耳壺に特徴があり、山城下墓区196号墳出土のものは高さ20cmをはかる。器種は、深鉢、

杯と少ない。中期になると四耳壺の頸部は短くなり、大きく外反する。腹部は丸味をもち、最大径のある腹上部に耳がつき、その上に条線文や連続弧線文が施される。器種が増え、壺、深鉢、碗、盆、有蓋碗、耳杯、倉形明器のほか四耳壺や竈明器の黄褐釉陶器も出現する。山城下墓区332号墳出土の四耳壺は高さ30cmをはかるが、この封土墳は初期の石室構造をもち、東晋時代の三葉文透彫帯金具が出土しているので4世紀中葉に位置づけられる。後期は、頸部が長くラッパ形にひらく四耳壺となり、全体に縦長のスマートな形になる。通溝河口の遺跡より出土したものは、高さ63cmをはかる。黄褐釉陶器はつくられなくなり新たに陶製枕や陶製硯が出現する。器種には、深鉢、双耳壺、碗、盆、虎子がある。この編年では古い土器（前期）ともっとも新しい土器（後期）が明らかとなったが、そのあいだに入る中期は期間もながく土器のみでなく他の遺物も多く出土しているので、編年の細分も含めて再検討する必要がある。たとえば、両者の編年表には挙がっていないが、長川2号墳出土の四耳壺も中期に属するが、共伴する将軍塚式の輻線蓮蕾文軒丸瓦から5世紀前半に位置づけられる。同じ中期の山城下墓区332号墳は4世紀中葉と年代が異なるが、四耳壺にもわずかであるが変化がみられる。

　長川2号墳出土の四耳壺と耳はつかないが同じ形態の灰色壺を出土したのが七星山96号墳である。灰色壺の年代観から5世紀前半に位置づけられる方壇階梯積石塚で、3基の石室が並列していたらしい。褐色鉢、黄釉陶器破片（灰色壺と同じ器形だろう）などの高句麗土器のほか金銅製鞍金具・長柄木芯金銅張輪鐙1双・金銅製円形鏡板付鉄轡（シャベル形引き手付き）・金銅製心葉形杏葉・金銅製

雲珠・金銅製辻金具などの馬具、鉸具・遊環付き心葉形鈴板などの装身具、鼎・十字把手蓋盒・鐎斗などの銅容器、鑿形鉄鏃・鉄矛といった武器が出土したが、このうち馬具や銅容器は、新羅、伽耶や倭へも影響を与えた。そのひとつが長柄木芯金銅張輪鐙であり、伽耶や倭では金銅ではないが長柄木芯鉄板張輪鐙が5世紀後半の古墳から出土する。そして、その年代から逆に七星山96号墳の年代を5世紀後半に下げる考えもある。

　この他に重要な遺物として、ピョンヤンから南東に22km離れた真坡里古墳群の9号墳（旧1号墳・1941年梅原末治調査古墳）の壁画が描かれた石室の羨道部から半円形の金銅透彫飾金具が出土した。流れるように美しい蔓龍流雲文を透彫し、その中央には円圏のなかに日像を表す三足烏を透彫している。円圏の裏には絹が付着し、飾金具の周囲の裏には玉虫の羽が敷いてあり、その形からみて貴人の木枕の側面に取りつけたという説がある。また、清岩里からは左右に垂飾のついた金銅製火炎透彫冠が出土しているが、これについては仏像の宝冠であるという説がある。日本の福岡県宮地嶽古墳からも類例が出土している。

第6章　百　済

　馬韓の50余国のうち伯済国が成長して百済となった。『晋書』四夷伝馬韓条をみると、太熙元年（290年）に晋に上献したのを最後に馬韓は中国史料から姿を消し、再登場した時には、百済という名称にかわり、咸安2年（372年）に晋に使いを送っている（『晋書』簡文帝紀）。おそらくこの間に百済が成立したとみてよい。『三国史記』をみると、百済ははじめ漢江下流の漢城（いまのソウル特別市）に都を置いていたが、北からの高句麗の圧力に屈し、475年には錦江中流域の熊津（いまの忠清南道公州市）に都を遷し、さらに538年にはその下流の泗沘（いまの忠清南道扶餘郡）に都を遷した。そして、ついに660年には唐・新羅連合軍により滅ぼされ、新羅の領域に入ることになった。都が置かれた3地域は、いずれも朝鮮半島中西部の大河川に面した肥沃な地であり、当時の遺跡が多くのこっている。都の置かれた時期をもとに前期、中期、後期の三期に分けてみていこう。

1　前期－漢城期

　ソウル特別市の中心から南東方向、漢江を渡った左岸（南岸）に位置する江東区、松坡区に百済前期の遺跡が集中している。古墳群

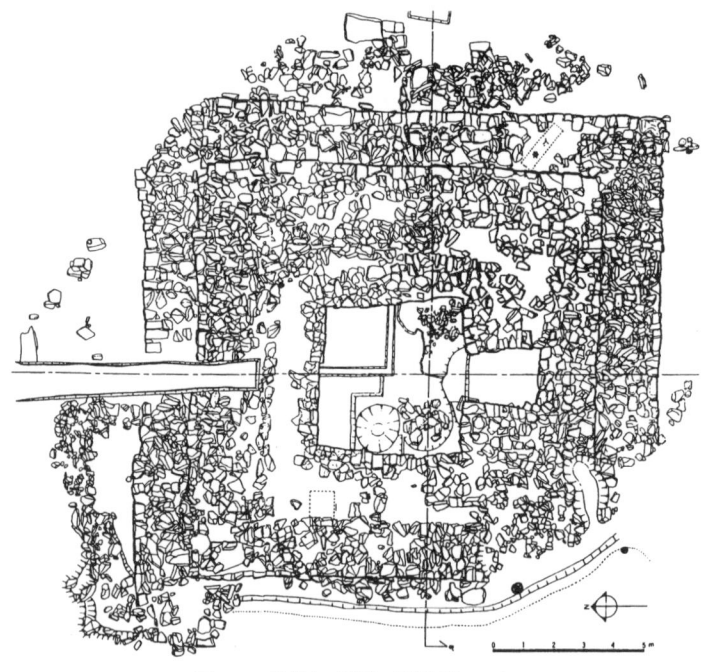

図42 石村洞4号墳（報告書より）

では、石村洞古墳群と可楽洞古墳群、芳夷洞古墳群が調査され、土城、山城では、夢村土城、風納里土城、三成洞土城、二聖山城、南漢山城が前期のものとされ、そのうち夢村土城が本格的に発掘調査された。これらの多くが南岸にあることは、北の高句麗を意識した立地と考えられる。

　古墳群のうち最大のものは石村洞古墳群である。松坡区石村洞の平地に位置し、『朝鮮古蹟図譜』第三冊（1916年）によれば、甲塚（封土墳）23基・乙塚（積石塚）66基が分布していた。当時でもすでに集落があったので本来はもっと多くの古墳があったと思われ

る。1974年より本格的に発掘調査され、積石塚、封土墳、土壙墓、甕棺墓などがあきらかとなった。

　石村洞3号墳は、3層目までの基壇がのこっていた方壇階梯積石塚で、外面は小口積みで面を整え、内側は割石を充填している。東西49.6m、南北43.7m、高さ4mあり、この古墳群では最大規模である。各層は4〜5段に積み上げ、高さはそれぞれ約90cmあり、各壇上の幅は4.7mある。積石部から出土した青磁盤口壺の破片は中国磁州窯での製作になるもので、東晋の4世紀後半〜5世紀初めの年代が与えられている。ここからは、肩に斜格子文がついた直口壺や玉作り用の砥石、金製歩揺も出土した。規模の大きさや出土品から百済の近肖古王（375年没）の墓に比定する考えもある。石村洞4号墳は、3層の方壇階梯積石塚で、外面は板石小口積みで面を整え、内側は石ではなく粘土を充填している。一辺30m、墳頂中央に東西4.6m、南北4.8mの石槨をつくり、南壁中央に羨道状施設をつける。横穴式石室とはよべず、羨道付石槨とよんでおく。土器や兵庫鎖つき耳飾りが出土したほか、青灰色軟質瓦が積石第3層から多量に発見された。この瓦は墓槨内の東に置かれたものが盗掘により外に出されたのか、あるいは積石の上に葺かれたと推定されている。4世紀後半〜5世紀前半頃の造営である。石村洞2号墳は、東西17.4m、南北16.2mで、4号墳と同じく内側は石ではなく粘土を充填している。各壇の高さを1mにして3層に復元され、墳頂には土を盛り、合わせて3.8mの高さに復元された。1層目には各辺3個ずつの立石が立て掛けられている。これらの積石塚は、高句麗の墓制の影響を受けたもので、立石の立て掛けや墳丘からの瓦の出土も共通する。しかし、内部に粘土を詰めるところは百済の独自性と

みられる。

　石村洞5号墳は封土墳であるが、墳頂部の3m四方をのぞいて葺石で覆われ、高さ2mまでがのこっていた。調査の結果、直径20mに復元され、中央部に土壙墓があったと推定されている。

　石村洞古墳群内にはほかに、墳丘がほとんどないか低墳丘の石槨墓、積石土壙墓や土壙墓、甕棺墓などがある。石槨墓、積石土壙墓は、高さ20～80cmに積石がのこっている墓で、内部主体からは鉄釘や鉄鏃が出ているので、木棺の存在が推定される。

　ソウルから東に約35km離れた北漢江流域の京畿道楊平郡汶湖里にもこの時代と考えられる方形基壇積石塚がみられる。地面の上に一辺11mで高さ1.1mに土を盛り、その上に川原石を一辺10mの方形に積んで基壇とした。その上に片麻石や花崗岩で墓槨施設をつくり、さらにその上を石で被い、全体の高さは2.7mに達する。墓槨から管玉と小刀のほか、鉄鏃が出土しているので木棺の存在が推定される。墳丘からは縄蓆文や格子文が叩き出された百済土器のほか、銅鈴が出土している。積石塚の構造と土器からみて、百済前期の古墳と考えられる。周辺の楊平郡琴南里、両水里でも積石塚の存在が確認されている。また、南漢江に面する忠清北道堤原郡清風面でも陽坪里A地区1号墳、2号墳という積石塚が調査され、鉄斧、銅環、管玉、土器などが出土している。

　横穴式石室は可楽洞3、4、5号墳、芳夷洞1、4、6号墳と1927年に調査された可楽里2号墳（当時の地名は京畿道広州郡中垈面可楽里）の8基が知られる。いずれも標高40～50mの丘陵の南斜面に築造され、羨道は南に開口している。他に、漢江下流域の京畿道高陽郡中谷里や南漢江流域の京畿道麗州郡梅龍里・甫通里で知ら

れるが、これらは高句麗あるいは新羅のもの、それらの影響をうけた百済の古墳という意見があり、年代や性格がまだ決まらない。麗州郡の南の忠清北道中原郡にある石碑（「中原高句麗碑」）は、480年頃に高句麗が立てたもので、この地域に高句麗が進出したことをもの語っている。また、ソウルの北方の北漢山にある石碑は、新羅の真興王（在位540〜575年）がこの地を巡狩したことを記念して立てたもので、6世紀中葉に新羅がこの地域に進出したことを示している。百済前期の都があったソウルの周辺は三国抗争の地域であり、高句麗や新羅の遺跡もある可能性が十分に考えられる。

　横穴式石室の封土墳のひとつである可楽洞5号墳は、壁を扁平な割石で積み上げた長さ2.84mの長方形玄室に両袖式の羨道がつく石室で、羨道部に積まれた閉塞石を取り除く時に、縄目文瓦の破片が3点出土した。この横穴式石室の年代は、平壌の南井里119号墳の石室の系譜を引くもので5世紀前半頃の築造とする考え、出土した新羅系の短脚高杯（第8章参照）から6世紀後半以降とみる考え、短脚高杯は追葬のときに副葬されたもので、最初の埋葬の年代は縄目文瓦から5世紀後半〜6世紀前半とみる考えに分かれている。短脚高杯は可楽洞3号墳や芳夷洞4、5、6号墳からも出土しており、短脚高杯の年代から可楽洞古墳群や芳夷洞古墳群などソウルにある横穴式石室の年代をすべて6世紀後半以降とする考えも出されているが、上記のように追葬も考慮に入れ、石室の型式や短脚高杯の系譜の再検討（新羅系の短脚高杯かどうか）、そしてそれ以外の副葬品からの検討も必要である。

　土壙墓は可楽洞2号墳でみると、先行する土壙あるいは木棺を内部主体とする3つの墳丘を、最後の埋葬の時に甕棺を内部主体とす

る方台形の墳丘で覆った構造で、基底部の長さは、12×15mである。鉄鋌が出土した第4内部主体は、木棺であったことが確実であるが、鋲や釘が発見されなかった第2、3内部主体は木棺の存在が不明なので単に土壙としておく。第1内部主体の甕棺の両側には黒色磨研の格子目文短頸壺が副葬されていた。

　これらの古墳群を囲むように北と東、西に土城や山城がつくられる。北にある夢村土城は、漢江南岸にある低い丘陵を利用したもので、周囲が約2.3kmある。城壁は版築で積み上げた土塁で、外側は急傾斜で内側は緩い傾斜となり、高さは10～17mある。土塁の外側の2段目には、柱穴が1列に検出されており、ここに木柵があったと推定されている。また、外側には濠が検出されている。城の四隅の丘陵頂部には土壇があり、ここは望楼跡とみられる。城内からは礎石建物、版築建物、竪穴住居、オンドル建物、方形遺構、望楼、貯蔵穴、甕棺墓、土壙墓、蓮池などの遺構が検出されている。土城の開始年代を考える上で、包含層から出土した銭文陶器が参考になる。円のなかを「井」の字形に区切った文様で、銭の形に似ているので銭文とよばれる。類例として中国の浙江省衢県街路村の塼室墓から出土した銭文褐釉壺があげられる（衢県文化館 1974）。ここの墓の築造に使われた塼には「元康八年太歳在戊午八月十日造」の銘文があり、西晋の298年頃の墓とわかる。出土した銭文褐釉壺もこの頃のものである。したがって、夢村土城の開始年代を4世紀初めとみておこう。また、城内から出土した四区画文軒丸瓦は石村洞4号墳の瓦とも類似しており、年代を考える上で参考になる。一方、土城の使用期間については、3号貯蔵穴出土の杯身から考えることができる。これは類例が5世紀後半～6世紀初めの日本の須恵器に

あり、また2号土壙墓出土の三足土器の類例は、佐賀県野田遺跡の5世紀末～6世紀前半と考えられる溝のなかから出土しているので、夢村土城は少なくとも5世紀後半までは使われており、百済前期に営まれた中核的な土城である。

風納里土城は、北の城壁300m、東は1500m、南は200mで、西は漢江の洪水で流されたしまったが250mがのこる。壁の断面をみると石はほとんどなく土塁である。比較的原形をとどめている北の城壁でみると基底部の幅約30m、城壁の高さ5mをはかる。城内では竪穴住居が発掘され百済土器が出土したほか、昔の洪水で発見された銅製鐎斗や四区画文軒丸瓦がみられる。これらの遺物から土城の年代は4～5世紀前半と考える。

ソウル周辺以外でもこの時期の遺跡や遺物が調査されている。南漢江中流域の江原道原城郡にある法泉里2号墳からは短頸壺、褐色平底鉢、青磁羊形器などが出土した。そのうち羊形器は中国の越州窯のもので、類品が中国南京市の象山7号墳から出土している。象山は出土した墓誌から、4世紀代に営まれた東晋の王氏一族の墓地であることが明らかであるから、法泉里2号墳の年代を4世紀とみることができる。法泉里2号墳で共伴した肩に格子刻目文のある短頸壺は可楽洞2号墳に類品があり、赤褐色平底鉢は石村洞古墳群の土壙墓や夢村土城内の住居跡でも出土していて、それらの百済土器の年代を4世紀に決める手掛りとなっている。忠清南道天安郡の花城里からも、遺構は不明だが青磁盤口壺が発見されている。やはり南京市の象山3号墳（墓誌に升平3年〈359年〉という紀年がある）に類品があり、この青磁は4世紀代に東晋からもたらされたものである。1991年に発掘調査された花城里A-1号墳は木棺墓、A-2号

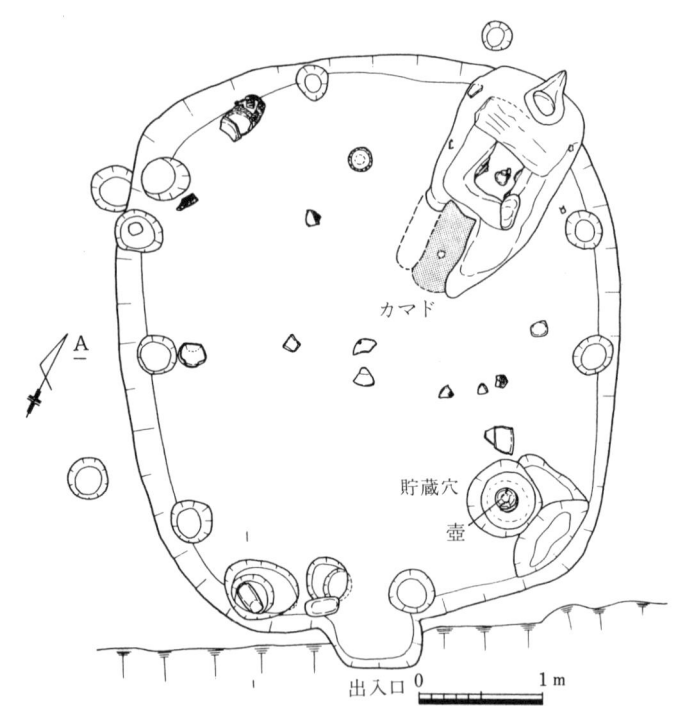

図43 渼沙里B2号住居址（林炳泰ほか 1994）

墳は木槨墓であるが、そこから出土した黒色磨研の格子刻目文の短頸壺は可楽洞2号墳のあとにつづくもので、4世紀中葉から後半に比定されている。また、A-1号墳からは、環頭部に唐草文が銀象嵌された素環頭大刀が出ており、これは三国時代の象眼大刀としては、時期がもっとも古いものである。

百済前期の土器には、黒色磨研の短頸壺、灰色の短頸壺・三足杯・三足盤・高杯がみられるほか、原三国時代の製作技法を引き継いだ赤褐色軟質の平底鉢などがある。短頸壺は口縁部が垂直に立ち上

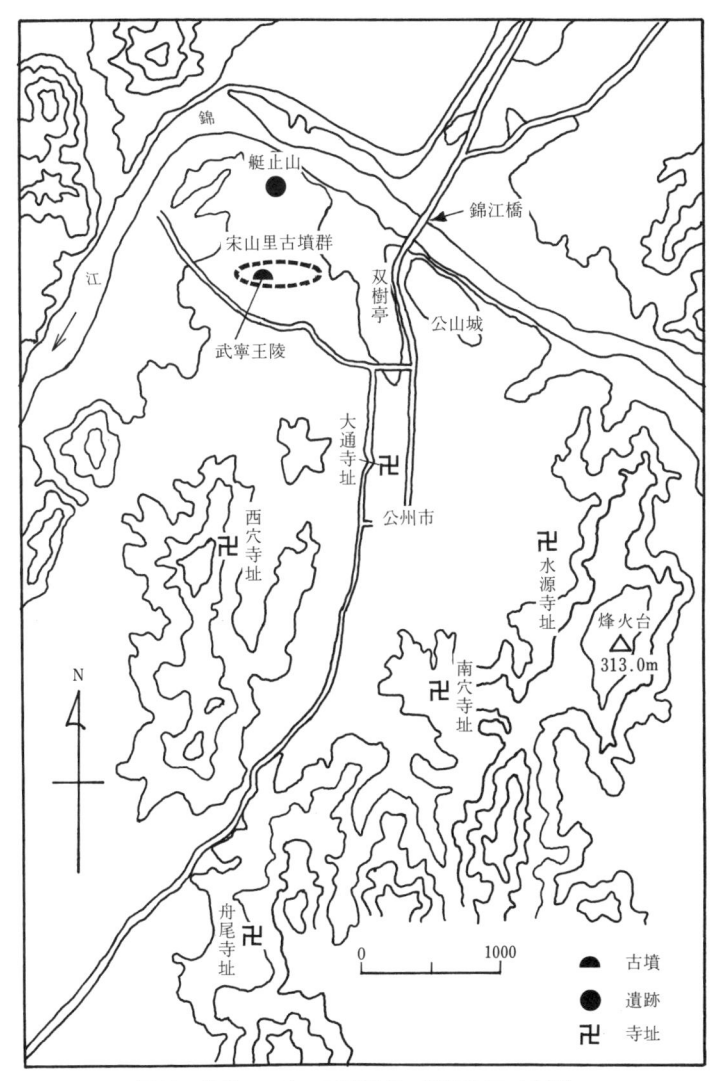

図44 公州における百済時代の遺跡地図（中期）

がるものと外傾するものの2種があり、文様も肩に斜格子文や波状
文が刻まれるものがある。細かい編年はまだできていないが、おお
よそ前半と後半に2区分される。後半に属する三足盤と波状文直口
壺を出す住居址が漢江流域の京畿道河南市渼沙里遺跡で調査され、
隅丸方形の平面プランにカマド施設と壺の入った貯蔵穴が確認され
ている（図43）。

2 中期－熊津期

『三国史記』百済本紀によると、南進する高句麗の圧力に屈して
漢城（ソウル）が陥落すると、文周王元年（475年）10月に「都を
熊津に移した」とある。熊津は今の忠清南道公州市であり、ソウル
から南に120km離れた錦江の南岸に位置する。錦江はここで「へ」
字形に流れを変えるが、まわりを山で囲まれた公州の地形は、北の
高句麗からの攻撃に対する防禦としては好都合の位置にある。しか
し、緊急避難的に移った都であるため、わずか60年あまりの短い期
間ののち538年にはさらに下流の扶餘に遷都した。熊津の都は山城、
王宮、王陵群、寺院より構成される。山城は王都の北に位置し、錦
江に面する丘陵上に築造され公山城とよばれ、王宮もそのなかにあ
ったと考えられる。公山城の南の平地には現在の市街地が広がり、
そこには寺院もあり当時の人びとの生活空間でもあった。この平地
を取り囲むように東・西・南に丘陵があり、そこには王陵をふくむ
古墳群が多数営まれた。

公山城は標高110mの丘陵上をめぐる包谷式の山城で、北西－東
南に細長く全周は2660mある。錦江が山城の東北の長辺に沿って西

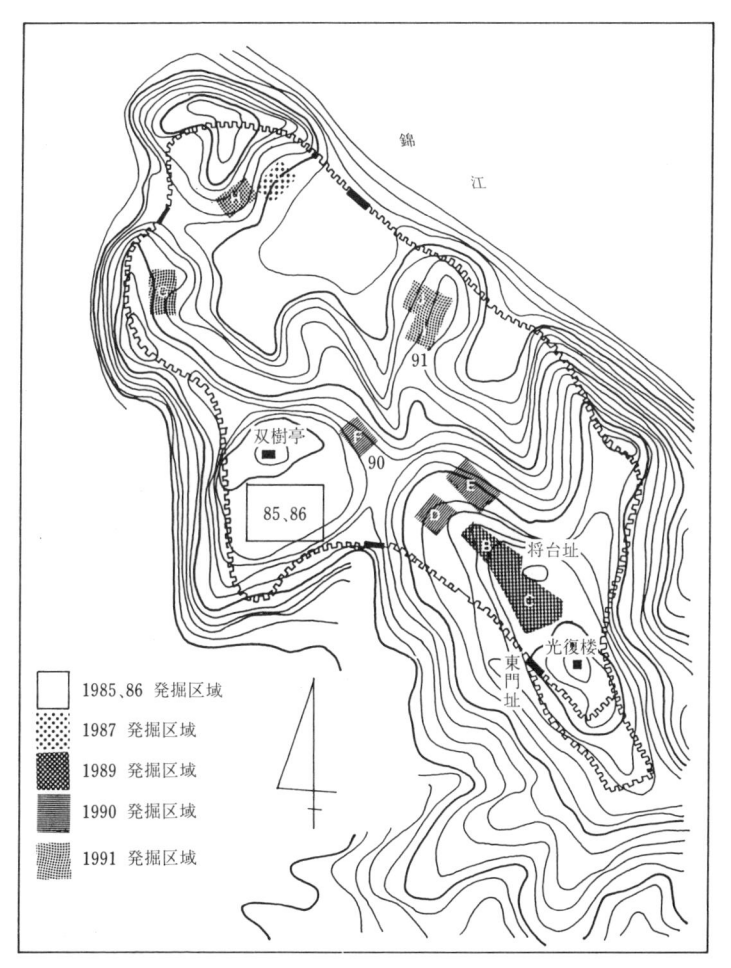

図45 公山城発掘区域図（公州大学校博物館 1992）

流する。東南端の丘の上は光復楼とよばれるが、そこから北西へ150m離れた斜面から5間×6間の建物址とともに「流」銘瓦が出土したので、ここが『三国史記』にみえる臨流閣（500年創建）と推定された。ただし、「流」銘瓦はここ以外の場所からも出土している。他に将台址と東門址が発掘調査されている。1985、86年に発掘された双樹亭の南側にある広場は、山城のなかではもっとも広く平らな空間がひろがり、王宮の場所としてふさわしいところである（図45）。先にあげた『三国史記』に「東城王二十二年（500年）春、起臨流閣於宮東、高五丈」とあり、臨流閣の西に位置するこの広場は文献にみえる宮の位置とも合う。発掘の結果によると、最初に掘立柱の建物がつくられ、その後に半地下式建物、礎石をもつ建物（6間×4間）がつくられた。この場所では、ほかに5間×2間の建物、蓮池もしくは井戸と推定される円形石組遺構、貯蔵穴が検出され、多くの瓦や土器も出土した。王宮址を示す遺物はみられないが、今のところここがもっとも可能性が高い。なお、王宮址を公山城の外の丘陵南麓にあてる説もある。

　1934年の軽部慈恩（1933～36）の報告によると、現在の公州市街のまわりに19の古墳群、約738基が分布しているといい、李南奭の報告では公州市内に10の古墳群があるという（李南奭 1995）。中期の古墳は、円墳で内部主体は横穴式石室が多いが、横穴式塼室、竪穴式石室（石槨）、横口式石室、土壙墓、甕棺もみられ丘陵の尾根上や斜面に立地する。横穴式石室はおもに天井構造の違いにより、穹窿式天井（四壁上部が四方から大きく内傾する）、アーチ式天井（四壁上部は前後のみ大きく内傾する）、持送り平天井（四壁上部がゆるやかに内傾する）、合掌式天井（板石を中央で組み合せたへ字

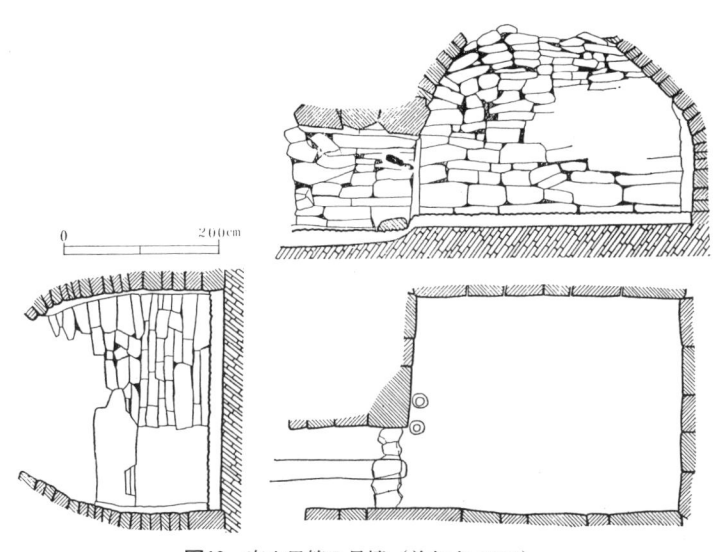

図46 宋山里第5号墳（姜仁求 1984）

形の天井）に分けられる。このうち穹窿式天井は宋山里古墳群のほかにごく限られた古墳にしかみられず、しかも他の天井型式に比べて大型石室となるものが多い。宋山里古墳群のなかに塼室墳ではあるが武寧王陵が造営されていることから、この古墳群は王陵群と推定され、穹窿式天井をもつ石室は王ないし最上位階層の墓制と見られ、宋山里型石室と名づけられた。武寧王陵のほかに王陵と推定される古墳として5号墳と6号墳があり、それより先行する古墳と考えられる1号～4号墳が10mほど高い位置にある。前3基は古墳群のなかでも西側に位置し、武寧王陵を頂点とする三角形の位置関係にある。東側の5号墳は穹窿式天井をもつ片袖式横穴式石室で、石室の壁は板状の粘板岩を積み上げ、全面に漆喰が塗られる。3.3m×3.5mのほぼ正方形の床面には2つの棺台が並び、夫婦が埋葬

154

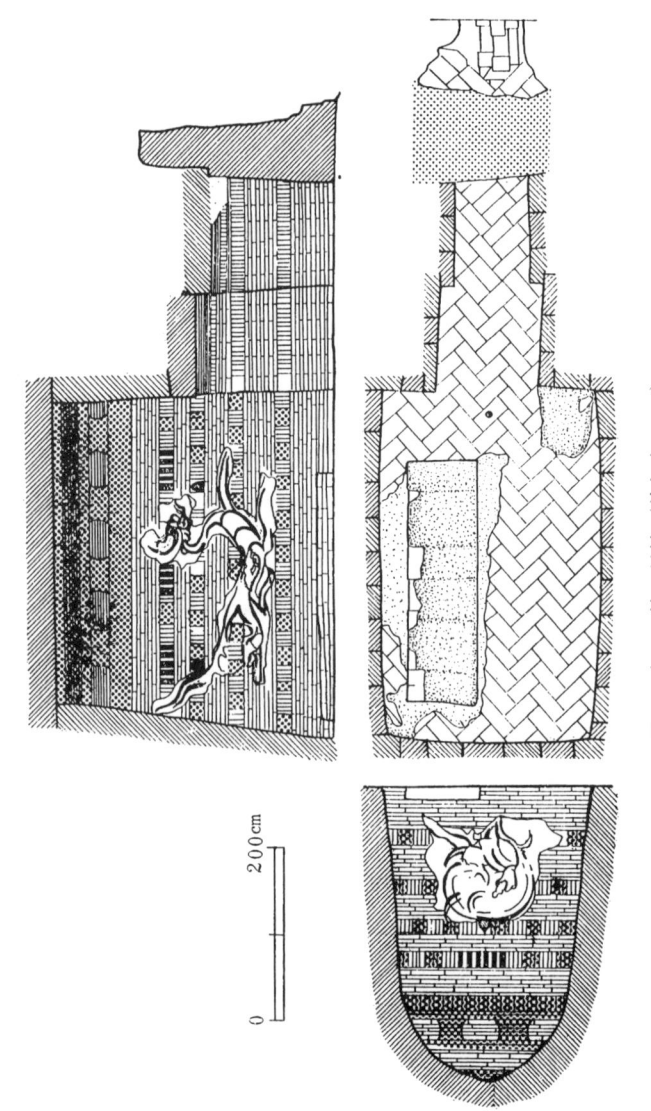

図47 宋山里第6号墳 (姜仁求 1984)

されたと考えられる。天井までの高さは3.2mと規模が大きい。2つの棺台は塼を3段に積み上げ、羨道の閉塞にも塼が使用された。1〜4号墳は、穹窿式天井で塼を使用していない片袖式横穴式石室で、熊津遷都後まもない時期の古墳と推定されている。同じ石室構造をもち、塼を棺台にした5号墳はそれに続き、武寧王陵に先行する6世紀前半と考えられる。王陵とすれば東城王が候補として考えられようか。

6号墳はカマボコ形天井をもつ塼室墳であるが、壁面の長手横積が下から10層、8層、6層、4層、7層と数が一定せず厚く積まれ、武寧王陵の長手横積4層と小口縦積1層を規則的にくり返した積み方とのちがいをみせている。さらに、北・東・西・南の壁面には漆喰を塗った上に玄武・青龍・白虎・朱雀の四神図が描かれる。すでに盗掘に遭っていたため副葬品はほとんどなく、時期を決めるてがかりは少ないが、墓室の構造からみて武寧王陵より後につくられた古墳である。ただし、出土した「梁官瓦為師矣」という文字が箆書きされた塼からみて、梁（502〜556年）の時代につくられはじめたことは確実である。『三国史記』によると武寧王の次の聖王は、「554年に新羅の管山城（忠清北道沃川）を攻めて戦死した」とあり、この年は都を熊津から泗沘へ移してから16年目にあたる。遷都しているにもかかわらず、旧都に埋葬したと考えることは可能だろうか。つぎに述べるように、523年に崩じた武寧王の墓は即位後11年には、造営の準備が始められていた。聖王の場合も同じように、523年に即位してその11年後である534年には造営準備が始まっていたとすれば、そのときの都があった熊津の宋山里古墳群のなかであり、王陵のうちもっとも西に位置する6号墳がそれにふさわしい。しかし、

後期の都となる扶餘の地に墓を準備していたとすれば、扶餘で王陵が集中する陵山里古墳群のなかで、カマボコ形墓室構造が共通する中下塚が聖王の陵墓と推定される。

公州付近以外にも論山郡地域に古墳群が集中し、表井里古墳群（竪穴式石室墳、丸底広口壺、三足土器、器台）、茅村里古墳群（竪穴式石室墳、勾玉、金銅製細環耳飾、銀装環頭大刀）などが知られる。

宋山里古墳群は艇止山の丘陵の南端に位置するが、その丘陵の北端に艇止山遺跡がある（図44）。ここでは、1996年の発掘により宋山里古墳群と関係するモガリ遺構とみられる祭祀遺跡が発見された。遺構は3期に分けられ、第Ⅱ期が武寧王陵とほぼ同時期とされる。標高57mの東西に長い丘陵頂部平坦面の中央に8m×6.4mの瓦葺掘立建物が検出され、大通寺出土瓦と類似する素弁八葉蓮花文軒丸瓦が出土した。礎石はなく柱穴が密接して外縁を周り、建物内部中央には3.8m×2.6mの四隅に4本の柱が立つ。瓦葺掘立建物はこれまでに例がなく、特殊な用途の建物とみられた。その東に12m離れたところには、8.2m×7mの方形外縁に壁溝を掘り、その溝中に柱穴を多数あけた遺構が検出された。溝に柱を立てて土壁を積み上げた大壁建物（1号）と推定され、建物中央には柱がなく広間となっている。頂上部に3棟、南斜面に4棟が検出されたが、頂上部の1号と3号（1号のすぐ北側）は瓦葺掘立建物と同じ方向を示しており、それらを取り囲むように平坦面周縁に木柵と溝が設けられた。武寧王陵の買地券をみると、墓は申地（およそ西南西方向）につくられたとあるので、王宮のある公山城を基準にして申地が宋山里古墳群の位置にあたると当時の人は見たようだ。そうすると、王妃の墓誌にある「喪を行った酉地」はちょうど艇止山遺跡の方向

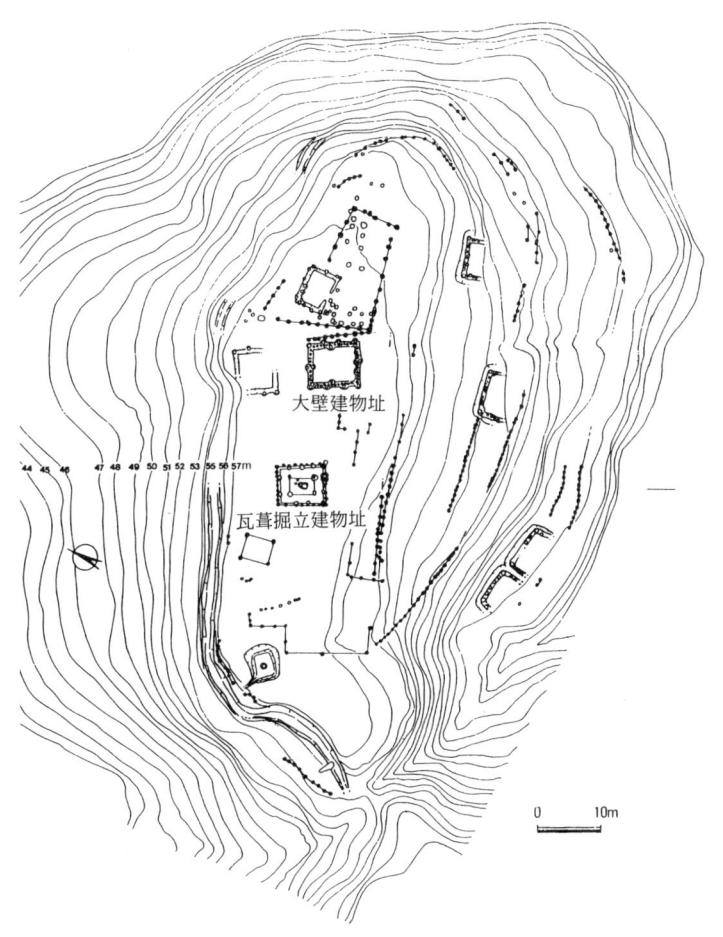

図48 艇止山遺跡（国立公州博物館 1999）

にあたり、王妃の没年はここから出土した蓮花文軒丸瓦の年代観とも合うので、王妃の殯（もがり）を行った祭祀遺跡の可能性があるとされた（国立公州博物館 1999）。

武寧王陵

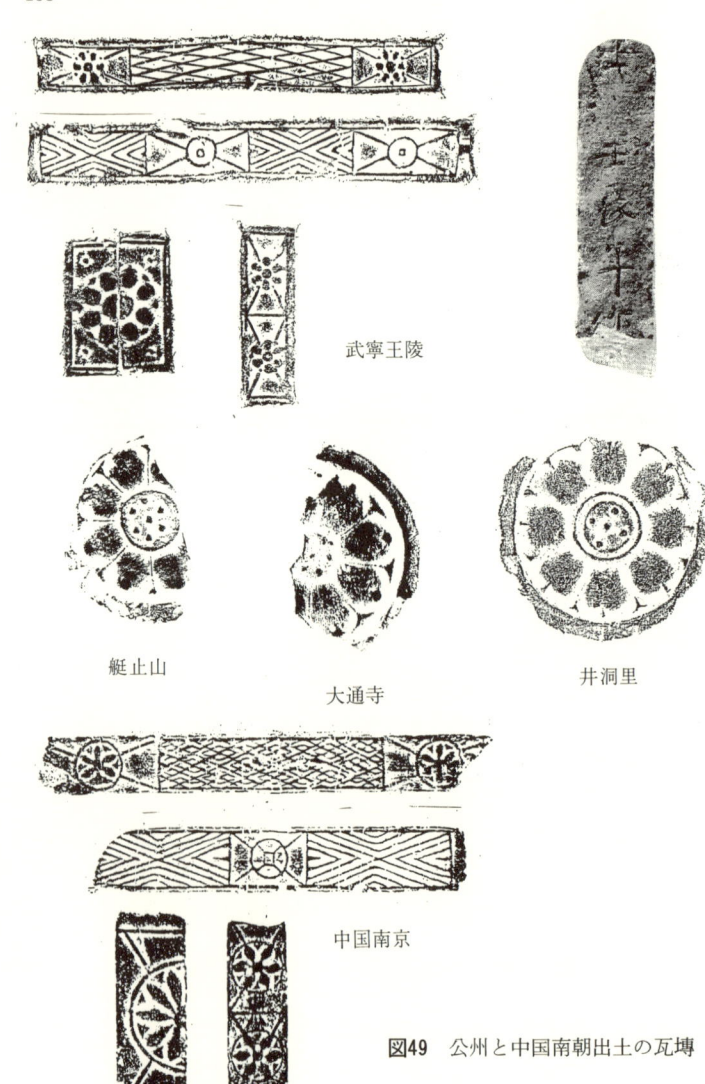

艇止山　　　大通寺　　　井洞里

中国南京

図49 公州と中国南朝出土の瓦塼

百済最初の寺院は、『三国遺事』によると、「大通元年（527年）に熊川（公州）に創寺し、大通寺と名づけた」とある。そして、寺院名である「大通」「通」の銘が陽刻された瓦が公州市街の南部に位置する班竹洞で発見されているので（図44）、ここが大通寺のあった場所と考えられる。実際に、講堂の基壇が確認され、金堂・塔の位置も推定され、一直線に並ぶ伽藍配置が復元された。出土した軒丸瓦のうち素弁八葉蓮華文瓦はもっとも古い様式で、武寧王陵や宋山里6号墳の墓室に使われた塼の文様とも類似しており、両者の年代観から文献にみえる創建時の瓦といえる（図49）。同様の文様は、公州市鳳凰洞の寺址出土瓦や扶餘の井洞里窯址出土の瓦や塼にもみられ、これらは同じ時期に属する。井洞里窯では武寧王陵や宋山里6号墳の築造に使用されたのと同じ「中方」「大方」銘の塼も出土している。扶餘地方は、熊津に都があった時代に王陵に使用された塼が製作されており、すでに重要な地域として認識されていたことがわかる。

3　武寧王陵

武寧王陵は、その南に位置する宋山里6号墳の壁画の剥落を防止するため、6号墳の後方に排水溝をつくるための溝を掘っていたところ、1971年7月5日に発見された塼室墳である。最初に、硬い石灰混じりの層があらわれ、さらにその下から塼が発見された。この塼は羨門の上部にあたった。羨門の前の硬い土を取り除いて、羨門をふさいでいる塼を1枚ずつ抜き取って中のぞくと、まず目についたのが羨道に立ちはだかる石獣であった。石獣は、朱で赤く塗った

口を開け、突き出た目で入口を睨みつけており、墓を守る鎮墓獣の役割をはたしていた。石獣の手前に平らな角閃石製の墓誌石（買地券）が2枚並び、その上に約90枚の鉄製の五銖銭が置かれていた。右側が王の墓誌石であり、左側が王妃の墓誌石である。左の石の裏には買地券が刻まれているので、最初の埋葬時（王）に右に墓誌を、左に買地券を表にして並べ、その上に五銖銭を置き、次の埋葬時（王妃）に買地券のみを裏返して王妃の墓誌を刻んだと考えられる。墓誌と買地券の内容は次のとおりである。

王の墓誌（縦35cm、横41.5cm、厚さ5cm）

「寧東大将軍百済斯　　　　　　寧東大将軍である百済の斯
麻王年六十二歳癸　　　　　　麻王は年齢が六十二歳で西
卯年五月丙戌朔七　　　　　　暦523年5月7日に亡くな
日壬辰崩御到乙巳年八月　　　り西暦525年8月12日に（墓
癸酉朔十二日甲申安サク　　　室のなかに）安らかに置き、
登冠大墓立志如左」　　　　　大墓に登冠した。志しを立
　　　　　　　　　　　　　　てること左のごとし。

王の買地券（縦35cm、横41.5cm、厚さ4.7cm）

「銭一萬文　右一件　　　　　銭1万文　右の一件
乙巳年八月十二日寧東大将軍　西暦525年8月12日寧東大
百済斯麻王以前件銭訟土王　　将軍である百済の斯麻王は前
土伯土父母上下衆官二千石　　件の銭をもって土王や土伯や
買申地為墓故立巻為明　　　　土父母や上下衆官の二千石に
不従律令」　　　　　　　　　うったえた。申（さる）の地
　　　　　　　　　　　　　　を買い、墓となす。故に巻
　　　　　　　　　　　　　　（買地券）を立て明らかとし

た。律令に従わざれ。

王妃の墓誌（王の買地券の裏に刻まれる）

「丙午年十二月百済国王大妃寿　　西暦526年12月百済国の王
終居喪在酉地己酉年二月癸　　　妃は寿命を全うした。喪にあ
未朔十二日甲午改葬還大墓立　　ること酉（とり）の地に在り。
志如左」　　　　　　　　　　　西暦529年2月12日改葬して
　　　　　　　　　　　　　　　大墓に還す。志しを立てる
　　　　　　　　　　　　　　　こと左のごとし。

　被葬者は百済の武寧王であり、523年5月に亡くなり525年8月に埋葬された。その王妃は526年12月に亡くなり529年2月に埋葬されていることから、約2年数カ月の殯（もがり）の期間があることがわかる。これは、『周書』異域伝百済条にみえる「父母及び夫が死んだときは、3年間喪に服する」という記事とも一致する。墓誌にみえる「斯麻」は生前の名前であり、死後に「武寧」という諡（おくりな）が与えられたことが『三国史記』に記されている。また、羨道入口の閉塞に使用された塼のひとつに「…士　壬辰年作」のヘラ書きがみられる（図49）。墓室を最後に閉じた529年以前の製作とみれば、壬辰年は512年になる。武寧王陵に使うことを目的として製作したのならば、501年に即位したのち11年後には王陵の造営準備が始まっていたことになる。

　羨道をぬけると遺骸を安置したカマボコ形天井の玄室があり、中央に高さ20cmくらいの棺台が奥壁に接してつくられた。玄室の入口方向（南）に頭を向け、墓誌の配列と同じく右側（東）に王、左側（西）に王妃が埋葬された。王の遺骸は木製枕と木製足座の上に置かれ、金製冠飾・金製三足簪・金製耳飾り・首飾り・銀製帯飾・

金銀製腰佩・単龍文環頭大刀・金銅張飾履を身につけ、頭のところに薄肉刻七乳獣帯鏡、足のところに人物半肉刻方格規矩四神鏡を副葬した。王妃の遺骸も木製枕と木製足座の上に置かれ、金製冠飾・金製耳飾・龍文銀釧・金釧・金銅装刀子・金銅製飾履を身につけ、頭のところに銅托銀盞・銅碗・銅鉢・細線式七乳獣帯鏡、足のところに銅製熨斗が副葬されていた。棺台手前の一段低い空間には、四耳盤口壺・銅箸・銅盞・琴金具などが置かれている。王と王妃が身につけた装身具以外はほとんど中国南朝の製作によるものである。このうち薄肉刻七乳獣帯鏡は、日本の群馬県観音山古墳出土の鏡に同型鏡がみられる。

　羨道、玄室ともに塼を四横一縦に積み上げてつくられ、玄室左右側壁に2個ずつと奥壁に1個の宝珠形の龕が設置される。龕には青磁燈盞が置かれ、そのなかに燃えのこった芯があり、龕の上部が黒く煤けていた。また、壁面の7〜8カ所に長さ15cmの鉄釘が打ちつけられていた。これらは、埋葬時に使用されたものであろう。カマボコ形天井の塼室構造と蓮花文塼は中国の南朝の墓制にみられ、四耳盤口壺や青磁燈盞など副葬品の多くも南朝から輸入されたものであり、中国の南朝の強い影響が読みとれる。

　武寧王陵の発見は、韓国考古学史および古代史上で画期的なことであり、研究を大いに進展させた。その発見の意義は、次の3点に集約される。

　①墓誌石の出土により、被葬者と暦年代がわかったこと。しかも、被葬者が王と王妃であり、同時代の高句麗、新羅、百済、伽耶のなかで、はじめて王陵が確実に特定できた。

　②12世紀に編纂された『三国史記』の記述とあうこと。『三国史

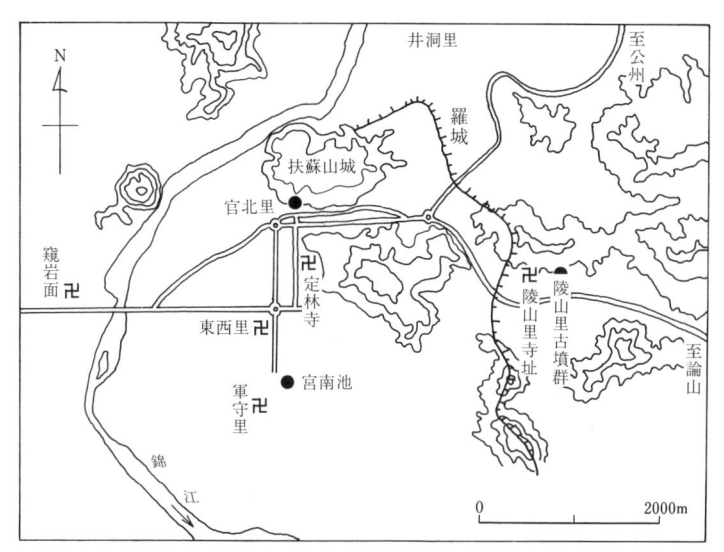

図50 扶餘における百済時代の遺跡地図（後期）

記』によれば、「武寧王諱斯摩」は武寧王「二十三年」（523年）に薨じており、墓誌にみえる「斯麻」と「癸卯年」すなわち523年と合致する。

③金製品、銀製品をはじめとする豊富な副葬品をもっていること。そして、副葬品のなかに中国南朝の梁からもたらされたものや、埋葬施設が南朝の墓制である塼室構造をもっており、南朝との強い結びつきがうかがわれる。

4 後期－泗沘期

『三国史記』百済本紀によると、538年に「都を泗沘に移し、国号を南夫余と号す」とある。泗沘は今の扶餘で、公州から東南へ30

km行った錦江の下流に位置する。公州の王都と同じ要素を受け継ぐが、新たな変化として王宮が山城の外に出て、王都全体を囲むように羅城がめぐる（図50）。そして、羅城のなかには五部制がしかれた。

　王都の山城である扶蘇山城は、北に錦江を臨む鉢巻式と包谷式が複合した山城で周囲が2.2kmある。南の丘陵上には礎石や石列をもつ建物が数棟と炭化麦が検出された。また、ここからはかつて炭化米が発見されており、これらの建物は穀物を貯蔵した軍倉址と推定された。丘をめぐって山城の内側にも城壁が築かれ、鉢巻式となっている。この鉢巻式山城の城壁の一部が発掘され、少なくとも2回の修築が確認された。山城の西北隅にはもっとも高い丘があり、ここからも礎石をもつ建物が検出され、望楼址と推定された。そして、山城内からは、百済土器や瓦が発見されている（成周鐸 1984）。

　扶蘇山城のすぐ南麓には王宮の址と推定される官北里遺跡がある。遺跡の北側には4〜5段積んだ石垣が一直線にのび、北の境を区切っていると考えられた。その南では、基壇建物址、石積蓮池、そして幅8.9mの南北道路とそれに直交する幅3.9mの東西道路が検出された。そのうち蓮池遺構の最下層からは、土器や瓦の破片とともに長さ20cm、幅4cmの木簡2点が発見された。うち1点は3行にわたり文字が書かれた習字用の木簡で、赤外線撮影によって「中卩」が判読された。その後、南に1.5km離れた扶餘郡宮南池遺跡で1995年に行われた発掘調査では、長さ35cm、幅4.5cmの木簡が1点発見され、表裏に38文字の墨書がみられた。それは、「西卩後巷巳達巳斯卩依活〇〇〇〇帰人中口四下口二邁羅城法利源水田五形」（表面）、「西卩中卩囲」（裏面）と解読され、「巳達巳」を『三国史

記』百済本紀の550年にみえる「将軍達巳」と同一人物とみてよい
ならば、この木簡の年代は6世紀中葉～後半となる(国立中央博物
館 1999)。あるいは『三国史記』の人物と同一とはみないで、『隋
書』百済伝にはじめて「畿内為五部、部有五巷」と五巷が登場する
ので、6世紀末とする見方もある。木簡の「西卩後巷」は文献にみ
える百済の五部制をさしており、この時期に百済の王都と地方の統
治は五部五方制により整備された。「後巷」は、部のなかをさらに
細分した五巷のひとつである。『括地志』(641年撰)をみても「王
の都の城内は、又五部と為す、…、又城内五巷、又五方あり、…。
方ごとに郡を管す。…郡・県に道使を置く、亦た城主と名づく」と
あり、泗沘期の王都扶餘に五部制を、地方に五方制をしいたことが
わかる。五方のうち、中方は古沙城(全羅北道古阜に比定)、東方
は得安城(忠清南道恩津に比定)、南方は卞城(全羅南道求礼に比
定)、西方は刀光城(全羅南道)、北方は熊津城(忠清南道公州に比
定)に置かれた。中期の都であった公州は北方の中心となり、後期
になっても北の守りとして重要な役割をになった。五部については、
『周書』異域伝百済条によれば「上部、前部、中部、下部、後部」
があり、東部(上部)、西部(下部)、北部(後部)の別称があった。
木簡以外にも、扶蘇山城、官北里、東西里、弥勒寺址から「上部乙
瓦」「中部乙瓦」「下部乙瓦」「前部甲瓦」「後部甲瓦」の銘が刻印さ
れた平瓦が出土し、東南里郷校の東側から「前部」と「上部前部…」
の銘が刻印された標石が発見され、いずれも王都の五部制をさして
いる。

　王都の内と外とを区画する羅城は長さ8.4kmに及ぶが、その東の
外側に陵山里古墳群がある。この古墳群は、扶餘市街から3km東

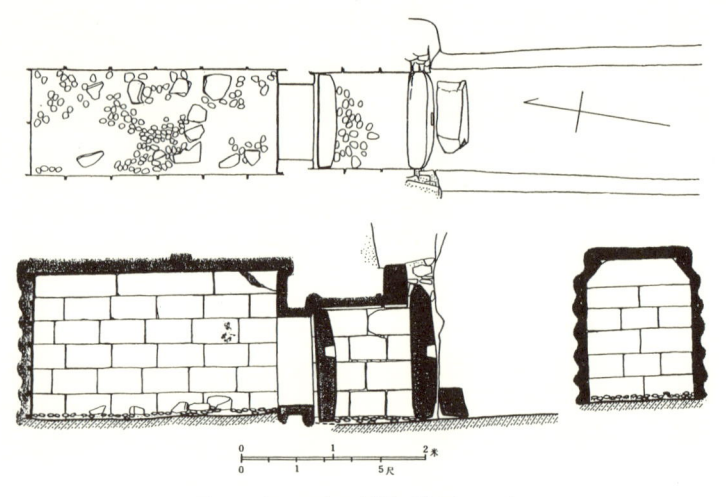

図51 陵山里東1号墳（梅原 1938）

方にいったところであり、丘陵斜面に8基の古墳が確認されている。下段に西下塚、中下塚、東下塚が並び、上段に西上塚、中上塚、東上塚が並び、中上塚のさらに上に7号墳があり、中下塚と東下塚の中間地点に8号墳がある。石室は、丁寧に整形して直方体に切った花崗岩を積み上げ、羨道が中央部につく両袖式横穴式石室である。天井は側壁の最上部が斜めに内側に傾き、その上に平らな石を載せた平斜式天井を特徴とし、石室平面は長さ3m前後、幅1.5m～2mの長方形を呈する。その中にあって、中下塚はカマボコ形天井をもち宋山里6号墳の構造に近く、陵山里古墳群のなかではもっとも古い。また、東下塚は平天井で、石室の4壁には四神と蓮花文、飛雲文が描かれた扶餘で唯一の壁画古墳である。6世紀後半～7世紀前半に比定される。この古墳群のすぐ東にある陵山里東古墳群でも、同様の石室が調査された（図51）。

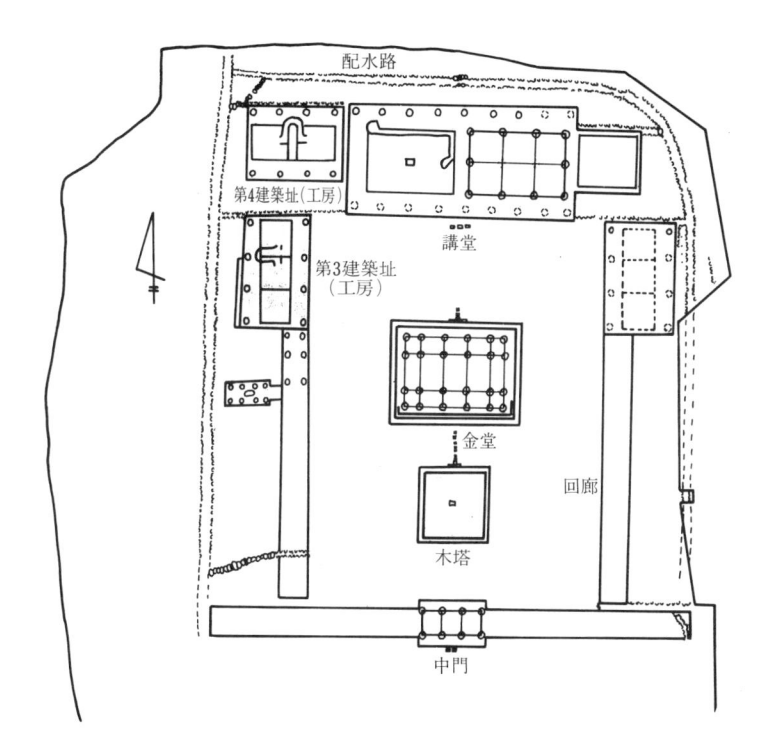

図52 陵山里寺址伽藍配置（国立大邱博物館 1996）

　陵山里古墳群のすぐ西方では、この一帯の整備のために1993年より始められた発掘で、中門・木塔・金堂・講堂が一直線上に並ぶ伽藍が確認され、陵山里寺院址と名づけられた。西回廊に接続する第3建物址では、総高64cmもある大型の金銅製香炉が出土した。龍の体をくねらせた台座の上に蓬莱山、トラ・シカ・ゾウ・サル・イノシシなどの動物や楽士、仙人を表した香炉の身と蓋が載るまれにみる傑作である。また、1995年の木塔址の調査では、塔心礎から花

図53 金銅龍鳳蓬莱山香炉
（国立大邱博物館 1996）

崗岩製の舎利龕（高さ74cm）が出土した。上部がアーチ形となり舎利を納めた龕の正面周囲には、「百済昌王十三季太歳在　丁亥妹兄公主供養舎利」の銘文が刻まれていた。百済昌王は、『三国史記』百済本紀に「威徳王の諱は昌、聖王の元子なり」とあるので、新羅との戦いで戦死した聖王のあとを継いだ威徳王のことであり、「その十三年、干支でいうと丁亥の年に、王の妹あるいは妹夫婦によって供養のため舎利を納めた」と読める。木塔は丁亥の年（567年）から造営が始められた。羅城に接近して造営され、すぐ東には百済王陵地区と推定される陵山里古墳群が位置するので、陵山里寺院址は百済王室と密接な関係があり、王室の菩提寺の役割を果たしていたと考えられる（国立大邱博物館 1996）。

　羅城のなかにある定林寺は王都のほぼ中央に位置し、中門、塔・金堂・講堂が一直線に並ぶ伽藍配置で、中門の前には発掘調査により蓮池が確認された。定林寺のなかで唯一現存する高さ8.3mの五層石塔は、発掘により金堂や中門と同じく創建時のものであることがわかったが、寺の名前が文献にみえず創建年代については不詳なところが多い。石塔の初層塔身には「大唐平百済国碑銘」という題

額があり、塔身四面にわたって唐が百済を滅ぼした（660年）記事が刻まれている。回廊の発掘によって出土した塑像仏頭や陶俑は、北魏（5〜6世紀前半）の陶俑に似ており、泗沘期の創建であることは間違いない。この寺址から発見された高麗時代の平瓦に「定林寺」と書かれていたため、寺址を定林寺とよんでいるが百済時代の呼び名は不明である。

5　周辺地域の文化

都のおかれた地域以外にも百済の遺跡がみつかっている。遺跡の内容と広がりは、百済の領域を考える上でも重要である。

公州から東北方に35kmのところにある新鳳洞古墳群（忠清北道清州市新鳳洞）は、錦江の上流である無心川に面する標高103mの丘陵の斜面に立地する。土壙墓、竪穴式石室墓、横穴式石室墓があり、4〜6世紀のあいだに営まれた古墳群である。ここからは、鉄製甲冑、轡・木芯鉄板張輪鐙・鏡板などの馬具、胡籙金具のほか、漢城や公州の百済土器にはみられない新鳳洞特有の大型杯が出土している。そのうちの把手付杯は、伽耶西部との交流によるもので百済における一地方の特色を示している。さらに上流の鎮川郡石帳里遺跡では、4〜5世紀の製鉄遺跡が見つかっている。遺構は、鉄鉱石や砂鉄から鉄素材をつくり出し、それから製品をつくるまでの工程に使用された製錬炉、精錬炉、溶解炉、鍛冶炉が発掘された。そのうちA-4号炉は、1辺6mの方形竪穴のなかに大小2つの箱型炉が並んでつくられた。大型箱型炉は長さ2.5m、幅0.5mで底に粘土と木炭が敷かれ、製鉄炉と推定された。炉のまわりからは、鉄鉱

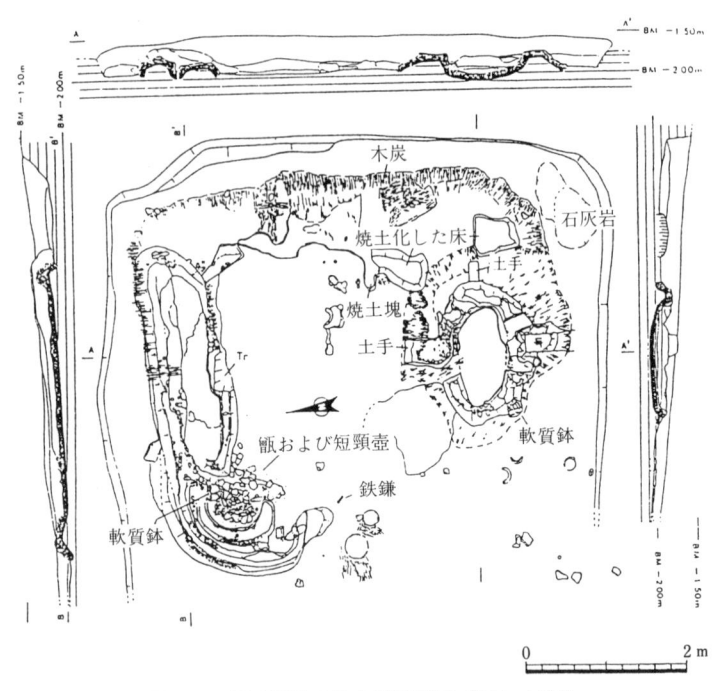

図54 石帳里遺跡4号大形製錬炉（村上 1997）

石、鉄滓、送風管、壊れた炉壁などがみつかっている。朝鮮半島におけるもっとも古い製鉄遺跡のひとつである（村上 1997）。この地域は、百済、高句麗、新羅が抗争したところであり、高句麗勢力が南下しもっとも勢いを増した5世紀後半には、高さ2mあまりの中原高句麗碑が立てられた。その後6世紀後半になると、楼岩里古墳群から出土した短脚高杯にみられるように新羅の勢力が進出してきた。

一方、扶餘から20km錦江を下った全羅北道の益山地域にも古墳群が営まれたが、その多くは横穴式石室である。そのうち笠店里古

墳群のなかの1号墳は、穹窿天井をもつ割石積み片袖式横穴式石室で、構造は中期の宋山里型石室に近い。中国南朝の青磁四耳壺のほか百済土器、金銅製冠帽と冠、金銅製飾履、鉄製輪鐙・楕円形鏡板・魚尾形杏葉・鞍金具などの馬具といった豪華な副葬品がみつかった。後頭部にS字形の飾りがつく冠帽は、熊本県江田船山古墳出土品に類例がみられ、石室構造と副葬品から5世紀末葉〜6世紀初頭に位置づけられる百済の古墳である。益山は、『観世音応験記』（京都・青蓮院所蔵）の末尾に追加された記事によると、7世紀の一時期に都が扶餘から移ったとされるところで、記事にみえる「きぼみつ」と音が通じる「モジミル」という地名がのこり（東・田中1989）、王宮里という地名も現在みられる。その記事に対応するかのように、益山には後期の王陵クラスの特徴である陵山里型石室をもつ益山双陵があり、その石室の規模は陵山里古墳群より大きく百済末期とされる。また、中門、塔、金堂が縦1列に並んだ伽藍を、中央と左右に3列配置し、中央の金堂のうしろにひとつの大きな講堂を共有した広い寺域をもつ弥勒寺があり、1980〜89年の発掘調査により蓮花文軒丸瓦、銘文瓦、金銅風鐸、土器など1万8千点あまりの遺物が出土した（国立扶餘文化財研究所 1996）。創建は7世紀にまでさかのぼるが、統一新羅、高麗の遺物も多い。このようにみてくると、遷都の有無は別にしても益山は7世紀の百済の一大中心地であったことは確かである。

　錦江を下り西海に出て舟を南へ漕ぎ出すと、目の前に辺山半島が突き出ている。半島の先端に5世紀の祭祀遺跡である竹幕洞遺跡があり、ここは錦江河口から約42kmの距離にある。遺跡は標高22mの島状に高くなった崖の上に立地し、地表下10〜15cmのところか

ら石製模造品、土製馬、亀甲文透彫鞍金具・剣菱形杏葉などの馬具、銅鏡、矛・刀・剣などの鉄器、筒形器台・鉢形器台・高杯・杯・甕・壺などの百済土器が出土した。石製模造品と大甕、瘤付き壺は一般の集落遺跡や墓にはみられず、祭祀遺跡に特徴的なものである。石製模造品には、有鈕鏡、有孔円板、勾玉、臼玉、剣形、革袋入り刀子、鎌、斧、短甲があり、倭（日本列島）の祭祀遺跡とも共通する内容をもっている。素材となった滑石の産地は全羅北道で確認されている。一方、高さ100cmをこえる大甕や肩に瘤がついた直口壺（大型品は高さ50cmをこえる）はこの遺跡に特有なものである。西海に突出した遺跡の立地からみて、航海の安全を祈ったのであろう（国立全州博物館 1994）。

　全羅南道に入ると、ここは甕棺墓社会であったが、5世紀末から6世紀初めにかけて百済の勢力が進出し横穴式石室が広がった。墳丘をもつ甕棺墓は萬家村遺跡のように原三国時代からみられ、ひとつの墳丘に多数の甕棺が埋葬された。5世紀になると甕棺は大型化し、副葬品も豊かになった。羅州郡潘南面にある新村里9号墳は、1辺35m、高さ5.5mの方形墳で、9m四方の墳頂平坦面に10基の甕棺が上下2層に分かれて埋葬されていた。上層の乙号甕棺は全長250cmあり、長さ183cm、口径106cmの大甕と口径71.5cmの小甕が組合う合口式甕棺で、棺内には金銅冠、金銅冠帽、単鳳凰文環頭大刀、銀装三累環頭大刀、円頭刀子、金銅飾履、垂飾付耳飾のほか槍・鋸・鏃などの鉄器、金空玉・銀空玉・ヒスイ勾玉・ガラス丸玉などの装身具や壺・杯の土器が副葬されていた。壺は棺外にも大型品が副葬された。副葬品は新羅、伽耶や百済中心部の古墳と比べても遜色なく、地域的な特徴のある立飾をもつ金銅冠の出土からみて在

地有力豪族の墓とみられる。

同じ地域にある伏岩里3号墳は、新村里9号墳とほぼ同じ規模の墳丘をもち甕棺、石槨、横穴式石室という異なった墓制が混在する。墳丘のほぼ中央に位置する両袖式横穴式石室のなかに4個の大型甕棺が埋葬され、金銅飾履が副葬されていた。この地域に百済の横穴式石室が流入してきたことを示し、甕棺墓社会から横穴式石室墓社会への過渡期の古墳とみることができる。

横穴式石室をもつ古墳のなかで、墳丘が日本の前方後円墳とよく似た形の古墳が全羅南道の西側を南流する栄山江流域に集中している。前方後円墳は日本の古墳時代の墓制で、大和王権の中心地である奈良、大阪には巨大な前方後円墳が集中し、本州・四国・九州の各地に分布の広がりをみせている。王権と密接な関係があり、その象徴として造営されるため、地方での出現は王権との政治的関係が結ばれたことを意味する。したがって、古墳時代の社会を前方後

表1　前方後円形古墳一覧表

古墳名	所在地	墳丘全長	内部主体
月渓長鼓墳	霊光郡月渓	41.2m	
長鼓山古墳	咸平郡竹巖里	70m	
新徳古墳	咸平郡礼徳里	51m	横穴式石室
チャラボン古墳	霊岩郡泰澗里	35.6m	石室
明花洞古墳	光州市明花洞	33m	横穴式石室
月桂洞1号墳	光州市月桂洞	43.5m	横穴式石室
月桂洞2号墳	光州市月桂洞	34.5m	横穴式石室
長鼓山古墳	海南郡方山里	77m	
龍頭里古墳	海南郡龍頭里	40.5m	

(朴仲煥　1996をもとに作成)

174

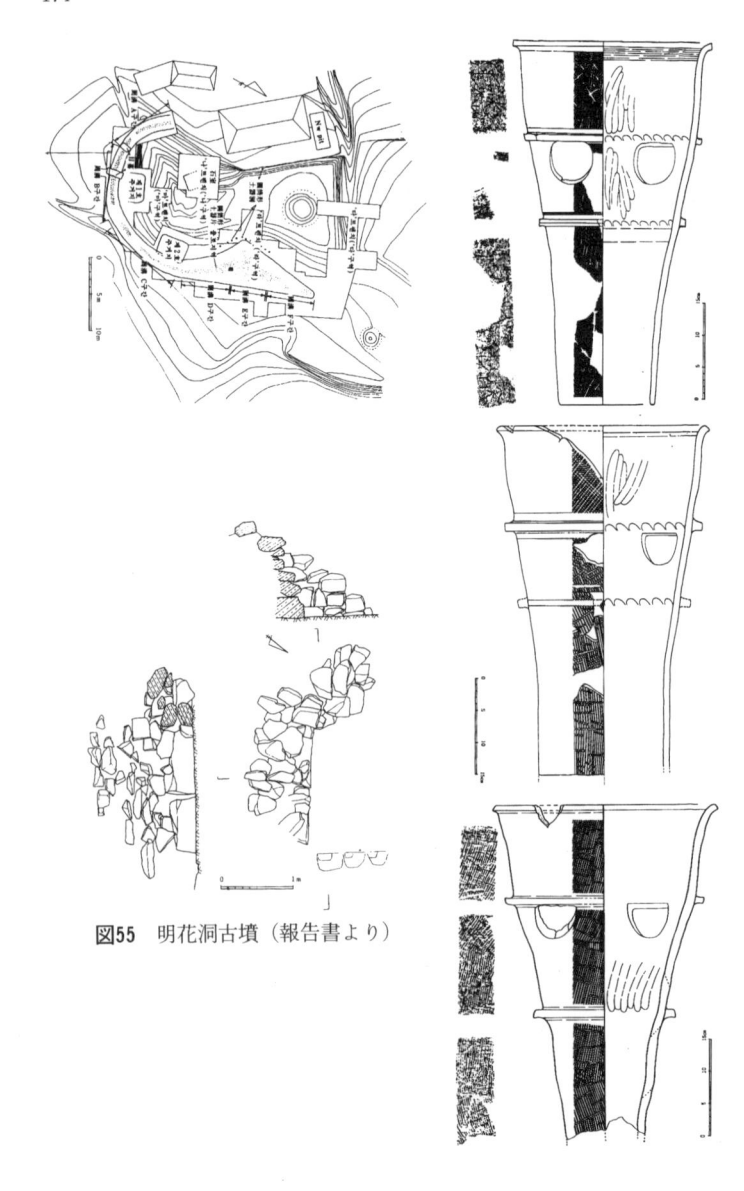

図55 明花洞古墳（報告書より）

円墳体制とよぶこともある。全羅南道のこれらの古墳は実測図をみるかぎりでは前方後円墳とよく似ているが、大和王権との政治的関係が結ばれたかどうかはまだよくわからないので、ここでは形態を示す言葉として用い、前方後円形古墳と呼んでおく。今までの測量によると、表1にあるように前方部と後円部をもつ前方後円形古墳が9基認められ、そのうち5基は内部主体と墳丘、周溝が発掘調査された。

1994年に発掘調査された明花洞古墳は9基の古墳のなかでは小規模であり、円形部径18m、高さ2.37m、方形部幅24m、高さ2.73mと方形部が発達しているのが特徴である。円形部の中央からやや側面の位置に、残りはよくないが割石積横穴式石室と推定される埋葬主体部が検出され、そこから金銅耳環、鉄鏃、鉄斧、鉸具、蓋杯・筒形器台などの土器が発見された。墳丘くびれ部の裾では、2段のタガと半円形透孔をもつ高さ52〜57cmの円筒埴輪形土器が一列にならび、墳丘の外側をめぐる周濠内からは数多くの円筒埴輪形土器片が発見された（国立光州博物館 1996）。円筒埴輪形土器の製作にみられるタタキ技法は在地の伝統的な土器製作法を引き継いでいるが、その器形や配列は日本列島の古墳にみられる埴輪と埴輪列に通じ、墳丘のまわりに盾形周濠をもつなど日本の前方後円墳と似た要素が明らかとなった。また、新徳古墳の横穴式石室は九州北部の石室との類似が指摘されている（羽生田 1996）。発掘された前方後円形古墳は、石室構造や副葬品からみて5世紀〜6世紀に位置づけられる。倭と関係があったことはもはや否定できないが、大和王権と直接の関係があったのか、前方後円墳を造営した北九州などの豪族との関係があったのか、あるいはそれ以外の要因で造営されたのか、

被葬者は在地豪族なのか倭人なのか、これらの解釈をめぐってはまだまだ未解決の問題も多く今後の課題である。

第7章　伽　耶

1　伽耶の国々

　『三国志』魏書東夷伝によれば、3世紀の朝鮮半島南部には馬韓・辰韓・弁韓があり、それぞれが50余国・12国・12国に分かれていた。4世紀になると馬韓の伯済国から百済がおこり、辰韓の斯盧国から新羅がおこり周辺の国々を統一していったが、弁韓の地では有力な国々が興ったものの統一するまでにはいたらず、分立した状態のままであった。それらの国々は伽耶諸国とよばれ、伽耶（カヤ）は加耶、加羅、駕洛とも記された。『三国遺事』には金官国・阿羅伽耶・古寧伽耶・大伽耶・星山伽耶・小伽耶の名前がみえ、その範囲は、東は黄山江（洛東江）、西南は潺海（南海）、西北は地理山（智異山）、東北は伽耶山（伽倻山）と記される。すなわち、西の百済と東の新羅にはさまれた、地形的には太白山脈と小白山脈にはさまれた洛東江およびその支流域に伽耶の国々が存在した。414年に建立された高句麗の広開土王碑には、金官国をさす「任那加羅」、阿羅伽耶をさす「安羅」の文字が見え、中国の『南斉書』には「加羅国王荷知」の名がみえる。

　各国には、その国の支配階層やその下にあって小地域を支配した

表2 伽耶の国々と古墳群

国名	所在地	おもな古墳群	おもな出土遺物
金官	金海	大成洞古墳群	筒形銅器、巴形銅器、甲冑
——	東萊	福泉洞古墳群	馬冑、甲冑、環頭大刀、鉄鋌、金銅冠
		蓮山洞古墳群	甲冑、円頭大刀
——	梁山	北亭里古墳群	山字形金銅冠、円頭大刀、金銅馬具、鉄鋌、蛇行状鉄器
達句火（卓淳）	大邱	達城古墳群	山字形金銅冠、金銅馬具
押督	慶山	林堂洞・造永洞古墳群	山字形金銅冠、帯金具、胡禄、
比自火（比自㶱）	昌寧	校洞古墳群	山字形金銅冠、有銘円頭大刀、龍鳳文環頭大刀
		桂城里古墳群	山字形金銅冠、「大干」銘高杯
星山（伴跛）	星州	星山古墳群	三葉文環頭大刀
——	義城	塔里古墳	金銅冠、帯金具、飾履、三葉文環頭大刀
——	善山	洛山洞古墳群	
大伽耶（加羅）	高霊	池山洞古墳群	金銅冠、鍍銀銅冠、甲冑、三葉文環頭大刀
——（多羅）	陝川	玉田古墳群	龍鳳文環頭大刀、甲冑、蛇行状鉄器、山字形金銅冠
阿羅（安羅）	咸安	道項里・末伊山古墳群	馬甲、環頭大刀、鉄鋌
小伽耶（古嗟）	固城		
——	山清	中村里古墳群	単鳳文環頭大刀
——	咸陽	白川里古墳群	馬具、胡籙
——（己汶）	南原	月山里古墳群	甲冑、高霊系土器、ミニチュア鉄斧
——（滞沙）	河東		

国名は『三国史記』『三国遺事』による。（　）内は『日本書紀』による国名。
——は国名不明。

第 7 章 伽耶 179

図56 伽耶の古墳分布図

階層を埋葬した古墳群が尾根の頂部や山麓に造営され、山の頂部には山城がつくられる（表2）。高霊や咸安では平地に王宮址と伝えられる場所があるが、その実在についてはまだ不明である。初期の頃は原三国時代の系譜を引く小型と大型の木槨墓がつくられるが、やがて石槨墓や竪穴式石室墓が現れ、5世紀後半には横口式石室、そして6世紀になると横穴式石室が営まれはじめた。木槨墓から石槨墓、石室墓への変化は5世紀中葉頃に行われ、その頃に高塚とよべる高い墳丘も出現する。伽耶は、陶質土器や大型木槨墓の出現と周辺の新羅、百済の成立事情からみて、4世紀にはすでに成立していた。

2 金海の古墳

慶尚南道金海市にある大成洞古墳群は、金海平野を南にのぞむ標高23mの独立した細長い丘陵上に立地する。1990～1991年の第1次、第2次調査では、丘陵の上にある39基の墓が発掘されたが、1991～1992年に第3次調査が行われた丘陵周辺部もふくめると100基に及ぶ。全体でみると2世紀末から7世紀にわたって木棺墓、木槨墓、竪穴式石室、横口式石室、横穴式石室などが営まれたが、その中心は丘陵上の木槨墓であり、3世紀末～5世紀前半にかけて墓の規模がもっとも大きくなった。金海平野をのぞむ好立地にあり、墓の規模が大きく副葬品も豊かであることから、金官国の首長を埋葬した古墳群と考えられる。丘陵上にある39基の古墳のうち、まず大型木槨墓で主槨と副槨の2つの木槨がつくられた首長墓としての条件をそなえる墓を選び出すと182頁の表のようになる。

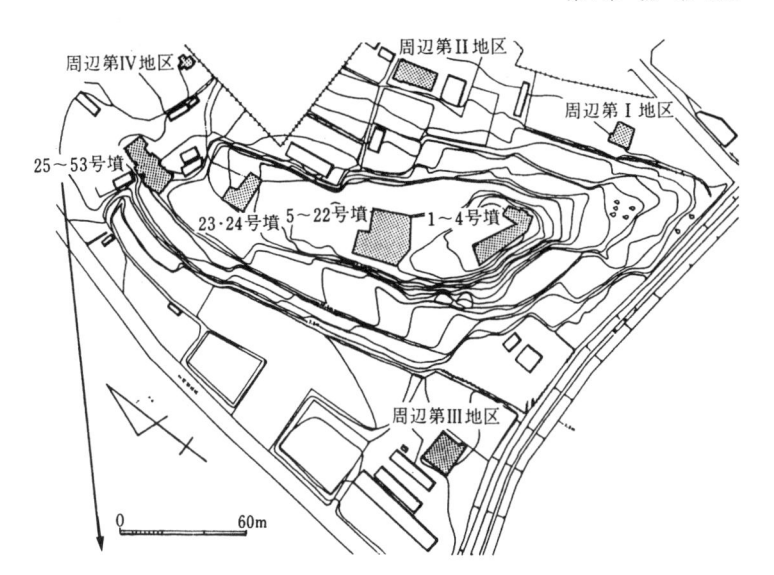

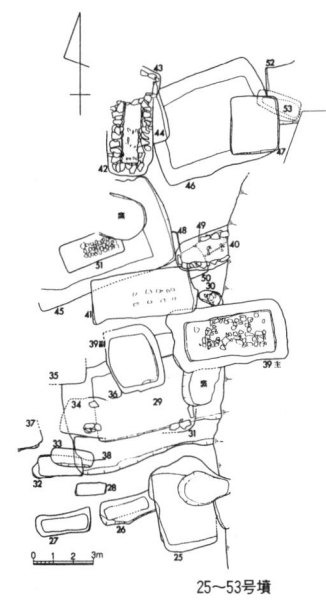

図57 大成洞古墳群（金海市 1998）

これらは、主槨と副槨を別々の墓壙で直列にならべてつくり、副槨は長さに対して幅が広い特徴をもつ。墳丘はほとんど認められないが、主槨と副槨をあわせた長さは8m以上におよび、ほかのどの古墳よりも規模が大きい。副葬品をみると短甲・挂甲・縦長板革綴冑などの甲冑類、大刀・鉄鉾などの武器類、杏葉・轡などの馬具類、巴形銅器・筒形銅器などの倭系遺物がみえ、複数の人間が殉葬されているのが特徴である。

25～53号墳

	主槨	副槨	主な副葬品	時期
13号墓	480×250cm	(370×440cm)	大刀、曲刀、巴形銅器	4世紀前半
3号墓	530×250cm	(350×370cm)	甲冑、杏葉	4世紀後半（古）
39号墓	425×200cm	210×245cm	甲冑、大刀、轡、筒形銅器	4世紀後半（新）
2号墓	(845×436cm)	(335×420cm)	甲冑、馬具、鉄鋌、筒形銅器、巴形銅器	4世紀末
7号墓	550×300cm	215×290cm (260×380cm)	甲冑、鉄鉾	5世紀前葉

＊副槨の規模が不明なものはその掘りかた（墓壙）を（ ）で示す。したがって7号の副槨でみるように木槨は墓壙よりひとまわり小さくなる。

13号墓に甲冑や馬具が副葬されなかったのは、伽耶の初期段階ではそれらがまだ出現していなかったためであろう。これらの首長墓はまさに金官国の王墓とよぶにふさわしく、4世紀前半に登場し各世代ごとに継続して営まれ5世紀前半までつづいた。その後、木槨墓の造営は途絶え6世紀前半になって石室墓が現れるが、これはもう王墓とはよべない小規模なものである。

次に、大成洞古墳群中の副槨をもたない大型木槨墳で、主槨と副槨をもつ首長墓と共通した副葬品が出土した古墳をあげると次のようになる。

主槨のみでくらべると、首長墓と大きさにおいてほとんど差がなく、29号墓や11号墓はそれよりも大きく、副葬品も遜色ない。23号墓は同時期の3号墓にくらべ規模はやや小さいが、方格規矩四神鏡や長さ40cmをこえる大型鉄鋌60余点を副葬し、殉葬人骨もみられ、首長墓に匹敵する内容をもっている。45号墓は、朝鮮時代の窯により大きく破壊されたが、大型木槨墓であり多数の鉄剣とともに湾曲させた環頭大刀を副葬しており、4世紀後半の首長墓になる可能性

	木槨	主な副葬品	時期
29号墓	600×300cm（残存長）	板状鉄斧、大刀、銅鏃	3世紀後半
18号墓	330×180cm	甲冑、環頭大刀、筒形銅器、紡錘車形石製品	4世紀前半
23号墓	440×260cm	方格規矩四神鏡、甲冑、環頭大刀、曲刀、鉄鋌	4世紀後半（古）
45号墓	(720×453cm)	環頭大刀、鉄剣	4世紀後半（新）
1号墓	(806×？)	馬冑、金銅製馬具、筒形銅器	5世紀前半
11号墓	630×330cm	甲冑、馬具、鉄鉾、筒形銅器	5世紀前半
8号墓	548×232cm	鉄鉾、馬具	5世紀前半

もある。しかし、墓制の上で副槨をもたないことは大きな差であるので、首長墓と区別して首長級墓とよぶことにする。その被葬者は首長と同等あるいはその次の階層に位置づけられる。この大成洞古墳群では、さらにその下位に長さ3〜4mの木槨墓で、副葬品が豊かでない墓がある。このようにみてくると木槨の規模と副葬品の内容から、支配階層のなかをさらにいくつかの階層に分けることができる。

　伽耶の始まりについては、首長墓が出現する4世紀前半からとする考えと、首長級墓が出現する3世紀後半からという2つの意見がある。首長墓は13号墓にはじまり、主槨・副槨と分かれた最上位の墓制はその後も継続しており、あきらかに金官国の王墓と認められる。それに対して、首長級墓の出現段階である29号墓は木槨の大きさでもひけをとらず、150枚の板状鉄斧を床に敷き、副葬品のなか

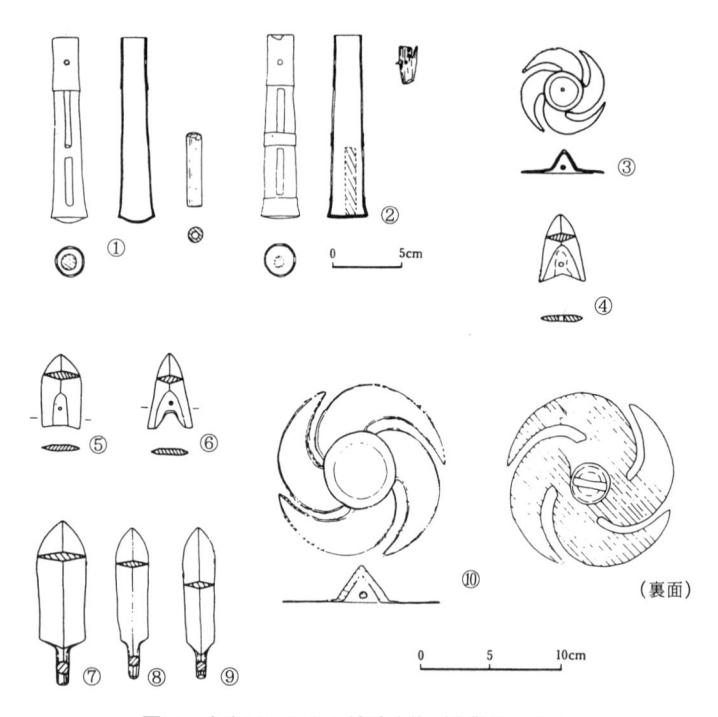

図58 金海周辺出土の倭系遺物（申敬澈 1992）
①②筒形銅器　③巴形銅器　④碧玉製無茎鏃（以上、大成洞2号墳）
⑤⑥碧玉製無茎鏃　⑦⑧⑨碧玉製有茎鏃　⑩巴形銅器（以上、大成洞13号墳）

に新しく出現した初期の陶質土器がみられる。ここに画期を認め、主槨と副槨の区別が生じる一段階前の3世紀後半から王墓が出現したとみる考えもある。このような考えでも、4世紀前半に副槨が出現するのは墓制の上で大きな画期と認めざるをえない。大成洞古墳群の理解は伽耶の成立に関して重要な鍵を握っている。

　金海、釜山地域の4～5世紀前半の古墳からは、伽耶の他地域で

はみられない倭系遺物が多数出土する。倭系遺物とは、日本列島で製作されて朝鮮半島に伝わった遺物をいい、この時期には筒形銅器、巴形銅器、鏃形石製品などがみられ、倭との活発な交流を示している（図58）。筒形銅器は、全長15cm前後、直径2.5cmくらいの中空の銅製品で、槍や矛の一部を構成し、その石突にあたる位置から出土する例もあるが、それのみ単独で宝器的扱いをうけて副葬される例も多い。倭では約70点が知られ、畿内でもっとも多く出土しており、権威の象徴として大和王権から各地の首長へ配布されたと理解されている。倭での出土数が多いことから、伽耶から出土する筒形銅器も大和政権をつうじて伝えられたと考えられたが、大成洞、良洞里、福泉洞の古墳群の発掘などをつうじて、朝鮮半島でも60点近くが知られるようになり、その製作地を含めて再検討が迫られている。

3　高霊の古墳

　慶尚北道高霊郡には8つの邑（村）があり、それぞれの邑ごとに古墳群と山城がみられる。各古墳群は、洛東江支流の大伽川流域にひろがる平地をのぞむ丘陵上に立地する。そのなかでも高霊邑にある池山洞古墳群がもっとも規模が大きく、標高321mの主山から南にのびる尾根の主稜線上と、そこから東南に枝分かれする稜線の上や斜面に営まれる。主山には山城が築かれ、山麓の平地には王宮址と伝えられている場所がある。大成洞古墳群とは異なり、円形の墳丘をもち、その外周には外護列石がめぐり、中心部に竪穴式石室がつくられる。古墳の分布をみると、山腹一帯に直径10m前後の小

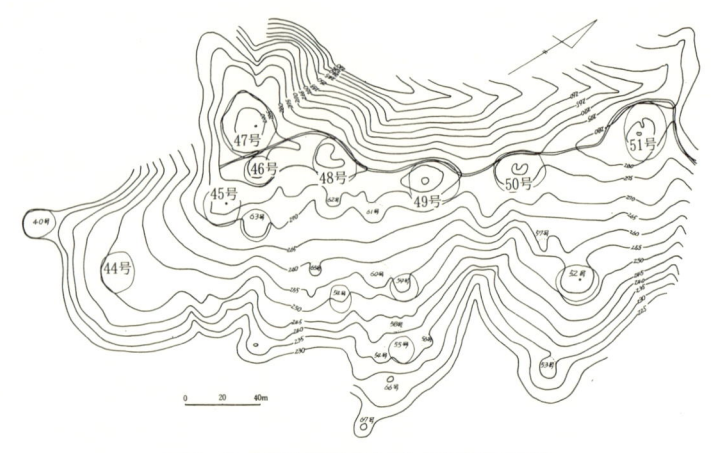

図59 池山洞古墳群分布図 (高霊郡 1979)

型墳や、墳丘の有無がわからない石槨墓が営まれ、中腹や低い稜線上に直径10～15mの中型墳が、高い稜線上には直径20mをこえる大型墳が営まれる。そして、主山からつづくもっとも高い尾根上には直径40mをこえる特大型墳である47～51号墳の5基が1列に並ぶ（図59）。そのうち47号墳（旧39号）は1939年に発掘調査され、長さ9.8mの竪穴式石室のなかから金製耳飾、獣面帯金具、銀釧、金銅製龍文透彫半円筒形胡籙、単龍文環頭大刀が出土した。立地条件、墳丘規模、副葬品からみて王陵にふさわしい古墳である。そのすぐ下には45号墳が、尾根をすこし降りて44号墳があるが、この2基の大型墳は1977～78年に発掘調査された。45号墳は、主石室に3体の埋葬があり、中央の1体が主被葬者で前後の2体が殉葬者である。殉葬は石室のみでなく、墳丘内にほぼ同じ時期につくられた11基の石槨にも行われた。殉葬者に共通してみられるのは、副葬品が貧しいにもかかわらず金あるいは銀製の耳飾をもっていることであ

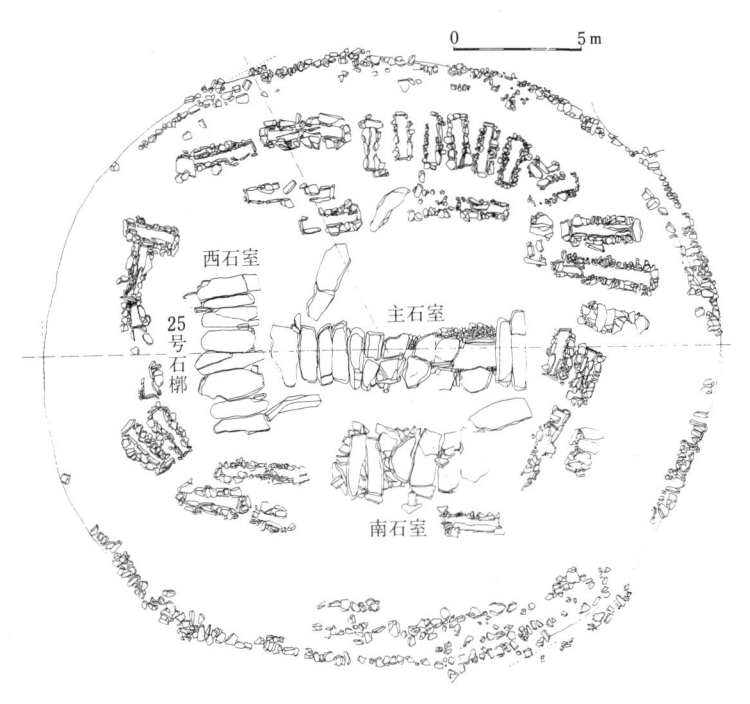

図60 池山洞44号墳（高霊郡 1979）

る。そして、石室内の殉葬者は石槨内にくらべてより豊かな副葬品をもっている。主人の身近に仕えていた人びとであろうか。

　44号墳でも墳丘の中央に主石室がつくられ、その南に平行して南石室が、西に直交して西石室が整然と配置されている。主石室からは、内湾楕円形鏡板、剣菱形杏葉、木芯鉄板張輪鐙、鞍橋などの馬具、冑の伏鉢、鉄矛、銅盒が出土しているのに対して、他の２つの石室では伽耶土器のみの副葬である。そして、西石室では人骨の埋葬も確認されたので殉葬者の石室とされた。さらに、石室の

表3　池山洞古墳群

古墳名	墳丘規模	内部主体	主体部規模	おもな副葬品	時期
30号	18m	(主) 竪穴式石室	6.45m	胡籙金具、馬具、鉄鋌	5世紀中葉
		(副) 竪穴式石室	4.00m		
33号	8.2m	竪穴式石室	4.5m	銀耳飾	5世紀中葉
35号	12.8m	竪穴式石室	6.66m	大刀、馬具、小型鉄斧	5世紀中葉
32号	11.2m	竪穴式石室	5.64m	金銅冠、甲冑、馬具	5世紀後半
		石槨	2.5m		
34号	15.0m	竪穴式石室	6.33m	紡錘車	5世紀後半
		石槨	3.12m		
44号	27.0m	(主) 竪穴式石室	9.4m	冑、馬具、銅盒	5世紀末
		(副) 竪穴式石室(南)	5.1m		
		(副) 竪穴式石室(西)	5.7m		
45号	23.5m	(主) 竪穴式石室	7.15m	草花形金銅冠飾、金製耳飾、三葉文環頭大刀、馬具	6世紀初
		(副) 竪穴式石室	4.88m		
47号	49m	竪穴式石室	9.8m	金製耳飾、胡籙、単龍文環頭大刀、金製耳飾	6世紀前半

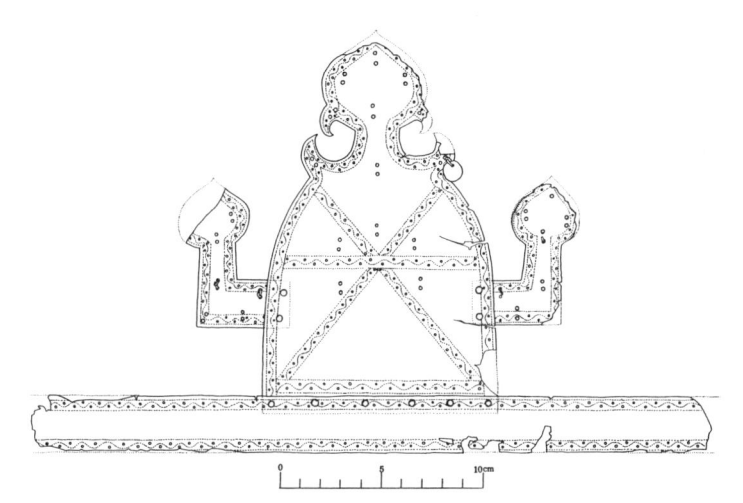

図61 池山洞32号墳金銅冠

外側の墳丘内には32基の石槨が二重の円を描くように規則的に配置された（図60）。内側の円の位置にある7基の石槨からは、伽耶土器のほか金や銀あるいは銅製の耳飾が出土し、人骨からみた年齢は20～30歳代と若い。また、そのうち3基からは紡錘車が出土しているので、女性の殉葬と考えられる。同じ内槨の位置にある25号石槨は耳飾をもたないが、板石で副槨を仕切り馬具や鉄器を副葬した。外槨の石槨は土器のみの副葬であり、規模も小さいものが多い。このように見てくると、大型墳へ殉葬された人びとのなかにも階層差が認められる。

中型墳の32号から出土した金銅冠は、額当式あるいは前立式とよぶ前頭部にのみ立飾りがつき頭のまわりを全周しない伽耶地域独自の形態で、新羅の頭を全周する山字形冠と区別される（図61）。しかし、立飾りの左右に張り出した枝と頂部に立つ宝珠形は新羅の冠

とも共通する。副葬された土器のなかに新羅土器が1点あるので、新羅との交流がうかがえる。頭の位置ではなく足元に副葬され、この場所にはほかに横矧板鋲留短甲、横矧板鋲留衝角付冑、縦長板冑、挂甲、f字形鑣轡、木芯鉄板張輪鐙が副葬された。墳丘規模は小さいが、5世紀後半の古墳のなかではもっとも豊かな副葬品をもっている。ここよりさらに低い標高60mの山麓には、1994〜95年に調査された30号墳がある。中央の竪穴式石室から金銅冠とみられる破片や内湾楕円形杏葉、輪鐙などの馬具、長さ21〜26cmの鉄鋌20枚が出土した5世紀中葉の古墳である。

　池山洞古墳群は、発掘調査された古墳がまだ少なく全貌を知ることはできないが、今までの報告からみると古墳群造営の始まりは5世紀中葉でその終末は6世紀代にある（表3）。金官国の王墓である大成洞古墳群が5世紀前半で終焉をむかえるのに対応して、古墳群の造営が始まった。そこで、5世紀中葉を境にして、それ以前を前期伽耶、それ以降を後期伽耶とよぶこともある。5世紀中葉に始まった池山洞古墳群は、まず低い尾根上や丘陵の斜面に中型墳、小型墳がつくられはじめ、しだいに尾根の上方へあがっていき、5世紀末にはもっとも高い尾根の近くにまで達し大型墳が出現した。尾根上の特大型墳の出現時期がわからないが、この流れのなかで理解すれば6世紀代の古墳といえよう。金銅冠を出した32号墳を首長級墓とみれば、首長層がしだいに強大化していく過程を古墳の大型化という変遷のなかに読み取ることができる。

4　伽耶土器

　伽耶土器は、伽耶地域から出土する陶質土器をいう。新羅土器と胎土、焼成、器種に共通する点が多いが、脚付把手付短頸壺や両耳付盒子形土器に伽耶独自の器種がみられる。百済土器も陶質土器の一種であるが、灰色を呈しやや軟質の感がある。

　陶質土器は登窯で還元炎焼成した青灰色硬質の土器をいい、4世紀にはすでに出現しているが、この段階ではまだ伽耶と新羅の土器は類似している。4世紀末から5世紀初頭になると洛東江を間にはさんだ東岸と西岸で違いが生じ、東岸では高杯脚部の2段透孔が上下交互につくのに対して、西岸では上下が直列につくようになった。この段階では、新羅土器はまだ東岸の土器のなかに含まれ、地域色は明確になっていない。5世紀中葉以降になると、慶州を中心とした新羅土器がはっきりと地域色を出しはじめ、伽耶諸国でもいくつかのグループに分かれて地域色をみせている。これらの伽耶土器を分布の中心となる地域名をつけて、義城型土器、星州型土器、昌寧型土器、高霊型土器、咸安型土器、泗川・固城型土器などとよんでいる（定森 1992）。高杯の透孔や蓋の鈕に地域的な特徴がよく現れ、これに長頸壺の特徴が加わる。伽耶土器は地域的に細分されるが、大きくみると4世紀末以降の2段透孔の配列のちがいは6世紀までつづき、洛東江西岸群と洛東江東岸群に土器文化圏が分かれる（図62）。

　義城型土器は無蓋高杯にその特徴が現れる。脚は太くずん胴の感があり端部の開きが少なく2段交互透孔をもつ。慶尚北道義城郡の

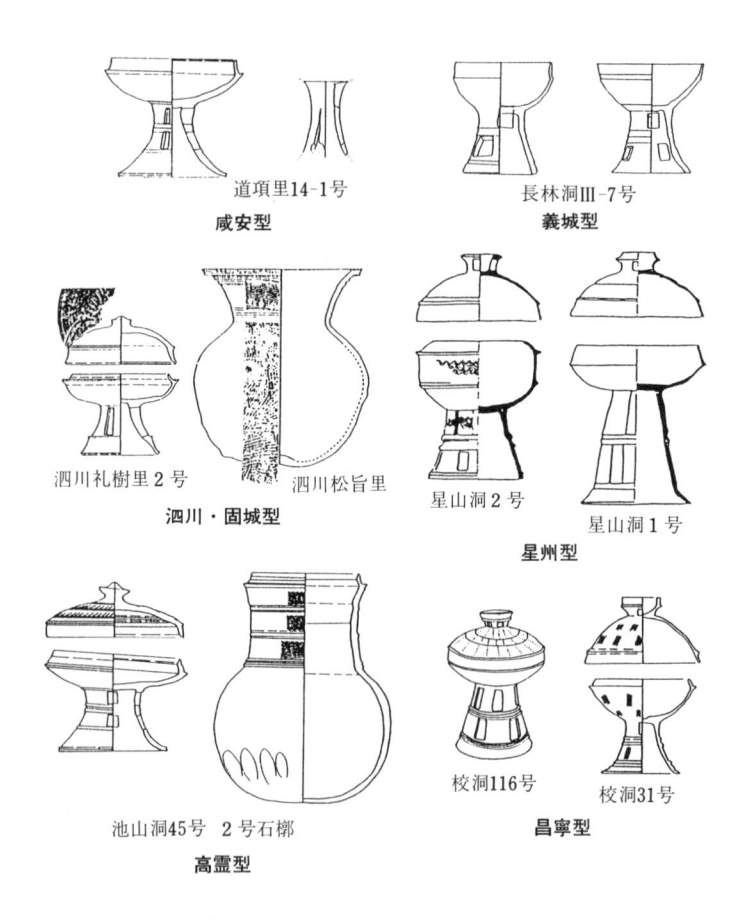

図62 伽耶土器の地域色（定森 1992）

塔里古墳、長林洞古墳群などの義城地域にかぎられる。

　星州型土器は有蓋高杯にその特徴がみられる。蓋の鈕に1段の方形透孔をもち、その上部が断面「く」字形になり、身の脚部の透孔は2段交互にあく。慶尚北道星州郡は洛東江西岸にあり、高霊から

も直線距離にして北に25kmと近いが、2段交互透孔は洛東江東岸の高杯の特徴であり、この地が東岸群に属することを示している。

昌寧型土器は、有蓋高杯の蓋に特徴を見出せる。蓋の鈕が脚部を倒立させた形を呈し、鈕中段につく突帯の下段に方形透孔をあけ上段を垂直に立ち上がらせる。慶尚南道昌寧郡の校洞古墳群、桂城里古墳群から出土している。

咸安型土器は、高杯の脚部に円形と三角形が結合した火炎形透孔があき、身に蓋受けがない無蓋高杯である。慶尚南道の咸安郡末伊山・道項里古墳群、昌原市道渓洞古墳群、馬山市縣洞古墳群から出土する。慶州市月城路カ-5号墳から出土した火炎形透孔高杯は、この地域からの移入品であろう。

泗川・固城型土器は、有蓋1段透孔高杯と水平口縁をもつ小型壺を特徴とする。透孔は、縦に細長い三角形または四角形で、透孔の下に1条の稜線をもつ。晋州市加佐洞古墳群、泗川郡礼樹里古墳群、固城郡悟芳里古墳群などの慶尚南道西南海岸から洛東江の支流である南江流域に分布する。

高霊型土器は有蓋高杯と長頸壺に特徴がある。有蓋高杯の脚部は下部にむかい大きく開き、透孔が2段直列に配置される。その蓋の鈕は扁平で中央が突出する。長頸壺は口縁部が内傾し蓋受けをつくりだしている。ほかに、小型筒形器台、低脚高杯形器台、蓋受けが段状になる蓋杯が高霊地域の特色ある器形である。高杯は古い段階では脚が長いが、時期が下がるにつれて短く太くなる傾向があり、その変遷をおうことができる。また、鈕はしだいに中央部の突起が高くなり山高帽状になる。このような変化は、土器編年の重要なポイントである。慶尚北道の高霊郡池山洞古墳群、慶尚南道の陝川郡

玉田古墳群・鳳渓里古墳群・倉里古墳群・三嘉古墳群、晋州市水精峰・玉峰古墳群、居昌郡末乞里古墳群、咸陽郡白川里古墳群、全羅北道任実郡の金城里古墳群などの洛東江西岸から小白山脈にかけての広い範囲に分布し、他の土器とは様相が異なる。高霊地域で一元的に生産されて各地に運ばれたのか、地元で生産されたのかはまだよくわかっていないが、高霊型土器が小白山脈をこえた南原や任実まで広がるのは、5世紀末〜6世紀初である。池山洞古墳群では高い尾根に大型墳が登場する時期にあたり、そこに政治的動向を読み取る考えがある。すなわち、百済や新羅の情勢に対応して高霊にあった大伽耶を中心とする連盟体が形成されたという（鈴木ほか1998）。

　高霊型土器のなかには、「大王」銘がヘラ書きされた長頸壺（忠南大学校所蔵）がある。出土地は不明であるが、土器編年からみると6世紀前半のもので、この時期に伽耶の支配階層のなかに大王とよばれる人がいたことを示している。また、陜川郡苧浦里E-4号墳からは、口縁内側にヘラ書きで「下部思利己…」と記された6世紀中葉の平底短頸壺が出土している。文献によれば、下部は百済の統治制度である五部制のなかにみられるので、それにつづく「思利己…」は百済人の名前であろうか。あるいは文献には出ていないが、伽耶の統治制度を示すものだろうか。

5　さまざまな副葬品

　原三国時代に普及しはじめた鉄器は、この時代になるとさらに数量が増し、伽耶の古墳に大量に副葬されるようになる。新羅の古墳

では、鉄器はもちろん副葬されるが金、金銅や銀製の装身具が権威の象徴として副葬されるのに対して、伽耶では耳飾に金製品がみられるほかは金・銀製品は少なく、甲冑、環頭大刀などの鉄を主体とする製品が権威の象徴として副葬された。

(1) 環頭大刀

　古墳の副葬品のなかでは、とくに鉄製の武器と武具が多いのが目立つ。刀、剣、矛、槍、鏃などの武器のうち、装飾性が高く実戦用というよりも所有者の権威を象徴するものに環頭大刀がある。環頭大刀には素環頭大刀、三葉文環頭大刀、三累環頭大刀、龍鳳文系環頭大刀、獅噛環頭大刀の種類があり、ほかに柄頭に銀や金を被せた装飾性の高い円頭大刀がある。このうち伽耶の特徴を示すのが龍鳳文系環頭大刀である。龍鳳と一括して呼んでいるが、環のなかには金銅製の単鳳、双鳳、単龍、双龍、龍と鳳凰が絡みあった龍鳳などがはめ込まれている。また、環の外周にも、環内の文様とは独立して龍が彫り込まれ、金や銀で装飾される。陜川郡の玉田古墳群M3号墳（5世紀第4四半世紀）からは7口の環頭大刀と6口の直刀が出土したが、環頭大刀はすべて素環頭か龍鳳文系であった（図63）（慶尚大学校博物館 1990）。そのほか、池山洞32 NE-1号墳、慶尚南道山清郡中村里3号墳から単鳳文、池山洞47号墳、昌寧校洞10号墳から双龍文が出土しており、分布の中心は洛東江西岸にある。時期的にもっともさかのぼる例は、伽耶ではなく百済の地である忠清南道天安郡の龍院里1号石槨墓から出土している。単鳳文環頭大刀は、共伴した木芯鉄板張輪鐙、剣菱形杏葉や中円板胡籙金具の型式からみて5世紀中葉に位置づけられるので、龍鳳文系環頭大刀の系

素環頭

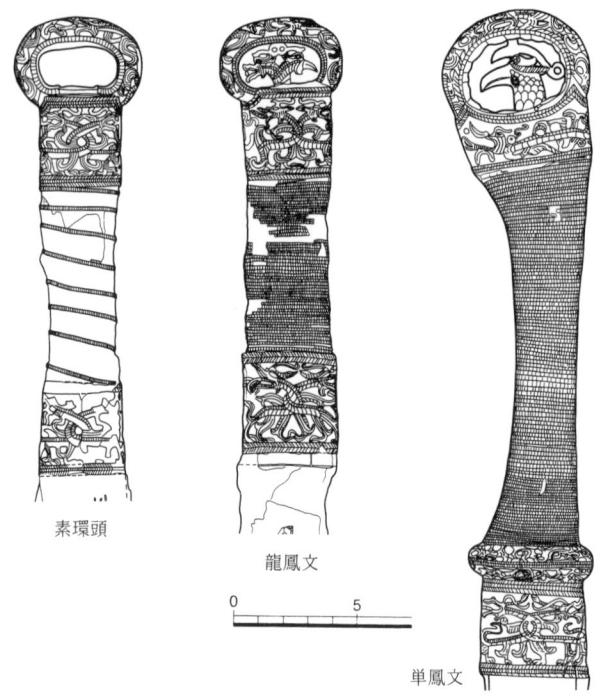

龍鳳文

単鳳文

図63 玉田M3号墳出土環頭大刀（慶尚大学校博物館 1990）

譜を百済に求めることができる。新羅でも、天馬塚、飾履塚、壺杅塚の3古墳から出土しているが、これらは伽耶からもたらされたものである。

　三累環頭大刀は、新羅の王陵級の古墳から出土し新羅の王権を象徴するものであるが、伽耶でも洛東江東岸から出土している。達城37号墳第2石室から1口、第1石室から刀子ではあるが12口、梁山夫婦塚から1口、福泉洞11号墳から1口があり、この地域が新羅と密接な関係もっていたことがうかがえる。

三葉文環頭大刀は、慶州、洛東江東岸の伽耶諸国と星州、高霊、陜川の西岸地域から出土している。西岸地域の伽耶のなかでも洛東江流域に近いところであり、それより西ではみられない。比較的広い範囲に分布しており地域的特色がつかみにくいが、環が上円下方形のものが新羅系であり円形のものが伽耶系という考えもある。銀装三葉文環頭大刀を出土した昌寧校洞11号墳では、伴出した銀装円頭大刀の背に金象嵌で「上部先人貴□乃（刀？）」と記される。上部は高句麗と百済の五部制のひとつにみられ、先人は高句麗の最下位官位にあたり、刀の所有者がどのような人物であったか興味をもたれる。また、東京国立博物館所蔵の金銀装単龍文環頭大刀は、

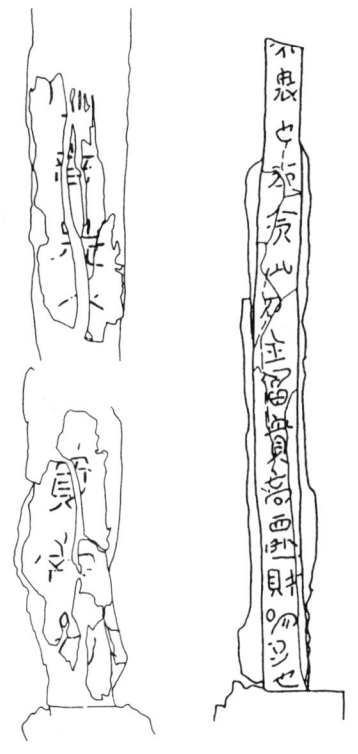

図64 銘文のある大刀
左：昌寧11号墳出土（韓永熙・李相洙 1990）、右：出土地不詳（東京国立博物館 1992）

銀象嵌で刀の背に「不畏也□令此刀主富貴高遷財物多也」と書かれる。内容は吉祥句であり、「不」の上にも文字があったとみられるが、その部分は欠損して不明である（図64）。

(2) 甲冑

　甲冑には、頭を保護する冑、身体を保護する甲（鎧）、首の後を保護する頸甲（くびよろい）などがある。冑は4世紀代には細長い鉄板を横につないだ縦長板革綴冑、5世紀代になるとS字形に曲がった細長い鉄板を横につなげ、上部がすぼまった形の湾曲縦長板冑（蒙古鉢形冑）が現れ、いずれも頂部に半球形の伏鉢をかぶせる。安岳3号墳壁画にこのような冑をかぶった兵士の行列がみられることから高句麗の影響で生まれたと考えられる。伽耶ではもっとも多く広い範囲で出土し、慶州の古墳にもみられる。ほかに、横矧板鋲留衝角付冑が池山洞32号墳から横矧板鋲留短甲、肩甲（日本では頸甲＜あかべよろい＞とよんでいる）とセットで出土し、眉庇付冑が同じくⅠ地区3号墳と釜山市連山洞古墳群から、冠帽形伏鉢小札冑が鳳渓堤 カ-A号墳から出土している。これらは5世紀後半の古墳である。日本でも衝角付冑と眉庇付冑は5世紀の古墳から数多く出土しており、その系譜が問題となっている。

　高句麗古墳壁画では、蒙古鉢形冑をかぶった武人は身に挂甲をまとっている。挂甲も4世紀代に伽耶に伝わり、大成洞23号墳のものが今のところ4世紀中葉でもっとも古い。5世紀中葉の福泉洞11号墳主石室では、頸甲（くびよろい）、肘甲（ひじよろい）、挂甲が組み合わさって出土した。数百枚の小札を革紐で綴じ合せたため、発掘されても全体の形はわかりにくい。挂甲は肩から臀部の下まで保護するが、上半身のみを保護するものに短甲があり、伽耶ではこちらのほうが数多くみられる。4世紀には竪矧板鋲留短甲が現れ、この型式は5世紀末までつづく。4世紀の短甲の特徴としては、裾板がつくこと、後胴の上に半円形の頸甲（くびよろい）を装着するこ

とがあげられるが、5世紀になると前胴に押付板がつくようになる。このような変化は、次に述べる新式の短甲の影響による。竪矧板鋲留短甲のもっとも古い例は4世紀前半の慶州市九政洞古墳から出土しているが、冑を伴っていない。したがって、竪矧板鋲留短甲は洛東江下流域で独自に生まれたと考えられている

図65 道項里8号墳馬甲出土状況
（洪性彬ほか 1993）

（宋桂鉉 1993）。新式の短甲は、裾板、押付板、帯金、地板といった短甲の構成要素が定型化された長方板短甲、三角板短甲、横矧板短甲があり、5世紀に出現する。初期のものは鉄板の連結に革紐を用い、福泉洞64号墳から方形板革綴短甲が、玉田68号墳から三角板革綴短甲が出土し、5世紀後半になると三角板鋲留短甲、横矧板鋲留短甲へとかわる。竪矧板短甲が洛東江下流域を分布の中心とするのに対して、新式の短甲は高霊、玉田、咸陽などの洛東江西岸地域を分布の中心としている。

甲冑は人のみでなく、馬にも装着された。馬の鼻、額、目、頬を覆う馬冑と、首、胸、脇腹、尻を覆う馬甲がある。馬冑は鉄板を鋲留して馬の顔の形にあわせてつくられ、目にあたる箇所は丸くくり

貫かれている。大成洞、福泉洞、玉田の古墳から出土し、玉田28号墳では馬甲とセットで出土した。馬甲は、人用の挂甲より大き目の小札を革紐で綴じたもので咸安郡道項里8号墳（馬甲塚）の大型木槨墓から、全体像が知られる状態で出土した（図65）。小札は長方形や上円下方形を呈し大きさも数種あり、馬体の各部により使い分けていた。

(3) 馬具

　馬具には、馬を制御する轡・引き手、騎乗者を安定させる鞍・鐙、馬を装飾する杏葉・雲珠など、大きくわけて3種類がある。半島南部では、すでに原三国時代に楽浪郡の影響を受けた鑣轡が伝わったが、4世紀になると新たに高句麗からの影響をうけて、鑣轡、鏡板などの馬具が出現する。鑣轡は、馬の口に嚙まれる馬銜の両端につくり出された外環にS字状あるいは棒状の鑣をさし、その中央部の金具に面繋が連結し、引き手は銜の外環に直接つながる。鑣が有機質である場合は、面繋との連結のために立聞の役割をはたすΩ形金具が鑣に装着される。この場合でも引き手は馬銜の外環に直接つながる。発掘では、鑣が腐食しΩ形金具のみが出土することが多い。杏葉は、まだ例は少ないが鉄製心葉形杏葉が大成洞3号墳から出土している。

　4世紀末～5世紀前半になると、鏡板轡が出現する。初期の鏡板は鉄製あるいは銅製の単環板鏡板とよばれるもので、板状あるいは棒状の環の中央にX字形あるいは逆T字形の金具が留められ、そこに馬銜の外環がはめられる。両者の分布にちがいがみられ、X字形は新羅を含む洛東江東岸、逆T字形は東岸でも出土するが分布の中

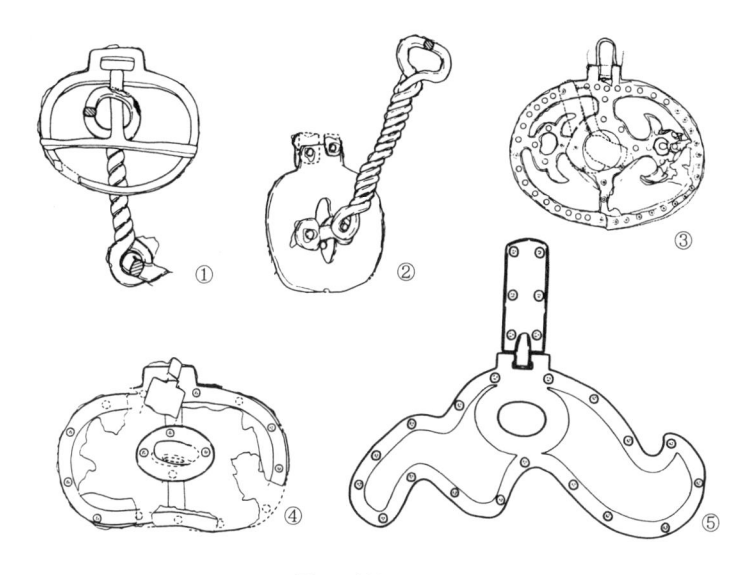

図66 鏡板の種類
①単環板鏡板－福泉洞10号墳（11号の副槨）（釜山大学校博物館 1982）
②円形鏡板－縣洞43号土壙墓（昌原大学校博物館 1990）
③心葉形鏡板－天馬塚（文化財管理局 1975）
④内彎楕円形鏡板－玉田M3号墳（慶尚大学校博物館 1990）
⑤f字形鏡板（推定復元）－玉田M3号墳（慶尚大学校博物館 1990）

心は西岸にあり百済の地域にまで及ぶ。

 5世紀後半になると、鏡板の形態が環状から板状のものにかわり鉄地金銅製が多くなる。その種類には円形鏡板、楕円形鏡板、心葉形鏡板、内湾楕円形鏡板、f字形鏡板の5種類があるが、機能的にはそれ以前の単環板鏡板とかわらない（図66）。円形鏡板は中国東北地方から高句麗の地にかけて出土し、その影響は半島南部にまでおよび4世紀末～5世紀中葉の古墳にもみられるが、その数は少なくあとにつづかない。楕円形鏡板は伽耶と新羅に広く分布するが、

心葉形鏡板は慶州を中心として洛東江東岸に分布し、内湾楕円形鏡板は高霊や陝川を中心とした洛東江西岸に、f字形鏡板はまだ出土数が少ないが洛東江西岸と百済の地域に分布する。6世紀に入っても使われつづけるが、新たに鏡板のかわりに円環を馬銜外環に連結した簡素な円環轡も現れた。

杏葉には、心葉形、魚尾形、剣菱形、棘葉形などの種類があるが、最初に出現するのは4世紀後半の大成洞3号墳や5世紀初頭の福泉洞35号墳から出土した鉄製小型心葉形杏葉である。5世紀中葉以降になると心葉形杏葉は大きくなり金銅や銀で装飾され、新羅を含む広い範囲で出土する。そのころ地域性も出始め、魚尾形杏葉は新羅を中心とした洛東江東岸や星州から、剣菱形杏葉は高霊をはじめとする西岸から出土する。

馬具のなかで特異な形をしたものに蛇行状鉄器がある。全体がT字形を呈するが、横、「一」がU字形に曲がり、縦「Ｉ」が蛇行し先端に袋部をもつ。高句麗の古墳壁画にも描かれ、それを参考にすると、馬の鞍の後輪（しずわ）にU字形をはめ込み、袋部に旗や鳥羽を差して、馬の尻の上に立つようにした飾りとなる。高句麗からの影響で伽耶に現れ、玉田M3号墳から3点のほか咸陽上柏里古墳、晋州市玉峰古墳、梁山市夫婦塚などで出土している。

6　伽耶諸国の古墳

前期は金官国（金海）が中心となり、後期は大伽耶（高霊）が中心となって伽耶は発展していったが、それ以外の国々も在地首長が百済や新羅あるいは伽耶の他の国々とのかかわりのなかで独自の展

開をみせた。

　伽耶地域の西側の境では、小白山脈のなかの全羅北道南原市に月山里古墳群がある。もっとも大きい1号墳は直径19mの円墳で、その中央に長さ8.6mの竪穴式石室がある。出土した高霊型長頸壺、泗川・固城型高杯、ミニチュア鉄斧、金銀象嵌素環頭大刀、内湾楕円形鏡板、コ字形鉄板輪鐙、縦長板革綴冑、頸甲はいずれも伽耶系のものである。輪鐙は池山洞45号墳のものと同じ特徴を示し、土器の型式からみても5世紀末〜6世紀初に位置づけられる。さらに小白山脈をこえた西側の全羅北道任実郡の金城里古墳群からも高霊型長頸壺が出土している。しかし、6世紀前半には百済系の片袖式長方形横穴式石室が南原市草村里古墳群で営まれ、出土する遺物も宋山里古墳群と共通する平底球形の直口壺となり、百済の勢力下に入った。ここは、南海に注ぐ蟾津江の上流に位置し、百済にとっては南海へ直接通じる重要な交通路であった。

　東側の新羅と接するあたりでは、慶尚北道慶山市で林堂洞・造永洞古墳群が営まれた。林堂洞と造永洞の2つの行政区画にまたがるが、古墳群としてはひとつであり、小高い丘陵上に、外護列石をめぐらした墳丘をもつ古墳や墳丘をもたない小石室が営まれたり、岩盤を深く掘って木槨や木棺をつくる。林堂洞7-C号墳から山字形金銅冠、7-B号墳から魚尾形杏葉、金銅製透彫胡籙金具、6-A号墳から銀製唐草文透彫帯金具が出土し、墓制こそ違うが権威の象徴を示すものに新羅の慶州の古墳と共通した副葬品がみられる。支配階層は押督国で独自の支配をしながら新羅王権に組み込まれた。

　すぐ西隣りの卓淳国と比定されている大邱にも、首長墓と考えられる達西古墳群がある。1923年の調査では87基の古墳が確認され、

丘陵上に2群（6〜33号と34〜70号）に分かれて分布する。37号墳は直径約20mの円墳であるが中央に2つの石室が平行してつくられ、1号石室では遺骸の側から山字形金銅冠、金製耳飾、銀製帯金具、三葉文環頭大刀、三累頭刀子が、足元から轡、魚尾形杏葉が出土した。それとほぼ同じ規模の55号墳でも、山字形金銅冠、冠帽、金製耳飾、唐草文透彫銀製帯金具、腰佩、金銅飾履、三葉文環頭大刀、金銅製の馬具が出土しており、いずれも新羅系の遺物である。55号墳の副葬品の組合わせは慶州の古墳でみると上位の階層に相当する（第8章3節(1)参照）。

洛東江東岸は2段交互透孔高杯、山字形金銅冠、三累環頭大刀など新羅文化の影響が強く、5世紀後半から新羅系の遺物が目立つようになる。支配階層は新羅に服属し新羅文化の影響も入ってきたが、なお竪穴式石室など伽耶としての伝統ある文化も維持したといえよう。

伽耶地域のほぼ中央にあり、新羅や百済そして伽耶諸国との交渉を通じて国際的感覚ゆたかに発展した国が多羅である。玉田古墳群は、その国の首長墓と考えられる。1985年以降、5次にわたって発掘調査が行われ、27基の墳丘をもつ古墳（Mという記号をつける）と多数の大小の木槨墓が確認された。木槨墓は4世紀前半に出現し5世紀第4四半期まで続くが、それに替わるように5世紀第3四半期から竪穴式石室が出現し、その頃から大きな墳丘もつくられるようになった。そして、6世紀第2四半期には横口式石室が、6世紀第3四半期には横穴式石室が出現した。各時期ごとに、首長墓とみられる大型木槨墓や竪穴式石室がつくられ、武器、武具、馬具など伽耶の特徴を示す遺物が出土した。4世紀末に墓壙長さ5.7mの大

馬冑

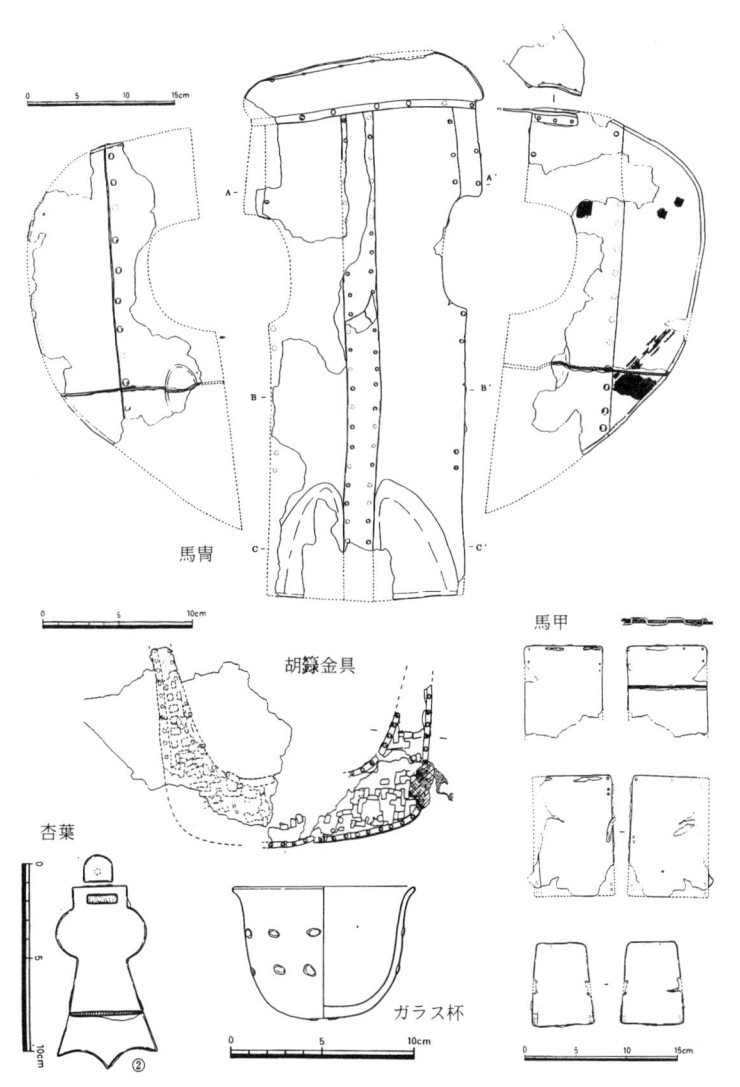

胡籙金具

馬甲

杏葉

ガラス杯

図67 玉田M1号墳出土遺物（慶尚大学校博物館 1992より）

型木槨をもつ54号墳が出現し、5世紀前半になるとさらに大型木槨
(墓壙長さ7.2m)をもつ23号墳が現れ、金銅冠、馬冑、馬甲、挂甲、
胡籙金具など高句麗系の遺物が副葬された。5世紀第3四半期には、
M1号墳(径20m)の長さ7.5mの竪穴式石室に馬冑、馬甲、縦長
板冑、頸甲、胡籙金具のほか、ガラス杯、魚尾形杏葉といった新羅
系あるいは洛東江東岸系の遺物が副葬され(図67)、土器でも昌寧
型高杯が出土している。同じ時期の35号墳の大型木槨(墓壙長さ6.
6m)からは甲冑、馬冑、馬甲、耳飾が出土した。ここにあげた3基
の大型木槨墓は、墓壙と木槨の隙間に石を詰めて補強しており、構
造面からみても同時期の中小の木槨墓とは区別される。5世紀第4
四半期には、M3号墳(径20m)の竪穴式石室(長さ10m)から龍鳳
文環頭大刀、金銅装冑、挂甲、馬冑、胡籙金具、剣菱形杏葉、内湾
楕円形鏡板などの高霊系あるいは洛東江西岸系の遺物が多くなり、
土器をみても高霊型高杯・長頸壺が副葬されている。新羅の影響か
らはなれ、大伽耶を中心とする連盟の一員に組み込まれたことを示
している。6世紀第1四半期も引き続き単鳳文環頭大刀や土器など
洛東江西岸系や高霊系の遺物が続くが、第2四半期になるとM6号
墳の竪穴式石室から単鳳文環頭大刀や高霊型高杯・長頸壺が出土す
るほか、新羅系の変形山字形金銅冠や把手付杯がみられ再び新羅と
なんらかの関係が生じたようだ。M10号墳では、横口式石室が出現
している。6世紀第3四半期には、M11号墳の横穴式石室から百済
系の蓮弁文棺飾金具や金装棺釘が出土しており、この時期に百済と
の関係があったことがうかがえる(趙栄済 1994)。

　昌寧には、校洞古墳群と桂城里古墳群の二大古墳群があり、その
古墳群もさらにいくつかのグループに分かれる。校洞A古墳群の尾

根の頂上に立地する7号墳は直径40mの円墳で、山字形金銅冠、金製耳飾、銀製唐草文透彫帯金具、金銅飾履ほか多数の遺物が出土した。墳丘の大きさからみれば、池山洞古墳群の特大型墳に匹敵し、副葬品の内容からみると新羅の上位階層に相当する。それに対して陪塚的な位置にある10号墳からは双龍文環頭大刀などの洛東江西岸系遺物が出土している。また、尾根のやや下がったところには積石木槨墳である12号墳が営まれた。この古墳群から南に10kmほど離れた桂城里古墳群も5つの小群に分かれるが、桂南里西丘陵古墳群の直径47mの円墳である1号墳からは、山字形金銅冠、金製耳飾、銀製唐草文透彫帯金具が出土しており校洞A-7号墳と同じ性格をもっている。

『三国史記』によると、532年に金官国が新羅により滅ぼされ、562年には大伽耶も新羅に滅ぼされ、ここに伽耶の歴史の幕が閉じた。伽耶滅亡1年前の561年には、新羅の真興王が昌寧の地で君臣会慶（盟）を催し、そこには40名をこす大等、軍主や村主が結集したという記事が、この地に立つ石碑（昌寧真興王拓境碑）に記される。真興王はすでに昌寧の地を勢力下に収め、そこに結集した家臣集団は翌年の大伽耶への総攻撃に動員されたのであろう。この石碑は、新羅が立てた碑であるが伽耶滅亡を象徴するものであった。伽耶の滅亡後、洛東江西岸では今までの高霊型土器にかわり新羅の短脚高杯と複合口縁長頸壺が広く分布するようになり、その範囲は伽耶をこえて百済の地にまで及んだ。

第8章　新　羅

　慶尚北道慶州市の市街地には、北に西流する北川が、南には西流する南川が流れ、この2つの川は、盆地の西を北流する兄山江に流れこみ、兄山江は迎日湾で日本海に注いでいる。これらの河川が形成した慶州盆地は、南北7km、東西5kmの広さをもち、まわりを山々でとりかこまれた要害の地である。新羅の都はこの平地に造営され、南半部の校洞、皇南洞、皇吾洞、仁旺洞、路西洞、路東洞に王陵を含む多数の積石木槨墳がつくられ、これらは邑南古墳群とよばれる。一方、盆地を取り囲む周辺の山麓や丘陵部には横穴式石室をもつ古墳がつくられ、東川洞古墳群、普門洞古墳群、忠孝洞古墳群、西岳洞古墳群とよばれる。さらに山頂には明活山城や西兄山城など都を守るための山城が築かれる。王宮は、南川に臨む月城とよばれる東西900m、南北260mの三日月形の台地上に営まれた。

　3世紀のこの地には、辰韓12国のうちの斯盧という小国があったことが『三国志』魏書東夷伝に記されるが、4世紀後半になると周辺地域を統合して新羅が成立した。文献では、377年と382年に中国の前秦に使者を送りはじめて国際舞台に登場した記事をもって、およそこの時期を新羅の建国とみている。考古学的には、それまでの墓制とは異なる積石木槨墳の出現をもって新羅の成立とみる。

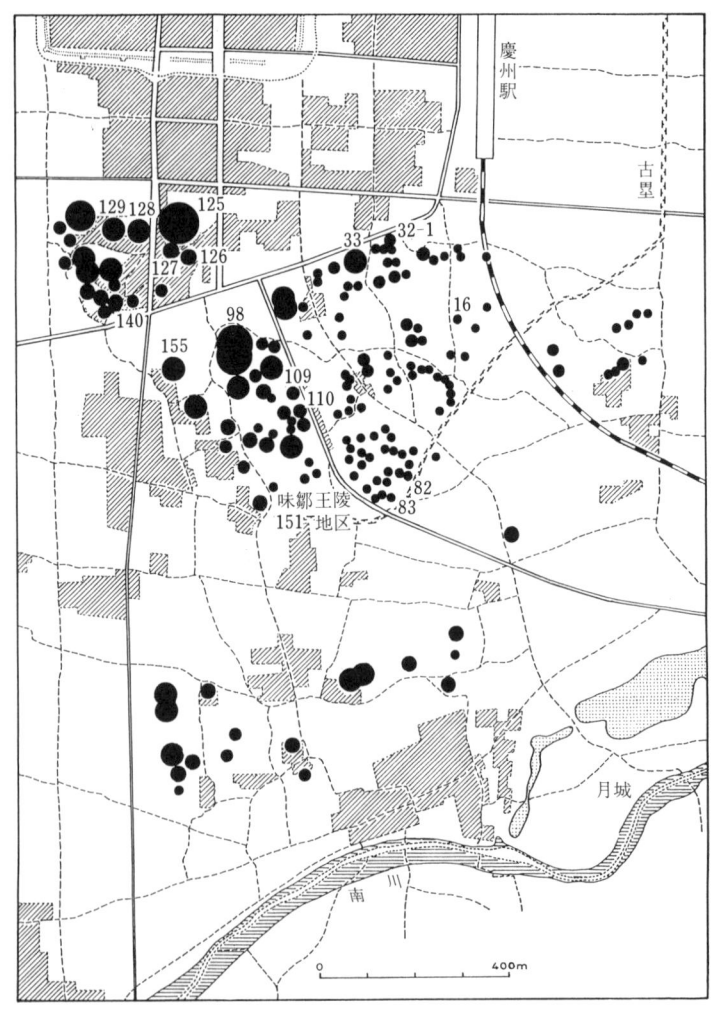

図68 慶州の地図（Ito 1971を一部改変）

1 積石木槨墳と石室封土墳

　慶州盆地には、土壙木槨墓、石槨墓、積石木槨墳などの墓が造営されるが、規模が大きく、副葬品が豊かなものは積石木槨墳である。積石木槨墳は、木槨の上に20〜30cmくらいの石を積み上げ、さらにその上に土を盛った構造で、邑南古墳群にはおよそ200基以上あったと推定される。外形は円墳が多いが、2つの円墳が結合した双円墳、複数の円墳が複合した集合墳があり、内部主体はひとつの木槨だけを設けたものと、主槨の横に副葬用の木槨（副槨）を別に設けたものがある。木槨内には被葬者を納めた木棺をおくが、被葬者が身につけた装身具以外の副葬品は木棺外に置かれることが多い。構造からみて同じ木槨内に追葬するのは不可能であり、追葬の場合は同じ墳丘に新しく木槨をつくるか、墳丘を新たに連接してつくりそこに木槨を納めるかした。後者の場合は双円墳あるいは集合墳の形となる。

　もっとも規模の大きい古墳は1973〜75年にかけて調査された皇南大塚（98号）で、全長120m、高さ22mの双円墳である。ひとつの円墳になおすと直径80mとなり、これとほぼ同じ規模の円墳に鳳凰台古墳（125号）がある。この2つは傑出した大きさであるが、だいたい直径30〜40mを境にして、大型と小型に分けられそうである。小型古墳では、直径10mに満たないものもある。皇南洞の味鄒王陵地区では、大型古墳のすきまに多数の小型古墳が営まれ、ひとつの墳丘にひとつあるいは複数の積石木槨や石槨、甕棺などさまざまな墓制がみられるものもある。

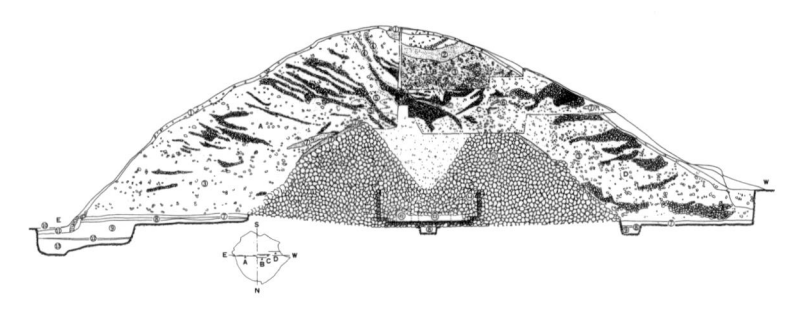

図69 天馬塚墳丘断面図（報告書より）

　積石木槨墳の構造の全体像は、天馬塚（155号墳）の発掘調査ではじめて明らかとなった。発掘経過とは逆の順序で築造過程をみていこう。まず、当時の地表面を整地して墳丘の範囲と木槨の位置を決める。次に中央の木槨の場所を深さ40cmに掘り厚く石を敷き、木槨外では墳丘の範囲を決める外護列石を直径47mにめぐらし、その内側に基底層として黄褐色粘土を厚さ75cmに敷いた。ここまでが第1段階で築造準備にあたる。次に長さ6.6m、高さ2.1m（推定）の木槨をつくり、そのまわりに直径23.6mで石を積み、さらにその外側に封土を積むが、木槨はまだ蓋をされていない。ここまでが第2段階で、地上からの高さは4mになる。その後、墳丘上部から埋葬が行われ木槨の蓋が閉じられる。そして、木槨上部にさらにつづけて石が積まれ、その後積石の上面に粘土が厚さ15〜20cmに敷かれる。この粘土層は木槨内に水が侵入するのを防ぐ役割をはたしている。この上に封土が盛られるが、砂礫混じりの黄褐色土層と直径10〜15cmの小石からなる層が墳丘中央に向かって傾斜するように積まれた。この傾斜は墳丘の崩落を防ぐためであろう。頂上の4メートル四方で金銅製馬具一式が出土しているので、ほぼ

墳丘が完成したところで、なんらかの祭祀が行われたとみられる。その後、1～2mの盛土をして完成した。墳丘体積は9812m^{3}におよび、木槨体積だけでも58m^{3}と推定された。主体部である木槨のなかには木棺と副葬用櫃がT字形に配置され、さらに木棺と木槨の間には石壇が積まれ、そこにも環頭大刀をはじめとして多くの副葬品が置かれた（文化財管理局　1975）。

積石木槨墳は、6世紀後半になると横口式石室にとって替わられ、さらに7世紀になると横穴式石室にかわる。積石木槨墳ともっとも異なる点は、同じ石室内への複数回にわたる埋葬にある。皇南洞151号墳では、ひとつの墳丘に積石木槨と横口式石室が6.8m離れてつくられ、横口式石室が時期的に先行する。洛東江東岸の伽耶諸国の影響により生まれた横口式石室は、長さ（側壁）4.3m、幅2mあり割石で四壁を積み上げている。西南の短壁に、石室床より数十センチメートル高く出入口を設け、その外側に墓道がつづく。石室内には人骨も発見され、頭は主軸と直交する側壁に向けて4回にわたる埋葬がみられ、奥壁から順に毎回棺床が増設された。普門洞夫婦塚では、積石木槨墳の夫墓が先に、横口式石室の婦墓が後につくられるが時間的な差は小さい。この横口式石室は出入口が片袖式になっており、次の段階の東川里瓦塚のような横穴式石室と共通した構造をもつ。夫墓からは変形山字形金銅冠が出土しており、上位支配階層に横口式石室が採用されたことをものがたっている。

横穴式石室は、玄室に片袖式あるいは両袖式の羨道がつき、墳丘は円形を呈する。石室の平面形態は、初期の頃は長方形であるが後には方形あるいはそれに近いものが多くなる。石室内の壁に漆喰を塗ったり、棺床に石枕、足座を置いたり、遺骸を瓦で覆って埋葬す

る例もある。

2 新羅土器とその編年

(1) 新羅土器

　新羅土器は還元焔で焼成された青灰色硬質の陶質土器で、おもに慶州から発見されるものをいう。その焼成や色調は伽耶土器、日本の須恵器と同じである。器種には、短頸壺、長頸壺、器台、高杯、碗、把手付碗などの容器があり、それらに櫛歯状工具で波状文、格子文、集短線文、綾杉文、三角鋸歯文、コンパス工具で円圏文、半円圏文などの幾何学文様が施される。そのうち、長頸壺と高杯の2器種は、多くの古墳から出土しており、編年研究が進んでいる。皇南大塚北墳の木槨内外では94個の土器のうち37個が高杯であった。これとは別に、赤褐色軟質土器も引きつづき生産され、鉢、碗など陶質土器とは異なる器種が古墳に副葬された。

　新羅土器には、容器のほかに当時の風俗や慣習を知ることができる形象土器があり、それらは次の3種類に分類される。

① 　加飾土偶は、高杯の蓋や長頸壺の肩に貼り付けた土偶で、人物、ヘビ、カメ、魚、ヒトデ、性行為、弾琴像などを表現している。

② 　独立土偶は、単体で存在する土偶で、人物立像、楽器を弾く人物像、馬形土偶、牛形土偶、荷車形などがあり、人物、馬、牛には、胴内部が中空になるものが多い。単体であることから、加飾土偶にくらべて大きい。

③ 　土偶容器は、容器の機能をもつ形象土器で、騎馬人物形、馬

形、龍形(神亀形)、水鳥形、車輪形、家形、船形、角杯・角杯台などがある。液体を入れる受け口と液体を出す注ぎ口をもつことが特徴であり、高杯の脚の上に乗るものも多い。船形や角杯・角杯台は、受け口と注ぎ口をもたないが、容器としての機能をもつのでこの類に入れる。

このような形象土器は、何を意味するのだろうか。『三国志』魏書東夷伝弁辰条に「大鳥羽をもって死を送る。その意は死者を飛揚せしめんと欲す」とあり、鳥が死者を天上へ送る役割をもっていた。また、同東夷伝韓条に、「牛馬は死を送るに盡くす」とあり、実際に味鄒王陵第6地区1号墳の付帯施設には馬の殉葬もみられた。この馬は、蒙古系統の在来馬と推定された。さらに、中国集安市に立つ高句麗の広開土王碑には、始祖である鄒牟王が没するとき「龍首を履みて、天に昇り」と記され、広開土王が没するときには「宴駕し、国を棄てた」(乗り物にのって没した)とあり、龍や乗物が死者を天上に運んでいる。このようにみてくると、土偶容器のうち家形以外は運搬にかかわりがあり、死者を天上界に運ぶ乗物とみられる。

(2) 土器による古墳編年

金元龍は、慶尚南道と慶尚北道に分布する土器を新羅土器としたうえで、おもに1945年以前の資料を使って編年を試みた。Ⅰ期(4、5、6世紀)と印花文が押される土器のⅡ期(7、8、9世紀)に分け、Ⅰ期をさらに5世紀型と6世紀型(複合口縁長頸壺の出現)に細分した。1960年の発表であったが、これが編年研究の出発点となった。

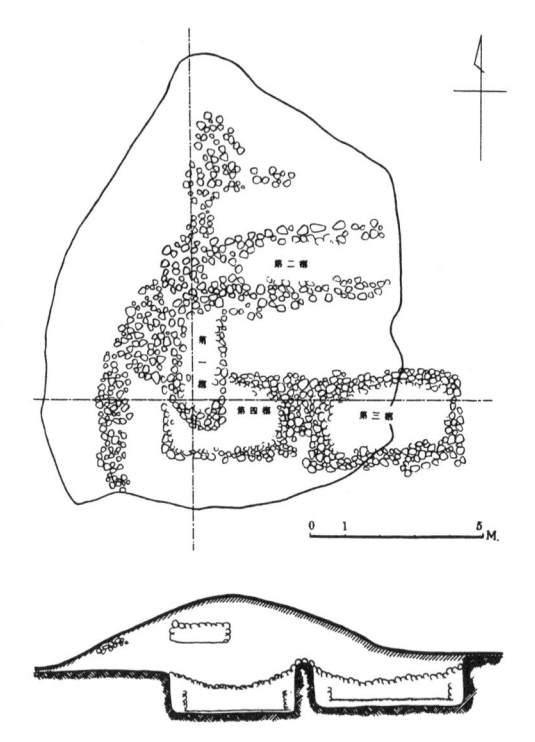

図70 皇南里109号墳（上）と皇吾里33号墳（右頁）（報告書より）

その後、1970年代の大規模な慶州観光開発に伴う発掘調査で資料が増加し、積石木槨墳の木槨築造順序（層位）と2段交互透孔有蓋高杯と長頸壺という2つの器種の型式変遷をもとに新羅土器のより詳しい編年が可能となった。

皇吾洞33号墳では2つの主体部がつくられ、南副槨が北副槨をこわしていることから2つの前後関係が明らかとなった。すなわち、東槨とその副槨である北副槨が先につくられ、西槨とその副槨である南副槨があとにつくられた。出土した土器でみると、東槨出土の

第8章 新羅 217

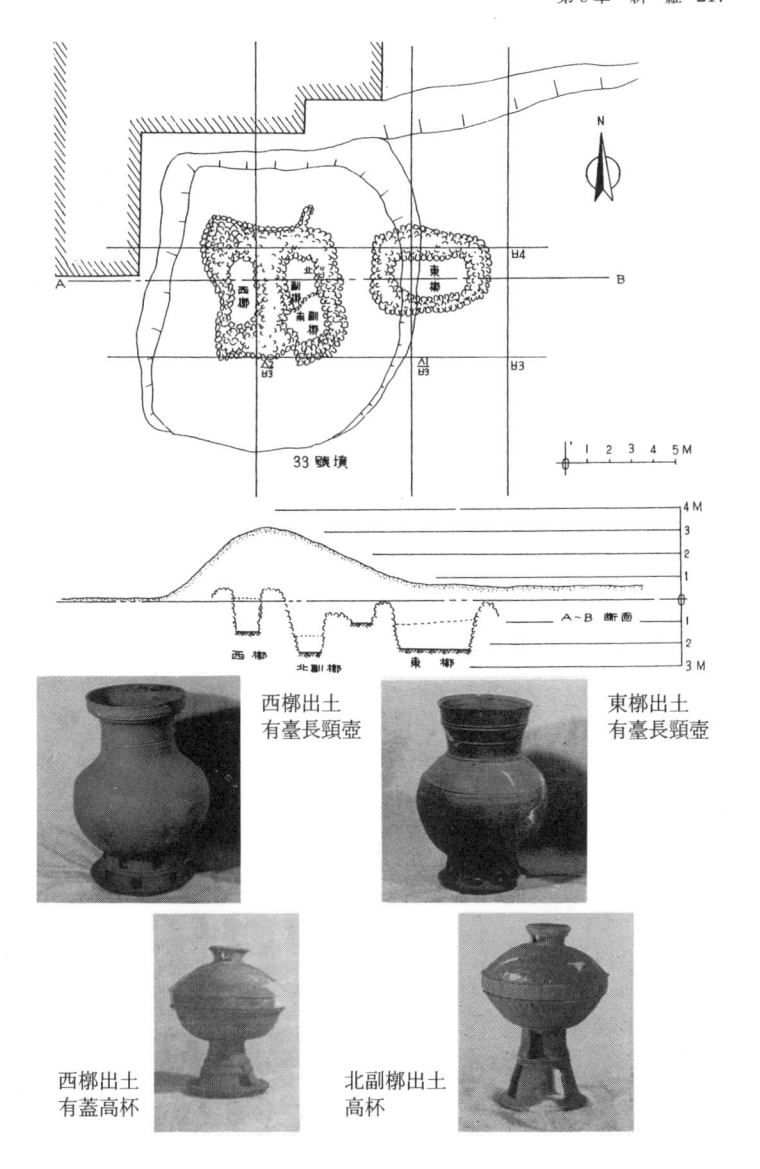

33號墳

西槨出土
有臺長頸壺

東槨出土
有臺長頸壺

西槨出土
有蓋高杯

北副槨出土
高杯

2段文様帯頸部単口縁長頸壺が古く、西槨出土の複合口縁長頸壺が新しいということになる(図70)。これは、金元龍のいう5世紀型から6世紀型への変遷を裏づけた。高杯をみると、脚部が短くなり脚端部が外反する方向へと変化している。5世紀型をさらに前後2つに区分する資料が皇南洞109号墳で発掘された。4つの槨がつくられるが、第4槨は第3槨の副槨であるので、主体部は3つということになる。層位からみると、第4槨の上に第1槨がつくられているので、第3・4槨が古く、第1槨が新しい。そして、第2槨は他

表4　新羅土器からみた古墳編年

Ⅰ期	味鄒王陵地区第5区域1号墳、同21号墳 皇南洞109号墳第3槨・第4槨 味鄒王陵地区第5区域6号墳	4世紀末〜 5世紀第1四半世紀
Ⅱ期	味鄒王陵地区第1区域E号墳、皇南洞110号墳 皇吾里14号墳第2槨、皇南大塚	5世紀第2四半世紀
Ⅲ期	味鄒王陵地区第5区域14号墳 皇南洞109号墳第1槨、同第2槨 皇吾洞33号墳東槨	5世紀第3四半世紀
Ⅳ期	皇南洞82号墳東槨、皇南洞83号墳 金冠塚、飾履塚	5世紀第4四半世紀
Ⅴ期	皇南洞82号墳西槨、天馬塚 金鈴塚、瑞鳳塚	6世紀第1四半世紀
Ⅵ期	皇吾洞33号墳西槨、味鄒王陵地区第5区域 16号墳、壺杆塚、銀鈴塚	6世紀第2四半世紀
Ⅶ期	味鄒王陵地区第5区域2号墳 皇南洞151号墳石室墳、同積石木槨墳 味鄒王陵地区第5区域20号墳 普門洞夫婦塚、東川洞瓦塚	6世紀第3〜 第4四半世紀
Ⅷ期	西岳洞石室墳、忠孝洞9号墳、双床塚	7世紀

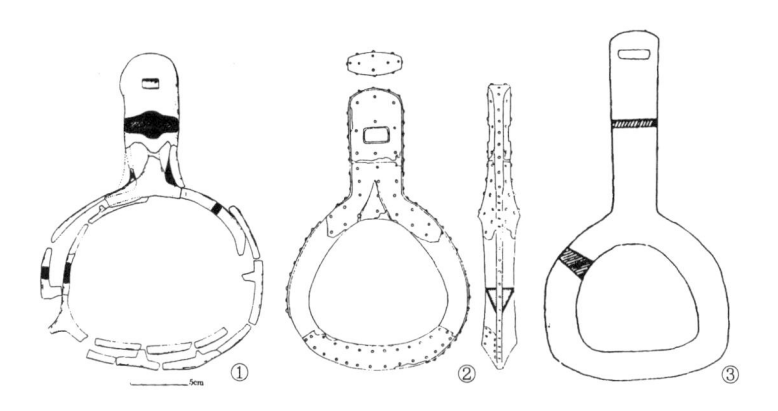

図71 輪鐙による編年
①皇南里109号墳（斎藤 1937）　②馮素弗墓（黎瑤渤 1973）
③袁台子（遼寧省博物館文物隊 1984）

と切り合い関係はないが第1槨と同じ高さにつくられているのでそれと同じ時期とみなせる（図70）。すなわち、第4槨出土の一段文様帯頸部単口縁長頸壺が古く、第1・2槨出土の二段文様帯単口縁長頸壺が新しい。

ほかにもいくつか層位的前後関係のわかる例があるが、それをもとに型式変遷をみると、長頸壺は低い口頸部（一段文様帯頸部）がしだいに発達して高く（二段文様帯頸部）なり、やがて口縁部がいったん水平に開いたのち直立する複合口縁へと変遷していく。同様に、高杯も脚部の開きかた、脚端部の外反化、短脚化という変化が、長頸壺の変遷に対応してみられる。以上の分析をもとに土器からみた古墳編年を組み立ててみると表4のようになる。

Ⅰ期の年代は、皇南洞109号墳第4槨出土の馬具である1双の短柄木芯鉄板張輪鐙により知ることができる。これと材質は異なるも

のの同形の短柄木芯金銅張輪鐙1双が北燕の馮素弗墓から出土している。墓からは「范陽公章」金印、「車騎大将軍章」金銅印、「大司馬章」「遼西公章」という印章が出土し、これらの官職は『晋書』にみえる馮素弗の官職と一致するので、この墓の被葬者は415年に没した馮素弗と推定された。したがって、この年代をⅠ期の始まりとみなせる。馮素弗墓より早い時期の遼寧省袁台子墓から長柄木芯革包輪鐙が1双、河南省孝民屯154号墓から長柄鋳銅製輪鐙が1点出土していて注目される（図71）。いずれも4世紀中葉〜後半に位置づけられ、この年代観からⅠ期の始まりを4世紀中葉ないし後半とみる意見もある。しかし、馮素弗型輪鐙と袁台子型輪鐙とは異なるもので、皇南洞109号墳第4槨出土品はやはり馮素弗型に属しその系統から生まれたものである。馮素弗の没年よりやや早く出現していたとみれば、Ⅰ期の始まりを4世紀末ないし5世紀初頭とみることも可能である。この時期の馬具には、まだ杏葉や雲珠が出現していないが、Ⅱ期の皇吾里14号墳第2槨からは鉄製心葉形杏葉が出土しており、馬具の組合わせの変化も土器による編年を裏づけている。

3　墓の副葬品

新羅の古墳からは、装身具にみられる金・銀製品や地金と考えられる鉄鋌、環頭大刀や矛などの武器・武具にみられる鉄製品が多く出土する。また、鉄の上に直接鍍金ができないため、銅の上に鍍金した金銅板を鉄にかぶせた鉄地金銅張も馬具などに多用される。その種類と用途は多岐におよぶが、列挙すると次のようになる。[　]内は種類、（　）内は材質を示す。

装身具
冠（金、金銅、銀）　　冠帽（金、金銅、銀、白樺樹皮）
冠飾［鳥翼形、蝶形］（金、金銅、銀）　　櫛（木）
耳飾［細環式、太環式］（金）
頸飾［丸玉、ナツメ玉、切子玉、管玉、臼玉、勾玉、金空玉、銀空玉］
　　　（硬玉、碧玉、水晶、瑪瑙、琥珀、ガラス）
腕輪（金、銀、銅、玉、ガラス）　　指輪（金、銀、玉）
帯金具（金、金銅、銀）
腰佩［耳杯形板・短冊形板・砥石・刀子・毛抜・魚・双龍・勾玉・薬籠］
　　　（金、金銅、銀）　　足輪　　飾履（金銅）

武器
環頭大刀［素環・三累環・三葉文・単鳳文・双鳳文・円頭］
　　　（鉄、鉄地金張、鉄地銀張）
直刀（鉄）　　刀子（鉄）　　鉄剣　　鉄槍　　鉄矛　　鉄石突
有棘利器　　鉄鏃　　骨鏃

武具
冑（鉄）　　短甲（鉄）　　挂甲（鉄）　　頸甲（鉄）　　臑当（鉄）
胡籙（鉄、鉄地金銅張）

農工具
斧（鉄）　　鎌（鉄）　　鑿（鉄）　　釘（鉄）　　鎹（鉄）　　鉄鋌

馬具
轡・鏡板［心葉形］（鉄、鉄地金銅張）
杏葉［偏円魚形・心葉形］（鉄地金銅張、鉄地銀張）
鐙（木芯鉄板張、木芯金銅板張、鉄）
鞍（金銅、鉄、木）　　障泥（布）　　雲珠（鉄、金銅）
馬鐸（銅）　　四環鈴・三環鈴（銅）　　馬鈴（銅、金銅）
辻金具［面繋・胸繋・尻繋］（鉄地金銅張）
蛇行状鉄器（鉄）　　馬冑（鉄）　　馬甲（鉄）

金属容器
釜（鉄）　　盒子（金、金銅、銀、銅）　　四耳壺（銅）　　碗（金）

鐎斗（銅）　　鼎（銅）　　熨斗（銅）　　高杯（金、銀、金銅）

漆容器
碗

ガラス容器
鳳首瓶　杯　台付杯　碗

（1）金冠

　新羅の冠は、鉢巻き状の冠帯に「山」字形を上下に3～4段連ねた立飾が正面と左右側面にひとつずつ立ち、背面に鹿角形立飾が1対立つ形を典型とし、山字形冠あるいは出字形冠とよばれる。「山」字形は、植物である木の枝を極度に便化した姿である。この立飾の植物文、鹿角文は、南ロシアやシベリア地方の冠やシャーマンの帽子にその系譜を求めることができるという考えもある。なかには、瑞鳳塚のように冠の内部に頭頂部で交差する十字形金枝をつけ、その頂部に鳳凰を3羽立てた金冠もある。この古墳の名前は、1926年の発掘中にスウェーデン（瑞典）の皇太子グスタフ・アドルフ殿下が訪問され、鳳凰飾りをもつ金冠が発見されたことにちなんで名づけられた。山字形冠のもっとも古い形は、校洞から出土した1段の「山」字形をもつ金冠に求められる。金板には、打出列点や蹴彫がみられず、円形歩揺が冠帯と立飾につく簡素なものである（図72）。民家の塀の修理中に偶然発見されたもので、金製耳飾、金銀装素環頭大刀、三葉文環頭大刀などがあわせて届けられた。遺構はのちに調査され、直径15～16mの積石木槨墳であった。Ⅱ期のなかでも遅い皇南大塚北墳になると、立飾の縁に1条の打出列点文と、冠帯の縁に蹴彫りによる平行線と波状の文様がつけられる。打出列点文

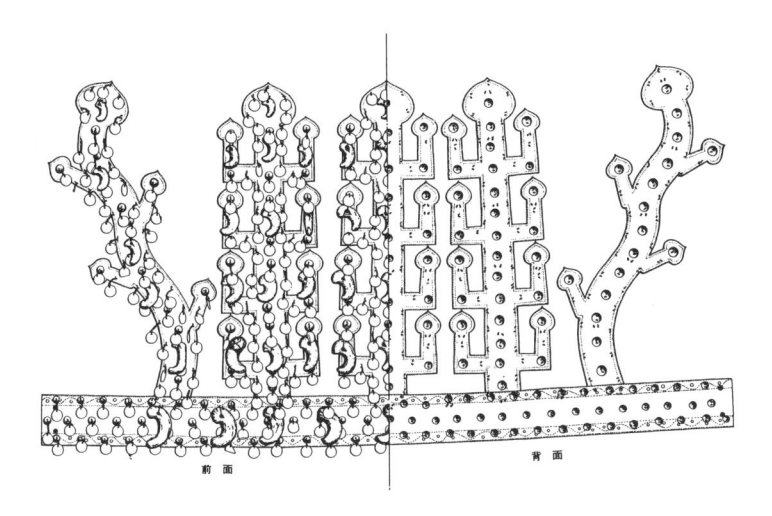

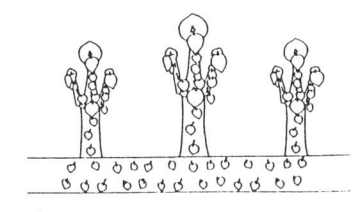

図72 墓の副葬品―金冠（左：校洞廃墳　上：天馬塚）

は、先の尖った道具で裏面から打出した文様で、点線のようにみえる。蹴彫りは、先端断面がV字形をしたタガネを斜めにあてて断続的に打ち刻む技法で、三角形が線状に連続した文様となる。冠以外に、馬の尻飾りである杏葉や矢を入れる胡籙の金具にも蹴彫りによる平行線と波状の文様が付けられる。V期の金鈴塚では、立飾と冠帯に同じ2条の打出列点文が打たれ、蹴彫りによる文様はみられなくなる。慶州でもっとも新しい冠を出したⅦ期の普門洞夫婦塚夫墓では、金銅冠に打出列点文のみがほどこされている

　金冠が出土する古墳の副葬品をみると、冠のみでなく被葬者を飾

った冠帽、耳飾、帯金具も金製であり、飾履はすべて金銅製である。金銅冠の場合は帯金具が銀製となり、装身具の組合わせにちがいがみられる。このちがいは新羅王権内の階層差をあらわすと考えられ、冠を中心とする組合せ関係から、支配階層内に次の4つのランクが想定される（毛利光 1983）。

　最上位―金冠；金製冠帽；金製耳飾；金製帯金具；金製腰佩；金
　　　　　銅製飾履

　上位―金銅冠；金銅冠帽；金製耳飾；銀製帯金具；銀製腰佩；金
　　　　銅製飾履

　中位―上位から金銅製飾履を欠く

　下位―銀製帯金具；銀製腰佩のみ

　最上位に5基の古墳があるが、被葬者は王ないし王族の墓であることは確実であり上位の古墳も王族の可能性がある。したがって、金冠は王ないし王妃のみが所有できた権威の象徴であり、新羅王権の象徴でもある。金冠には、装飾として歩揺と硬玉製勾玉の垂下がある。被葬者が子供である金鈴塚をのぞき、金冠塚に57個、皇南大塚北墳に77個、天馬塚に58個、瑞鳳塚に41個と多数の硬玉製勾玉がつく。山字形金冠が新羅王権の象徴とすると、それに垂下される硬玉製勾玉も象徴的性格をもっているといえよう。硬玉は日本の新潟県糸魚川や青海に産地があり、新羅王権が倭王権を介して入手したとみられる。もっとも数多く垂下した皇南大塚は、慶州最大の双円墳であり規模からみても王陵の条件を備えている。発掘の結果、南墳が先につくられ、その墳丘にかぶさるように北墳が造営された。北墳は、「夫人帯」と刻まれた腰佩が副葬されているので女性の墓であり、南墳はその夫（男性）であろう。Ⅱ期に該当する新羅王と

して、文献によれば実聖王（在位402〜417年）と訥祇王（在位417〜458年）がいる。訥祇王は在位40年の長期にわたり、歯の鑑定より出された南墳被葬者の推定年齢60歳の男性とも矛盾しない。古墳編年と被葬者からみて、訥祇王である可能性がもっとも強い。三段が多いなかにあって四段の山字形金冠を出土した天馬塚も王陵とみなせる（図72）。Ⅴ期の新羅王として炤知王（在位479〜500年）と智証王（在位500〜514年）がいるので、そのどちらかであろう。

　金冠がすべて山字形を呈することは、山字形が新羅固有の冠であることを示す。山字形には金製のほか金銅製があり、数としてはむしろ金銅冠のほうがはるかに多い。天馬塚では、金冠が被葬者の頭部から出土したのに対し、金銅冠は木棺の外の副葬品収蔵櫃に置かれていた。また、表5にみられるように、慶州では上位古墳、中位古墳からの出土であり、金冠にくらべ1ランクあるいは2ランク低い扱いであり、それはそのまま階層差を示している。この山字形金銅冠は、慶州以外にも東萊、梁山、昌寧、大邱、慶山、善山といった洛東江東岸の伽耶諸国の地域から出土している。この分布の広がりは、これらの地域（国）を支配していた豪族（伽耶諸国の王）が、5世紀後半〜6世紀に新羅王権の勢力下に組み込まれたと理解される。

（2）三累環頭大刀

　慶州の古墳から出土する装飾ある環頭大刀は、天馬塚、飾履塚、壺杅塚の龍鳳文系を除くと、すべて三累環頭大刀か三葉文環頭大刀である。三累環頭大刀は、「C」字形の環を3つ連接した環頭部をもち、表5をみてもわかるように金冠と共伴する例が多い。皇南大塚南墳では被葬者の左腰に添えて副葬され、副葬櫃内の三葉文環頭

表5 新羅古墳の装身具の組合せ

古墳名	冠	冠帽	耳飾	帯金具	飾履	大刀
皇南大塚南墳 (98号墳)	金銅 銀	三山 前立	白樺 銀	金	金 銀	金銅 三累環頭大刀（左腰） 三葉環頭大刀（副葬櫃）
皇南大塚北墳	金	三山	白樺	金	金	金銅 大刀副葬なし（棺内） 三葉環頭大刀（副葬櫃）
天馬塚 (155号墳)	金 金銅	四山 三山	金 金銅	金	金	金銅 単鳳環頭大刀（左腰） 三累環頭大刀（棺外）
金鈴塚 (127号墳)	金	四山 （勾玉なし）身長1m以内	金	金	金	金銅 三累環頭大刀（左腰）
金冠塚 (128号墳)	金	三山	金	金	金	金銅 三累環頭大刀（左腰） 三累環頭大刀（右腰）
瑞鳳塚 (129-1号墳)	金	三山	金	金	金	金銅 大刀副葬なし
飾履塚 (126号墳)	なし		金	銀	金銅	双鳳環頭大刀（左腰） 三累環頭大刀（右腰）
壺杆塚 (140-1号墳)	金銅	三山	金	銀	金銅	単龍環頭大刀（左胸）
銀鈴塚 (140-2号墳)	金銅	鹿角	金	銀	金銅	大刀副葬なし
32-1号墳	金銅			銀	金銅	
16-1号墳	金銅		金	銀	金銅	
82号西槨	金銅		金	銀		
16-2号墳	金銅			銀		
16-5号墳				銀		

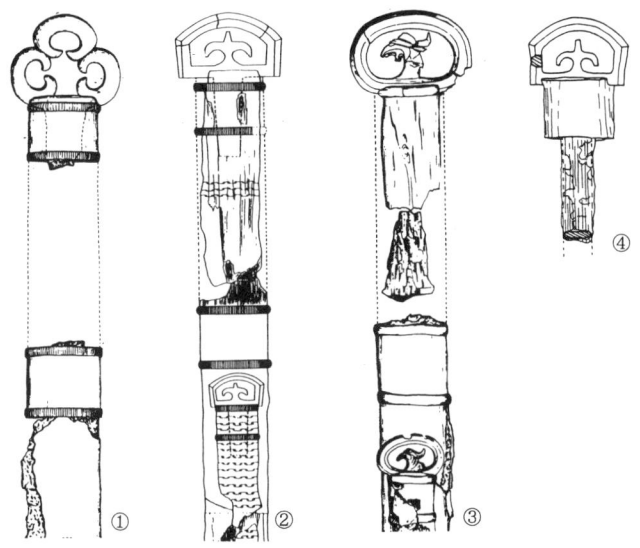

図73 環頭大刀
①三累環頭大刀－天馬塚（文化財管理局 1975）
②三葉文環頭大刀－皇南大塚北墳（文化財管理局 1985）
③単鳳文環頭大刀－天馬塚（文化財管理局 1975）
④三葉文環頭大刀－高霊・池山洞45号墳（高霊郡 1979）

大刀7口と副槨内の素環頭大刀30口とは区別した扱いを受けている。武器のなかで王が身につけるべき最高の儀丈刀であり、また山字形金銅冠を出土した梁山夫婦塚や大邱達城37号墳第1石室というかぎられた地域からの出土であることから、新羅を特徴づける大刀といえよう。それにくらべ、三葉文環頭大刀の分布範囲は洛東江東岸の伽耶諸国にも広がり、数は少ないが西岸の高霊や陜川にも及んでいる。一方、龍鳳文系環頭大刀は百済系の大刀であるが、伽耶諸国では洛東江西岸に分布の中心があり、慶州でも3口が出土している。天馬塚では、三累環頭大刀にかわり単鳳文環頭大刀が被葬者の

左腰に副葬され、三累環頭大刀5口と円頭大刀1口が木棺外の石壇上に副葬された。外来系の龍鳳文系環頭大刀も三累環頭大刀と同じく新羅支配階層のなかで最高の儀丈刀として扱われた。

(3) 壺杅塚出土銅壺杅

　壺杅塚は底径16mの古墳で、同じく底径20mの銀鈴塚と合わさって双円墳をなす。出土した有蓋銅鋺は低い高台をもち、身の底部外面に「乙卯年国／岡上広開／土地好太／王壺杅十」（／は改行）という4行にわたる文字が陽刻されている（図74）。当時、このような容器を壺杅と呼んでいたことが知られ、「壺杅」の文字をとってこの古墳名となった。銘文のなかの「国岡上広開土地好太王」は、高句麗の広開土王をさし、字体や「岡」の異体字も414年に建てられた広開土王碑の字体に共通する。そうすると、「乙卯年」はこの王に近い年代ということになり、415年にあてられる。一方、壺杅塚の古墳の年代は、土器によるとⅥ期すなわち6世紀第2四半世紀であるから、有蓋銅鋺の製作年代と合わなくなり、有蓋銅鋺は伝世されたものと考えざるをえな

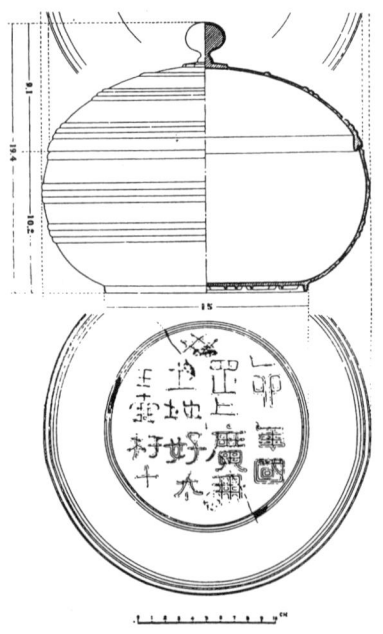

図74　壺杅塚出土銅壺杅（金載元 1948）

い。同じような例に、金冠塚出土の銅製四耳壺がある。器形は5世紀前半の高句麗の褐釉四耳壺と同じであり、高句麗でこの時期に製作されたと考えられる。金冠塚はⅣ期すなわち5世紀第4四半世紀であるから、ここでも伝世を考えざるをえない。

(4) ガラス容器

　三国時代の他の国に見られない特徴として、ガラス容器の古墳からの出土がある。今までに知られた出土例は次のとおりである。

環状口縁黄緑色杯	慶州市月城路カ-13号墳
杯	慶州市月城路カ-13号墳
紺色線文鳳首形台付瓶	慶州市皇南大塚南墳
環状口縁網目文貼付杯	慶州市皇南大塚南墳
淡緑色杯	慶州市皇南大塚南墳
環状口縁淡緑色杯	慶州市皇南大塚南墳
紺色碗	慶州市皇南大塚南墳
褐色縞目文台付杯	慶州市皇南大塚北墳
円形カットグラス碗	慶州市皇南大塚北墳
紺色杯（環状口縁か）	慶州市皇南大塚北墳
紺色碗	慶州市皇南大塚北墳
環状口縁環状凸帯紺色鋸歯文貼付台付杯	慶州市金冠塚
環状口縁環状凸帯台付杯	慶州市金冠塚
亀甲文型吹き紺色杯	慶州市天馬塚
台付淡緑色杯	慶州市天馬塚
環状口縁紺色網目文貼付杯	慶州市瑞鳳塚
環状口縁環状凸帯紺色碗	慶州市瑞鳳塚

環状口縁環状凸帯紺色碗	慶州市瑞鳳塚
紺色斑点文貼付碗	慶州市金鈴塚
紺色斑点文貼付碗	慶州市金鈴塚
紺色碗	慶州市(旧月城郡)安渓里4号墳
紺色斑点文貼付碗	陜川郡玉田M1号墳

　製作技法からみると、①中空の環状口縁をもつ杯や碗、②縞文をもつ台付杯、③透明の器壁に斑点文を貼り付けた碗、④カット・グラス碗、⑤紺色碗(横帯文がつくものと素文の2種類がある)の5種類に分けられる。伽耶地域の1例をのぞき、いずれも慶州市内からの出土で、山字形金冠をもつ王陵級の古墳が多い。

　これらのガラスはローマン系ガラスとよばれ、金冠塚出土の環状口縁をもつ台付杯の類品が、カザフスタン共和国のサリ・クル湖畔のカラ・アガチ遺跡の墓から出土し、③の斑点文貼付碗が南ロシアのカフカーズ地方から黒海北岸にかけて分布する。また、①の環状口縁網目文碗が中国河北省の封魔奴墓から出土している。記録によれば、封魔奴は483年に平城に埋葬され、512年に景県に改葬されたといわれ、新羅の古墳とも年代が近い。このようにローマン系グラスの分布をみるとまだ空白地帯は多いが、ユーラシア大陸北方のステップ地帯を通る北方ルートで新羅に入ってきた可能性が高い。味鄒王陵C地区4号墳出土の鳥と人物を象眼したトンボ玉は、人物が新羅人ではなく、図像からみて黒海北岸地域での製作とみる意見がある(由水 1992)。また、味鄒王陵地区鶏林路14号墳から出土した嵌玉金装宝剣の類例は、カザフスタン共和国のボロウオエ遺跡から、いわゆるスキタイ式銅鍑とともに1928年に発見されている。これらも同様に北方ルートで新羅にもたらされたとみることができる。

一方、⑤の素文の紺色碗は気泡が多く含まれ、質と形態からみて新羅産のガラスという意見も出ている。気泡が横に流れているので、吹きガラスではなく、型に巻きつけてつくった可能性もあるからで、さらに製作方法を詳しく検討する必要があろう。

4 短脚高杯の諸問題

6世紀後半になると伝統的な2段交互透孔高杯が短脚化し透孔も小さくなり、さらに短脚化して1段透孔高杯となるのも現れた。また透孔が一段あるいはそれがない高台のような脚となった短脚高杯が新たに出現する。便宜上、前者を伝統様式高杯とよんでいる。伝統様式高杯の蓋の鈕が小さいのに対して短脚高杯の蓋は環状鈕がつく違いもみられる。この二種の高杯は複合口縁長頸壺と組み合わさり、この時期の新羅土器の特徴をよく示している。

短脚高杯の出現年代は皇龍寺の発掘調査と文献に記された創建年代とから明らかにされた。皇龍寺の建立に関する文献の記載をみると、553年（真興王14年）に建立を始め、556年（『三国史記』による）あるいは569年（『三国遺事』による）に最初の伽藍が完成した。これが第1次伽藍である。その後、徐々に整備を進め584年に金堂の丈六像が完成した。この段階が第2次伽藍の完成である。これを発掘の結果でみると、本来は沼地であったところを盛土して、その上に基壇をつくり中門、金堂、講堂などを建てた。盛土層から短脚高杯の脚部と身部が出土しているので、出現の下限年代を569年とおさえることができる。第2次伽藍の基礎からも短脚高杯が出土しているので、ある程度の使用期間があったものとみられる。およそ

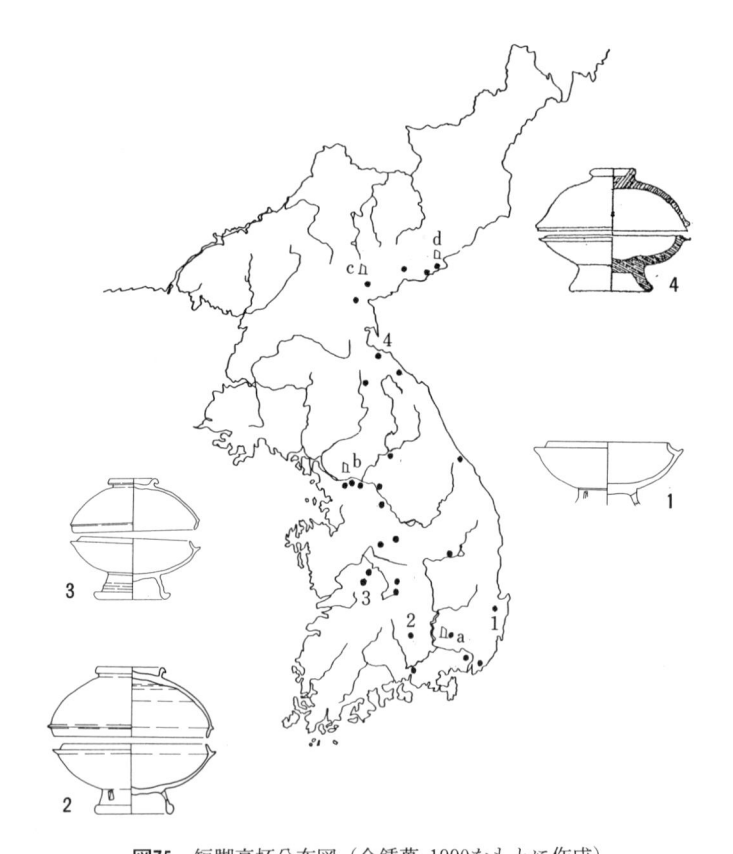

図75 短脚高杯分布図（金鍾萬 1990をもとに作成）
1：慶州皇龍寺盛土層　2：陜川三嘉古墳群
3：錦山場垈里古墳群　4：安辺龍城里古墳群
新羅真興王拓境碑（a.昌寧—561年　b.北漢山—568
年以後　c.黄草嶺—568年　d.磨雲嶺—568年）

6世紀後半とおさえておこう。慶州を中心に分布し、西は百済の領域であった忠清南道におよび場垈里古墳群、注山里古墳群、水山里古墳群などから出土し、また伽耶諸国のあった慶尚南道の陜川三嘉

古墳群でもみられる。北は日本海に面する咸鏡南道多湖里古墳群、富民洞古墳群、栗枝里古墳群にまで及ぶ（図75）。一方、新羅真興王が管境を巡狩した記念の石碑が、561年〜568年のあいだに慶尚南道昌寧、京畿道北漢山、咸鏡南道黄草嶺、磨雲嶺の4カ所に建てられた。この石碑は、新羅と他国との境界を示すもので、短脚高杯の分布とほぼ一致する。したがって、短脚高杯の分布範囲は、新羅の領域に組み込まれた地域と理解できる。

5　寺院と瓦

（1）寺院

　新羅で仏教が正式に認められ、寺院の造営が始まったのは、法興王17年（527年）からである。しかし、『三国遺事』によると5世紀に高句麗から僧侶がやってきて仏教を伝えたことを記している。高句麗や百済ではすでに4世紀に仏教が伝わったが、新羅への伝播はそれよりも遅れた。最初に造営された寺院は興輪寺で、544年に完成した。文献に「味鄒王の陵が興輪寺の東にある」と記されるから、寺は邑南古墳群の西側にあったと思われるが、その所在地は現在不明である。

　この寺とほぼ同じ頃に造営が開始された皇龍寺が、1976〜83年までの8年間をかけて発掘調査され、中心部の全貌が明らかとなった。文献によれば、「553年に宮殿をつくろうとしたところ、黄龍が現れたので不思議に思い、寺に改め皇龍と号した」というのが創建年代で、1238年に蒙古軍の侵入により全焼したのが、伽藍の最後の姿であった。その間、伽藍配置に4回の改造が行われたことが発掘によ

図76 皇龍寺伽藍変遷図

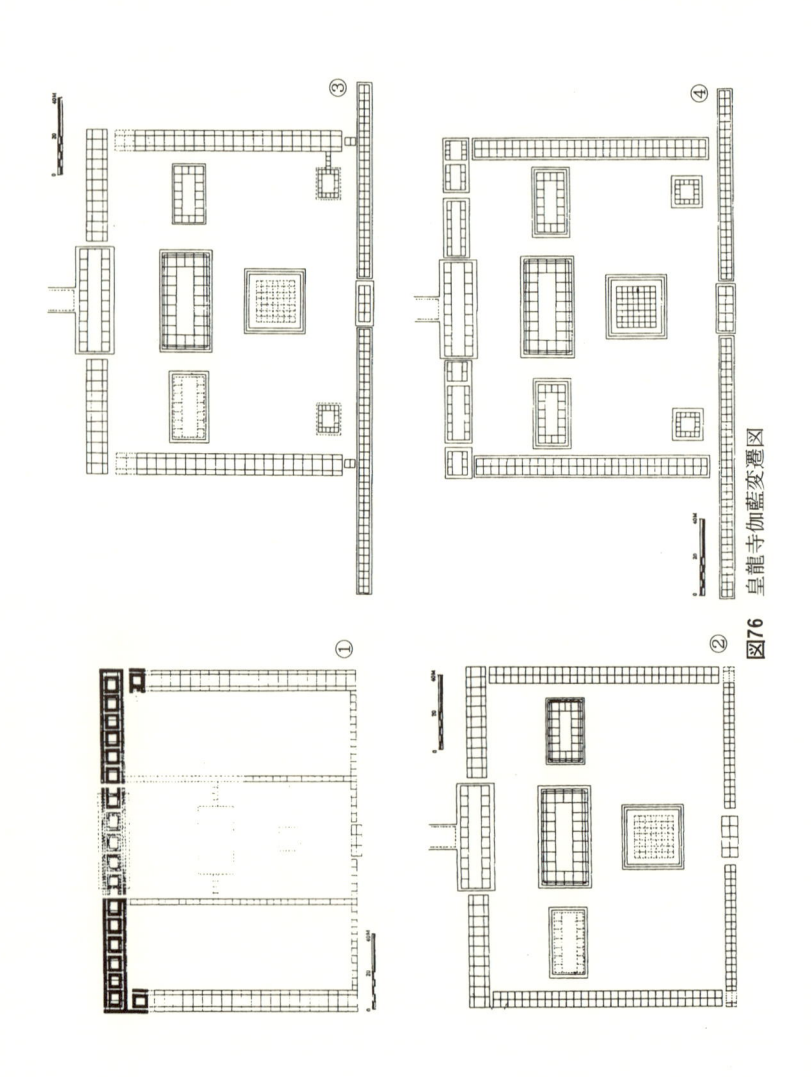

りわかった（図76）。

①第1次伽藍

　中門、塔、金堂が南北一直線に並び、これらの建物を囲むように南北方向に長い回廊がまわり、その東西の外側にはさらに回廊に平行して幅3間の僧房が配置された。南側には、東西の僧房をつなぐように回廊が延び、北側では建物が東西方向に連結するように並び、東西の僧房とつながる。この建物の性格は不明であり、講堂の存在も確かめられていない。このような変則的な伽藍は、本来は宮殿として造営に着手したが、途中で寺院に変更したためであろう。東西の回廊から金堂へつながる翼廊があったと推定されるが、これも寺院にはあまりみられないものである。伽藍の完成は569年である。

②第2次伽藍

　東西に3分割された空間をひとつの大きな空間に変更した。すなわち、第1次伽藍の東西回廊を破棄して、その外側にあった東西の僧房を回廊に改造した。さらに。中門は6m南に移り、塔は7間四方の9層の木塔が建てられた。金堂（中金堂）は11間×6間で、基壇の中央に石製台座が今ものこっている。ここには、丈六像（高さ1丈6尺＝4.8m）とその脇に菩薩像を安置したことが『三国遺事』に記されている。この金堂の東西の対称的な位置に東金堂と西金堂がつくられ、北側には10間×4間の講堂がつくられた。9層の木塔が完成したのが645年であり、この頃が皇龍寺第2次伽藍の完成期である。一塔三金堂式の伽藍配置であり、この配置が最後までつづいた。

③第3次伽藍

　中門と南回廊がさらに南に移り、その広がった空間に新しく5間

×5間の長方形建物が2棟建てられた。東南隅の建物は基壇中央の下に川原石を敷き、その上に大きな割石をまるく並べている。石敷は音響効果があるので鐘楼であろう。そうすると、西南隅の建物は経楼となる。『三国遺事』によれば、「景徳大王の天寳十三甲午（754年）に、皇龍寺の鐘を鋳造した」とあるので、この頃に鐘楼がつくられ、第3次伽藍が完成した。仏国寺でも751年の重建時に鐘楼がつくられているので、この頃から寺院で鐘を鋳造することが始まったとみてよい。現存する聖徳大王神鐘（奉徳寺に安置されていた）は771年の製作である。

④第4次伽藍

1095年に5回目の落雷を受け、翌年には新しい伽藍が造営された。9層の木塔は同じ規模に再建されたが、鐘楼と経楼は正方形の建物にかわり、回廊は複廊になり、講堂は10間×4間から9間×4間に変更された。各建物に変更もみられるが、伽藍の配置は第3次と同じである。

発掘の結果、木塔址から舎利外函、舎利内函、銀製八角舎利塔、金銅製八角舎利塔、銀製小円板、銅製蓋などの舎利荘厳具が出土し、地鎮具としてはその心礎石の下の基壇内から銅鋺、隋鏡、中国製白磁、金銅板仏が、西金堂の基壇のなかからは金銅製耳飾、銅容器、玉類、銅鋌などが出土した。他に、回廊や金堂、講堂からも多くの遺物が出土し、総数は3万点を超える（文化財研究所 1975）。

（2）瓦

瓦は寺院の造営に伴いつくられ始め、その後宮殿や山城内の建物にも使用された。668年の三国統一を境にして、新羅瓦と統一新羅

瓦に区分することができる。

亀田修一によれば（亀田 1993）、新羅瓦の特徴として8項目が挙げられているが、そのうち①素弁蓮花文がほとんであるが、複弁蓮花文もある、②素弁には、まったくの素弁と有稜のものがある、③有稜のものは闊弁と狭弁に大きく二分され闊弁には6葉が目立つ、④外区外縁は素文がほとんどであるが珠文をめぐらすものもある、が大きな特徴である。皇龍寺出土の弁先端が尖る7弁蓮花文軒丸瓦は、創建時のもので高句麗の影響を受けている（図77）。6世紀後半になると弁先端が丸くなり、稜線をもつ素弁蓮華文軒丸瓦が現れる。この瓦が新羅の典型的な瓦であり、新羅瓦とよばれる。統一以前の軒平瓦については、まだよくわかっていない。

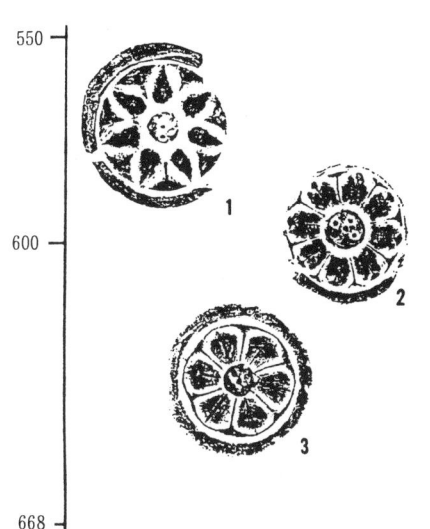

図77　皇龍寺出土の軒丸瓦（亀田 1993）

統一新羅になると、軒丸瓦の蓮華文は複弁になり、蓮華文、宝相華文、忍冬文が複合した文様や鳥文、迦陵頻迦文という動物文がみられるようになる。軒平瓦には唐草文が多く施されるが、蓮華文、宝相華文、鳥文、麒麟文、龍文などもある。新羅瓦にくらべ装飾性が強くなり、外区外縁には珠文が、有顎のものでは顎部を唐草文で飾るものが多くなる。

参考文献一覧

日本語で発表されたものを中心に挙げた。

全体に関わるもの
韓炳三『韓国の古代文化』NHK人間大学、1995年。
菊竹淳一・吉田宏志責任編集『世界大美術全集東洋篇10 高句麗・百済・新羅・高麗』小学館、1998年。
金元龍（西谷正訳）『韓国考古学概論』東出版、1972年。
金元龍（西谷正訳）『韓国考古学概説』六興出版、1984年。
金元龍監修『韓国の考古学』講談社、1989年。
金元龍・岡崎敬・韓炳三責任編集『世界陶磁全集17韓国古代』小学館、1989年。
金廷鶴編著『韓国の考古学』河出書房新社、1972年。
小泉顕夫『朝鮮古代遺跡の遍歴』六興出版、1986年。
小学館『世界陶磁全集 17 韓国古代』1989年。
関野貞『朝鮮の建築と芸術』岩波書店、1941年。
朝鮮総督府『朝鮮古蹟図譜』第1～15冊、1916～35年。
韓国国立中央博物館『国立中央博物館』1996年。（日本語版は1998年）
韓国文化院監修『月刊韓国文化』№220、特集・韓国の考古学史、1998年。
国史編纂委員会『韓国史』2 旧石器文化・新石器文化、1997年。（ハングル）
国史編纂委員会『韓国史』3 青銅器文化・鉄器文化、1997年。（ハングル）
社会科学院考古学研究所『朝鮮考古学概要』1977年。（ハングル）
都有浩『朝鮮原始考古学』社会科学院考古学及民俗学研究所、1960年。（ハングル）

はじめに
今西龍「新羅旧都慶州附近の古墳」『歴史地理』第11巻第1号、1908年。
関野貞「朝鮮建築調査報告」『東京帝国大学工科学術報告』第6号、1904年。
鳥居龍蔵「満洲調査復命書」『史学雑誌』第17編第2、3、4号、1906年。

直良信夫「朝鮮潼関鎮発掘旧石器時代の遺物」『第一次満蒙学術調査研究団報告』第6部第3編、1940年。

西谷正「朝鮮の金石学者・金正喜」『書道研究』第4巻第7号、1990年。

八木奘三郎「韓国通信」『東京人類学雑誌』第16巻第176号、1900年。

八木奘三郎「朝鮮の磨石器時代」『人類学雑誌』第29巻第12号、1914年。

文化財研究所『全国文化遺蹟発掘調査年表増補版Ⅰ』ソウル、1990年。（ハングル）

第1章

後藤直「朝鮮半島―朝鮮旧石器時代研究の現状―」『日本の旧石器文化』第4巻、雄山閣、1984年。

鄭永和（大竹弘之訳）「韓国全谷里遺跡」『旧石器考古学』28・30、1984・1985年。

直良信夫「朝鮮潼関鎮発掘旧石器時代の遺物」『第一次満蒙学術調査研究団報告』第6部第3編、1940年。

李隆助「韓国の旧石器文化」『考古学ジャーナル』No. 373、1994年。

李隆助・尹用賢（小畑弘之訳）「韓国細石刃石核の研究（上）（下）」『古文化談叢』第41集・第42集、1998・1999年。

崔茂蔵『韓国の旧石器文化』芸文出版社、1986年。（ハングル）

孫宝基『石壮里先史遺跡』東亜出版社、1993年。（ハングル）

忠北大学校博物館『韓国旧石器文化展』1986年。（ハングル）

第2章

有光教一『朝鮮櫛目文土器の研究』京都大学文学部考古学叢書第2冊、1962年。

佐藤達夫「朝鮮有紋土器の変遷」『考古学雑誌』第48巻第3号、1963年。

鄭澄元（宮本一夫訳）「韓国南海岸地方における隆起文土器の研究」『考古学雑誌』第72巻第2号、1986年。

任孝宰「韓国櫛目文土器の展開」『末廬国』六興出版、1982年。

任孝宰「新石器時代における韓日文化交流の新たな発掘資料」『考古学ジャーナル』No. 390、1995年。

藤田亮策「櫛目文様土器の分布に就きて」『青丘学叢』第2号、1930年。

三上次男「朝鮮における有文土器の分布とその文化の拡がりについて」『朝鮮学報』第14輯、1959年。
宮本一夫「朝鮮有文土器の編年と地域性」『朝鮮学報』第121号、1986年。
韓永熙「韓半島中・西部地方の新石器文化」『韓国考古学報』5、1978年。（ハングル）
国立晋州博物館『煙台島』1993年。（ハングル）
国立中央博物館『岩寺洞』1994年。（ハングル）
金建洙「わが国の骨角器の分析的研究」『湖南考古学報』8輯、1998年。（ハングル）
申鍾煥「新石器時代錦江式土器に対する小考」『嶺南考古学』1995年。（ハングル）
チェ・ボックキュ「江原道先史考古学の諸問題」『韓国先史考古学報』5、1998年。（ハングル）

第3章

安在晧（後藤直訳）「松菊里類型の検討」『古文化談叢』第31集、1993年。〈原典は『嶺南考古学』11、1992年〉
岡内三真「朝鮮における銅剣の始源と終焉」『考古学論考―小林行雄博士古稀記念論文集―』平凡社、1982年。
甲元眞之「朝鮮支石墓の再検討」『古文化論攷』鏡山猛先生古稀記念、1980年。
甲元眞之「朝鮮半島の支石墓」『東アジアにおける支石墓の総合的研究』（科研報告書、代表西谷正）、1997年。
後藤直「南朝鮮の「無文土器」」『考古学研究』第19巻第3号、1973年。
後藤直「朝鮮の青銅器と土器・石器」『古文化論集上巻』森貞次郎博士古稀記念、1982年。
高倉洋彰『金印国家群の時代』青木書店、1995年。
田村晃一「朝鮮半島出土の磨製石剣について」『ミュージアム』第452号、東京国立博物館、1988年。
西谷正「朝鮮半島における石包丁の分布」『考古学ジャーナル』No. 260、1986年。
国立中央博物館『韓国の青銅器文化』特別展図録、1992年。

国立中央博物館『韓国の先・原史土器』1993年。
釜山大学校博物館『蔚山検丹里マウル遺蹟』1995年。(ハングル)
国立公州博物館『松菊里Ⅴ―木柵(1)―』1993年。(ハングル)

第4章

韓炳三「原三国時代」『韓国の考古学』講談社、1989年。

駒井和愛『楽浪』中公新書、1972年。

崔鍾圭(後藤直訳)「瓦質土器の検討と意義」『古代を考える』34、1983年。

崔鍾圭「慶州朝陽洞遺跡発掘調査概要とその成果」『古代文化』35巻8号、1983年。

関野貞「楽浪郡治の遺址」『建築雑誌』第448号、1923年(『朝鮮の建築と芸術』岩波書店、1941年所収)。

高久健二「楽浪墳墓の編年」『考古学雑誌』第78巻第4号、1993年。

谷豊信「楽浪土城址の発掘とその遺構―楽浪土城研究 その1―」『東京大学文学部考古学研究室研究紀要』第2号、1983年。

谷豊信「楽浪郡時代の土城」『考古学ジャーナル』No. 392、1995年。

田村晃一「楽浪地域の木槨墓」『三上次男博士頌寿記念東洋史・考古学論集』1979年。

朝鮮古蹟研究会『楽浪王光墓』1935年。

朝鮮総督府『楽浪郡時代の遺蹟 図版下冊』1925年。

東京大学文学部『楽浪郡治址』1964年。

金元龍「石村洞発見原三国時代の家屋残構」『考古美術』113・114、1972年。(ハングル)

国立中央博物館『清堂洞』1993年。(ハングル)

孫明助「慶州隍城洞製鉄遺跡の性格について」『新羅文化』14、1997年。(ハングル)

李健茂ほか「義昌茶戸里遺蹟発掘進展報告(1)」『考古学誌』第1輯、1989年。(ハングル)

李盛周「新羅・伽耶土器の科学的分析研究」『国史館論叢』74、1997年。(ハングル)

裵基同・尹又埈「漢陽大学校発掘調査団発掘報告(1992年度)」『渼沙里』第2巻、1994年。(ハングル)

第5章

東潮『高句麗考古学研究』吉川弘文館、1997年。

東潮・田中俊明編著『高句麗の歴史と遺跡』中央公論社、1995年。

王健群ほか『好太王碑と高句麗遺跡』読売新聞社、1988年。

岡崎敬「安岳第三号墳（冬寿墓）の研究」『史淵』第93集、1963年。

金一権（金井塚良一訳）「高句麗壁画の星座図の考定」『研究紀要』3号、山武考古学研究所、1998年。〈原典は『白山学報』47号、1996年〉

小泉顕夫「平壌清岩里廃寺址の調査」『昭和一三年度古蹟調査報告』1940年。

小泉顕夫「高句麗清岩里廃寺址の調査」『仏教芸術』33号、1958年。

耿鉄華・林至徳（緒方泉訳）「高句麗集安土器の基礎的研究」『古代文化』第39巻第8号、1987年。

杉山信三・小笠原好彦編『高句麗の都城遺跡と古墳』同朋舎、1992年。

社会科学院考古学研究所編（呂南喆・金洪圭訳）『高句麗の文化』同朋舎、1982年。

社会科学院考古学研究所編（呂南喆・金洪圭訳）『5世紀の高句麗文化』雄山閣、1985年。＜原本は金日成綜合大学『東明王陵とその附近の高句麗遺蹟』1976年。（ハングル）＞

朱栄憲（永島暉臣愼訳）『高句麗の壁画古墳』学生社、1972年。

朱栄憲他（高寛敏訳）『徳興里高句麗壁画古墳』講談社、1986年。

田村晃一「高句麗積石塚の構成と分類について」『考古学雑誌』第68巻第1号、1982年。

田村晃一「高句麗の積石塚の年代と被葬者をめぐる問題について」『青山史学』第8号、1984年。

永島暉臣愼「高句麗の都城と建築」『難波宮址の研究』第7論考篇、大阪文化財協会、1981年。

李殿福（西川宏訳）『高句麗・渤海の考古と歴史』学生社、1991年。

朱栄憲「高句麗積石塚に関する研究」『文化遺産』2期、1962年。（ハングル）

魏存成『高句麗考古』吉林大学出版社、1994年。（中文）

耿鉄華「高句麗墓・上建築及其性質」『高句麗研究文集』延辺大学出版社、1993年。（中文）

方起東「集安東抬子高句麗建築遺址の性質と年代」『東北考古と歴史』第1

輯、1982年。(中文)

李殿福「集安高句麗墓研究」『考古学報』第2期、1980年。(中文)

第6章

東潮『古代東アジアの鉄と倭』渓水社、1999年。

東潮・田中俊明編著『韓国の古代遺跡　2　百済・伽耶篇』中央公論社、1989年。

梅原末治「扶余陵山里東古墳群の調査」『昭和十二年度古蹟調査報告』1938年。

小田富士雄「韓国の前方後円墳-研究史的展望と課題-」『福岡大学人文論叢』第28巻第4号、1998年。

軽部慈恩「公州に於ける百済古墳(一)～(八)」『考古学雑誌』第23巻第7、9号、第24巻第3、5、6、9号、第26巻第3、4号、1933～36年。

姜仁求(岡内三真訳)『百済古墳研究』学生社、1984年。

北野耕平「百済・弥勒寺の発掘調査」『仏教芸術』179号、1988年。

金誠亀(亀田修一訳)「扶余の百済窯跡と出土遺物に対して」『古文化談叢』第26集、1991年。〈原典は『百済研究』第21輯、1990年〉

成周鐸(亀田修一訳)「百済泗沘都城研究」『古文化談叢』第14集、1984年。〈原典は『百済研究』第13輯、1982年〉

成正鏞(亀田修一訳)「3～5世紀の錦江流域における馬韓・百済墓制の様相」『古文化談叢』第43集、1999年。〈原典は『第22回韓国考古学全国大会』1998年〉

羽生田純之「朝鮮半島の前方後円墳」『専修大学人文科学年報』第26号、1996年。

村上恭通「原三国・三国時代における鉄技術の研究」『青丘学術論叢』第11集、1997年。

吉井秀夫「百済地域における横穴式石室分類の再検討-錦江下流域を中心として-」『考古学雑誌』第79巻第2号、1993年。

公州大学校博物館『公山城建物址』1992年。(ハングル)

国立光州博物館『羅州潘南面古墳群』1988年。(ハングル)

国立光州博物館『光州明花洞古墳』1996年。(ハングル)

国立光州博物館『艇止山』1999年。(ハングル)

国立全州博物館『扶安竹幕洞祭祀遺蹟』1994年。（ハングル）
国立大邱博物館『百済金銅大香炉と石造舎利龕』1996年。（ハングル）
国立扶餘文化財研究所『弥勒寺』1996年。（ハングル）
国立中央博物館『百済』特別展図録、1999年。（ハングル）
ソウル大学校博物館『石村洞積石塚発掘調査報告』1975年。（ハングル）
ソウル大学校博物館『石村洞三号墳（積石塚）発掘調査報告書』1983年。（ハングル）
文化財管理局『武寧王陵』1974年。（ハングル）＜日本語版金元龍・有光教一監修『武寧王陵』学生社＞
朴仲煥「栄山江流域の前方後円形墳丘」『湖南地域古墳の墳丘』湖南考古学会第4回学術大会、1996年。（ハングル）
林炳泰ほか『渼沙里』第3巻、1994年。（ハングル）
尹武炳『百済考古学研究』学研文化社、1992年。（ハングル）
李南奭『百済石室古墳研究』学研文化社、1995年。（ハングル）
衢県文化館「浙江衢県街路村西晋墓」『考古』1974年6期。（中文）

第7章

東潮・田中俊明編著『韓国の古代遺跡　2　百済・伽耶篇』中央公論社、1989年。
小田富士雄他『伽耶と古代東アジア』新人物往来社、1993年。
定森秀夫「伽耶土器の地域色」『緑青』No. 7、マリア書房、1992年。
申敬澈「金海大成洞古墳群－第2次発掘調査の概要と成果－」『東アジアの古代文化』68号、1991年。
申敬澈「四・五世紀代の金官伽耶の実像」『巨大古墳と伽耶文化』角川選書、1992年。
鈴木靖民ほか『伽耶はなぜほろんだか』増補改訂版、大和書房、1998年。
宋桂鉉「伽耶出土の甲冑」『伽耶と古代東アジア』新人物往来社、1993年。
趙栄済（竹谷俊夫訳）「陜川玉田古墳群の墓制について」『朝鮮学報』第150輯、1994年。
東京国立博物館『伽耶文化展』特別展図録、1992年。
東京国立博物館『有銘環頭大刀』1992年。
韓永熙・李相洙「昌寧校洞11号墳出土有銘円頭大刀」『考古学誌』第2輯、

1990年。(ハングル)
金海市『金海の古墳文化』1998年。(ハングル)
慶尚大学校博物館『陜川玉田古墳群Ⅱ』1990年。(ハングル)
慶尚大学校博物館『陜川玉田古墳群Ⅲ』1992年。(ハングル)
洪性彬ほか「咸安馬甲出土古墳発掘調査概報」『文化財』第26号。(ハングル)
高霊郡『大伽耶古墳発掘調査報告書』1979年。(ハングル)
昌原大学校博物館『馬山縣洞遺蹟』1990年。(ハングル)
釜山大学校博物館『東萊福泉洞古墳群Ⅰ』1983年。(ハングル)

第8章

東潮・田中俊明編著『韓国の古代遺跡　1　新羅篇』中央公論社、1988年。
伊藤秋男「耳飾の型式学的研究に基づく韓国古新羅時代古墳の編年に関する一考察」『朝鮮学報』第64輯、1972年。
亀田修一「百済の瓦・新羅の瓦」『仏教芸術』209号、1993年。
斎藤忠「慶州皇南里第百号墳皇吾里第十四号墳調査報告」『昭和九年度古蹟調査報告』第一冊、1937年。
斎藤忠『新羅文化論攷』吉川弘文館、1983年。
毛利光俊彦「新羅積石木槨墳考」『文化財論叢』奈良国立文化財研究所創立30周年記念論文集、1983年。
毛利光俊彦「朝鮮古代の冠―新羅―」『西谷真治先生古稀記念論文集』1995年。
由水常雄「朝鮮の古代ガラス」『世界ガラス美術全集』4 中国・朝鮮、求龍堂、1992年。
金載元『壺杅塚と銀鈴塚』国立博物館古蹟調査報告第一冊、1948年。(ハングル)
金鍾萬『短脚高坏の歴史性に対する研究』1990年。(ハングル)
崔秉鉉ほか『錦山場岱里古墳群』1992年。(ハングル)
崔秉鉉『新羅古墳研究』一志社、1992年。(ハングル)
秦弘燮「皇吾里第三十三号墳」『慶州皇吾里第一・三三号皇南里第一五一号古墳発掘調査報告』1969年。(ハングル)
東亜大学校博物館『陜川三嘉古墳群』1982年。(ハングル)

文化財管理局『天馬塚発掘調査報告書』1975年。（ハングル）

文化財研究所『皇龍寺』1984年。（ハングル）

文化財管理局『皇南大塚（北墳）発掘調査報告書』1985年。（ハングル）

李熙濬「土器よりみた新羅古墳の分期と編年」『韓国考古学報』第36集、1997年。（ハングル）

リャン イクリョン「安辺龍城里古墳発掘報告」『文化遺産』4期、1958年。（ハングル）

遼寧省博物館文物隊「朝陽袁台子東晋壁画墓」『文物』1984-6。（中文）

黎瑶渤「遼寧北票県西官營子北燕馮素弗墓」『文物』1973-3。（中文）

Akio Ito 1971 *Zur Chronologie der frühsillazeitlichen Gräber in Südkorea*, Munchen.

朝鮮半島

年代	時代		東北部　　西北部	西部
	旧石器時代	前期	屈浦里Ⅰ文化	コムンモル洞窟
前30000		後期	屈浦里Ⅱ文化	
前6000	櫛目文土器時代 (新石器時代)	早期		
		前期	西浦項Ⅱ　美松里下層	智塔里Ⅰ期 智塔里Ⅱ期
		中期	西浦項Ⅲ期　堂山下層	金灘里第1文化
		後期	西浦項Ⅳ・Ⅴ期　新岩里Ⅰ期	金灘里第2文化 （南京）
前1000	無文土器時代 (青銅器時代)	前期	孔列文土器　新岩里Ⅱ期 （西浦項）　美松里型土器 （虎谷）公貴里型土器 墨房里型土器	コマ形土器 （沈村里）
前300		後期	魯南里型土器　縄蓆文土器 （龍淵洞）	
前100	原三国時代	前期	**高句麗** 前期 桓仁 （五女山城）	前108.楽浪郡 （楽浪土城）
0		後期		
200			中期 集安 （国内城） （山城子山城）	帯方郡 （智塔里土城）
300	三国時代		─────────→	313.楽浪郡・帯方郡滅亡 （安岳3号墳）
400			（広開土王碑）	
500			（牟頭婁墓） （五盔墳）	427.後期前半 平壌 （清岩里土城）─── （大城山城）
600				586.後期後半 平壌 （長安城） （江西大墓）
	統一新羅			668.高句麗滅亡　←

編 年 表

中部	中西部	南西部	南東部	東部
(全谷里)	(石壮里)			
	(垂楊介)			
隆	起	文	土	器
岩寺洞Ⅰ期	(上詩里)	(高山里)	(東三洞) (新岩里)	繁山里下層
			瀞仙洞期	
岩寺洞Ⅱ期			水佳里Ⅰ期	繁山里中層
矢島期	錦江式		水佳里Ⅱ期	繁山里上層
孔	列	文	土	器
可楽里型・欣岩里型・駅三洞型土器				(永興)(朝陽洞)
(渼沙里)	(休岩里)		(検丹里) (玉峴)	
	松菊里型土器			
	粘 土 帯		土	器
	(南城里)(槐亭洞)			
			(勒島)	
		(新昌洞)		
中島式土器	瓦	質	土	器
			(茶戸里) (朝陽洞)	
(加平馬場里)			(老圃洞)	(安仁里)

百 済			**伽 耶**	
漢城期			金官国	**新 羅**
(夢村土城) (風納里土城)			(大成洞古墳群)	
(石村洞古墳群)				
→漢城陥落			大伽耶	(皇南大塚)
475.熊津期			(池山洞古墳群)	
(公山城)				(天馬塚)
(武寧王陵)			532.金官国滅亡 ←	
538.泗沘期				(皇龍寺)
(扶蘇山城)			562.大伽耶滅亡 ←	
(陵山里古墳群)				
660.百済滅亡 ←				

遺 跡 索 引

遺跡名は、原則として日本における漢字音にしたがって配列した。但し、以下の遺跡はそれぞれ次の読みに従った。
瀛仙洞→エイ、鰲山里→ゴウ、秥蟬県碑→ネン、渼沙里→ビ

ア

安岳3号墳（357年に「冬寿」を葬った黄海南道の高句麗中期の壁画古墳）
　116, 117, 121, 130, 131
安渓里（紺色ガラス碗が出土した慶州市江東面の積石木槨墳の古墳群）
　230
安仁里（呂字形や凸字形住居がある江原道の原三国時代の集落遺跡）　84, 91
安鶴宮（ピョンヤン市の高句麗後期あるいは高麗時代の宮殿址）　135
井洞里（忠清南道扶餘郡にある百済中期の瓦と塼を焼成した窯）　159
雲城里（楽浪郡の列口県があった黄海南道の土城）　97, 101
永興（鋳型が出土した咸鏡南道の無文土器時代前期の遺跡）　47, 54, 57, 59
瀛仙洞（釜山市にある櫛目文土器時代早期から前期の貝塚）　18
益山双陵（陵山里型石室をもつ全羅北道益山郡の古墳）　171
駅三洞（駅三洞型土器を出土する京畿道の無文土器時代前期の遺跡）　59
煙台島（慶尚南道にある櫛目文土器時代の土壙墓がある貝塚）　37, 42
於乙洞（楽浪郡の秥蟬県治址があった平安南道の土城）　96, 101
王旴墓（4人を埋葬したピョンヤン市の楽浪郡の木槨墓）　105
王光墓（「楽浪太守掾王光之印」木印が出土したピョンヤン市の楽浪郡の木槨墓）　104
黄草嶺（新羅の真興王が立てた咸鏡南道にある6世紀の石碑）　232

カ

下岱（銅鼎が出土した慶尚南道にある原三国時代後期の木槨墓）　82
下古城子（中国桓仁県にあり、高句麗前期の王城と推定される土城）　122
加佐洞（泗川・固城型土器が出土した慶尚南道晋州市の伽耶の古墳群）
　193
可楽洞（ソウル市にある横穴式石室よりなる百済の古墳群、2号は百済前期

遺跡索引　*251*

の土壙墓）　142, 145, 147

花城里（象嵌環頭大刀が出土した忠清南道にある百済前期の古墳群）　147

貨泉洞（焚き火跡が発見されたピョンヤン市の旧石器時代の遺跡）　12

会寧五洞（咸鏡北道の無文土器時代前期の集落遺跡）　59

槐亭洞（忠清南道の無文土器時代後期の囲石木棺墓）　50, 74

角抵塚（洞溝古墳群禹山墓区の高句麗中期の壁画古墳）　117, 121

楽民洞（カキや海獣の骨が出土した釜山市の原三国時代の貝塚、鍛冶遺構もある）　85, 92

茅村里（忠清南道論山郡にある百済の古墳群）　156

官北里（木簡が出土した忠清南道扶餘郡にある百済後期の王宮址）　164, 165

寛倉里（忠清南道の無文土器時代後期の方形周溝墓）　93

館山里（忠清南道の無文土器時代前期の大型長方形住居址）　59

岩寺洞（ソウル市にある櫛目文土器時代前期と中期の集落遺跡）　25, 39

休岩里（忠清南道にある無文土器時代前期の集落遺跡）　48, 60

宮南池（木簡が出土した忠清南道扶餘郡の百済後期の別宮の宮苑）　164

弓山里（平安南道にある櫛目文土器時代の貝塚と集落の遺跡）　25, 32, 39

玉峴（慶尚南道の無文土器時代前期の水田址と環濠集落遺跡）　65

玉石里（孔列文土器が出土した京畿道の無文土器時代前期の集落遺跡）　59

玉田（慶尚南道陝川郡の伽耶「多羅国」の古墳群）　178, 194, 199, 200, 204

欣岩里（米・雑穀が出土した京畿道の無文土器時代前期の集落）　47, 59, 66, 68

金海会峴里（慶尚南道の原三国時代の貝塚、金海期が設定された）　77, 79, 91

金冠塚（金冠が出土した新羅の邑南古墳群の積石木槨墳）　218, 224, 228～230

金城里古墳群（高霊型土器が出土した全羅北道任実郡の古墳群）　194

金灘里（ピョンヤン市にある櫛目文土器時代から無文土器時代の集落遺跡）　23, 25, 32, 39

金鈴塚（金冠が出土した新羅の邑南古墳群の双円墳をなす積石木槨墳、飾履塚とペア）　218, 223, 224, 229, 230

金坡里（石器工房あるいは住居が発見された京畿道の旧石器時代の遺跡）　12

銀鈴塚（金銅冠が出土した新羅の邑南古墳群の双円墳をなす積石木槨墳、壺杅塚とペア）　218, 227

九政洞（竪矧板鋲留短甲が出土した慶州市南部の新羅初期の古墳）　199
屈浦里（西浦項遺跡の貝塚の下にある咸鏡北道の旧石器時代の遺跡）　10
桂城里（金銅冠を出土した慶尚南道昌寧郡の伽耶「比自火国」の古墳群）
　178,193,206
月山里（高霊型土器が出土した全羅北道南原郡の伽耶の古墳群）　178,203
月城路（邑南古墳群のなかで新羅初期の積石木槨墳がある地区）　229
檢丹里（慶尚南道にある無文土器時代前期の環濠集落）　48,59,60,62
縣洞（咸安型土器が出土した慶尚南道晋州市の伽耶の古墳群）　193
コムンモル（化石人骨と絶滅動物化石が共伴したピョンヤン市の旧石器時代
　前期の洞窟）　5
湖南里四神塚（四神が描かれたピョンヤン市の高句麗後期の壁画古墳）
　121
虎谷（咸鏡北道にある櫛目文土器時代から無文土器時代の集落）　40,47,51,
　59,75
五盛墳（四神が描かれた中国集安市の高句麗後期の壁画古墳）　121
五女山城（中国桓仁県の高句麗前期の王都にある山城）　122,123
公貴里（慈江道にある無文土器時代前期の公貴里型土器を出す遺跡）　48,
　59
公山城（忠清南道公州市の百済中期の王宮がある山城）　150,152
厚浦里（大型磨製石斧を大量に副葬した櫛目文土器時代の土壙墓）　43
広開土王碑（414年に建立された中国集安市にある高句麗中期の石碑）
　124,228
校成里（忠清南道の無文土器時代後期前半の高地集落遺跡）　61
校洞（江原道にある洞窟を利用した櫛目文土器時代の埋葬遺跡）　43
江西大墓（四神を描いた平安南道南浦市の高句麗後期の壁画古墳、別称は遇
　賢里大塚）　120,121,136
江西中墓（四神を描いた平安南道南浦市の高句麗後期の壁画古墳）　121
皇南大塚（金冠を出土した邑南古墳群最大の新羅の双円墳である積石木槨墳）
　211,224,229
皇龍寺（一塔三金堂の伽藍配置をなす慶州市の新羅から高麗時代の寺院址）
　232～237
隍城洞（慶州市にある原三国時代の冶鉄遺跡）　86
高山洞（積石塚と石室封土墳からなるピョンヤン市の高句麗の古墳群）
　121

遺跡索引　*253*

高山里（済州島にある櫛目文土器時代早期の隆起文土器を出土する遺跡）
　17, 18
高常賢墓（「高常賢」銀印が出土したピョンヤン市の楽浪郡の木槨墓）　104
高力墓子（中国桓仁県の高句麗の積石塚の古墳群）　123
合松里（青銅器と鉄器が出土した忠清南道の無文土器時代後期の囲石木棺墓）
　76
鰲山里（江原道にある櫛目文土器時代早期の隆起文土器を出土する集落遺跡）
　18, 20, 30, 33, 35, 36
国内城（中国集安市にある高句麗中期の王城）　107, 113, 125

サ

沙月里（慶尚南道の無文土器時代前期の環濠遺跡）　64
細竹里（平安北道にある櫛目文土器時代から無文土器時代にわたる遺跡）
　32, 49, 59, 61, 75
三嘉（高霊型土器、新羅の短脚高杯が出土した慶尚南道陝川郡の伽耶の古墳群）　194
三室塚（3つの室がL字形に連接した禹山墓区の高句麗後期の壁画古墳）
　121
山城子山城（中国集安市にある高句麗中期の王都の山城）　125, 127
山達島（慶尚南道にある櫛目文土器時代早期の隆起文土器を出土する遺跡）
　18
七星山（高句麗の洞溝古墳群のなかの1つの墓区、96号墳から馬具が出土）
　138, 139
十二台営子（遼寧式銅剣が出土した中国遼寧省の石槨墓）　54, 57
所羅里（楽浪郡の夫租県があった咸鏡南道の土城）　97
勝利山（下層から化石人骨「徳川人」、上層から「勝利山人」が出土した平安南道の旧石器時代の洞窟）　5
将軍塚（王字文と蓮花文を描いた米倉溝古墳群にある高句麗中期の壁画古墳）
　123
将軍塚（広開土王の王陵と推定される中国集安市の高句麗の積石塚）　110,
　113, 114, 129, 130
昌寧校洞（金銅冠と有銘円頭大刀を出土した慶尚南道昌寧郡の伽耶「比自火国」の古墳群）　178, 193, 196～198, 206
松菊里（環濠と稲作がみられる忠清南道の無文土器時代前期の集落遺跡）

54, 60, 63, 64, 74
上詩里（忠清北道にある櫛目文土器時代早期の岩陰遺跡）　20
上舞龍（白頭山産黒曜石の石器が出土した江原道の旧石器時代後期の遺跡）
　13
上老大島山登（慶尚南道にある櫛目文土器時代の土壙墓と貝塚）　42
上老大島上里（慶尚南道にある櫛目文土器時代早期の隆起文土器を出土する
　遺跡）　18
場垈里（短脚高杯が出土した忠清南道の古墳群）　232
飾履塚（金銅製飾履が出土した新羅の邑南古墳群の双円墳、金鈴塚とペア）
　196, 218, 226
新岩里（慶尚南道にある櫛目文土器時代早期の隆起文土器を出土する遺跡）
　18, 31, 35, 36
新岩里（平安北道の銅刀子が出土した無文土器時代前期の遺跡）　53, 56, 57
新昌洞（全羅南道にある無文土器時代後期の甕棺墓と木製農具が出土した紀
　元前1世紀の低湿地遺跡）　92
新村里9号墳（全羅南道の大型甕棺をもつ百済中期の方形墳）　173
新徳（栄山江流域の横穴式石室をもつ前方後円形古墳）　175
新鳳洞（甲冑や馬具が出土した忠清北道にある百済前期～中期の古墳群）
　169
深貴里（慈江道にある高句麗の積石塚と石室封土墳）　112
真坡里（金銅製透彫金具が出土したピョンヤン市の高句麗の古墳群）　121,
　139
垂楊介（細石器が出土した忠清北道の旧石器時代後期の遺跡）　13～15
水佳里（釜山市にある櫛目文土器時代中期から後期の貝塚）　27, 29, 38, 39
水精峰・玉峰（高霊型土器が出土した慶尚南道晋州市の伽耶の古墳群）
　194
瑞鳳塚（金冠が出土した新羅の邑南古墳群の双円墳をなす積石木槨墳）
　218, 222, 224, 229, 230
星山（慶尚北道星州郡の伽耶「星山国」の古墳群）　178
清岩里（ピョンヤン市にある高句麗後期前半の王宮と寺院がある王城）
　108, 131, 133, 135
清堂洞（銅製馬形帯鉤が出土した忠清北道の原三国時代の方形周溝墓）　93
西浦項（咸鏡北道にある櫛目文土器時代の集落遺跡）　19, 20, 33, 35, 38, 40, 47
西岳洞（慶州市の山麓にある新羅の横穴式石室の古墳群）　209

遺跡索引 *255*

西大塚（瓦が出土した洞溝古墳群麻線溝墓区の高句麗中期の積石塚）　129
西屯洞（オンドルがある京畿道水原市の原三国時代の集落遺跡）　84,89
青山里（楽浪郡の昭明県治址があった黄海南道の土城）　96,100,101
石壮里（前期・中期・後期に分けられる忠清南道の旧石器時代の遺跡）　10,11,13
石村洞（ソウル市にある積石塚などからなる百済前期の古墳群）　142〜144
石帳里（箱形製錬炉が検出された忠清北道の百済前期の製鉄址）　169
石灘里（黄海北道にある無文土器時代前期のコマ形土器が出土した集落遺跡）　57
石巌里9号（金製帯鉤が出土したピョンヤン市の楽浪郡の木槨墓）　105
積良洞（遼寧式銅剣が出土した全羅南道の無文土器時代の支石墓）　72
千秋塚（軒丸瓦と塼が出土した洞溝古墳群麻線溝墓区の高句麗中期の積石塚）　129,130
全谷里（両面核石器を出す京畿道の旧石器時代前期の遺跡）　7,9,15
素素里（青銅器と鉄器が出土した忠清南道の無文土器時代後期の遺跡）　76
双床塚（2つの棺床をもつ新羅の邑南古墳群の横穴式石室）　218
双房（遼寧式銅剣が出土した中国遼寧省の石棺墓）　54
双楹塚（石室内に八角石柱がたつ平安南道南浦市の高句麗の壁画古墳）　121
倉里（高霊型土器が出土した慶尚南道陜川郡の伽耶の古墳群）　194
宋山里（忠清南道公州市の百済中期の王陵がある古墳群）　153,155,156,159,166
草村里（全羅北道南原市の百済の横穴式石室をもつ古墳群）　203

タ

太王陵（軒丸瓦と塼が出土した禹山墓区の高句麗中期の積石塚）　110,129,130
大峴洞（化石人骨「力浦人」出土したピョンヤン市の旧石器時代の洞窟）　3
大城山城（ピョンヤン市にある高句麗後期の山城）　108,133,135
大成洞（慶尚南道の原三国時代の環濠集落と伽耶の古墳群）　82,89,178,180,182,183,185,190,200
大通寺（素弁八葉蓮花文軒丸瓦が出土した公州の百済中期の寺院址）　159
大坪里玉房（慶尚南道の無文土器時代前期の環濠遺跡）　63

達城（金銅冠を出土した慶尚北道大邱市の伽耶「卓淳国」の古墳群）　178, 196, 226

智塔里（黄海北道にある櫛目文土器時代前期の集落と帯方郡治址の土城がある遺跡）　23, 25, 32, 39, 40, 97, 99, 101

池山洞（慶尚北道高霊郡の伽耶「大伽耶」の古墳群）　178, 186, 190, 194, 196, 198, 203

竹幕洞（全羅北道にある百済前期から中期の海に関係する祭祀遺跡）　171

茶戸里（青銅器と鉄器、漆器が副葬された慶尚南道にある原三国時代の木棺墓）　78, 79, 82, 85, 93

中山里（慶尚南道にある原三国時代後期の木槨墓や新羅の積石木槨墳がある遺跡）　82

中村里（単鳳文環頭大刀が出土した慶尚南道山清郡の伽耶の古墳群）　178, 196

中島（中島式土器が出土した江原道の原三国時代の集落遺跡）　84, 89

忠孝洞（慶州市の山麓にある新羅の横穴式石室の古墳群）　209

注山里（短脚高杯が出土した忠清南道の古墳群）　232

苧浦里（「下部思利己…」銘短頸壺が出土した慶尚南道陜川郡の伽耶の古墳群）　194

朝陽洞（慶州市にある原三国時代の木棺墓と木槨墓の埋葬遺跡）　78～80, 93

朝陽洞（孔列文土器が出土した江原道の無文土器時代前期の遺跡）　47, 48, 59

長安城（北城・内城・中城・外城よりなるピョンヤン市にある高句麗後期後半の王城）　108, 135

長川（中国集安市の北部にある高句麗の古墳群）　121, 127, 138

長川里（細形銅剣が出土した全羅南道の無文土器時代の支石墓）　72

長林洞（義城型土器が出土した慶尚北道の伽耶の古墳群）　191

沈村里キン洞（黄海北道にある無文土器時代前期の支石墓）　72

通溝四神塚（四神が描かれた禹山墓区の高句麗後期の壁画古墳）　121

壺杅塚（金銅冠が出土した邑南古墳群の新羅の双円墳をなす積石木槨墳、銀鈴塚とペア）　196, 218, 226, 228

定林寺（「大唐平百済」石塔が現存する忠清南道扶餘郡の百済後期の寺院址）　168

艇止山（忠清南道公州市にある武寧王妃と関係する「もがり」遺構）　156

天王地神塚（八角天井をもつ平安南道順川市の高句麗の壁画古墳）　121

天馬塚（4段山字形金冠を出土した邑南古墳群の新羅の円墳である積石木槨墳）　196, 212, 218, 224～227, 229
トゥルボン（化石人骨・石器・動物化石が共伴した忠清南道の旧石器時代の洞窟遺跡）　5, 12
塔里（金銅冠と飾履、帯金具が出土した慶尚北道義城郡の古墳）　178, 191
東三洞（釜山市にある櫛目文土器時代早期から中期の貝塚）　18, 26, 35, 36, 38, 39
東川洞（慶州市の山麓にある新羅の横穴式石室の古墳群）　209
東川洞瓦塚（瓦が置かれた横穴式石室をもつ慶州の新羅の古墳）　213, 218
東抬子遺跡（石柱と瓦が発見された中国集安市の高句麗の建物址）　130
潼関鎮（学史にのこる咸鏡北道の後期旧石器時代の遺跡）　6
洞溝古墳群（中国集安市にある6つの墓区からなる高句麗中期王都の古墳群）　127, 129
道項里・末伊山（慶尚南道咸安郡の伽耶「阿羅国」の古墳群）　178, 193
徳興里古墳（「鎮」を葬った平安南道南浦市の高句麗中期の壁画古墳）　118, 121, 131

ナ

南京（ピョンヤン市にある櫛目文土器時代後期から無文土器時代にわたる農耕集落）　32, 40, 49, 68
南山（慶尚南道の無文土器時代前期の環濠遺跡）　63, 89
南山根（遼寧式銅剣が出土した中国遼寧省の石槨ないし石棺墓）　54, 57
南城里（忠清南道の無文土器時代後期の囲石木棺墓）　53, 55, 75
二聖山城（ソウル市にある百済前期の山城）　142
秥蟬県碑（楽浪郡の秥蟬県に西暦85年に立てられた平安南道龍岡郡の石碑）　100
農圃（咸鏡北道にある櫛目文土器時代の貝塚、別名油坂貝塚）　35

ハ

馬山城山（慶尚南道の原三国時代の冶鉄址と貝塚の遺跡）　78
馬場里（京畿道の原三国時代の冶鉄遺跡）　87, 89
白川里（高霊型土器が出土した慶尚南道咸陽郡の伽耶の古墳群）　178, 194
八達洞（慶尚北道の無文土器時代前期の環濠遺跡）　64
萬家村（周溝がめぐる全羅南道の原三国時代の甕棺墓）　172

美松里（平安北道にある櫛目文土器時代と無文土器時代前期の美松里型土器を出す遺跡） 31, 48, 57

渼沙里（京畿道にある櫛目文土器時代から百済に至る集落遺跡） 32, 39, 47, 84, 89

表井里（忠清南道論山郡にある百済の古墳群） 156

夫租薉君墓（「夫租薉君」銀印が出土したピョンヤン市の楽浪郡の木槨墓） 104

府院洞（慶尚南道の原三国時代の貝塚） 91, 92

扶蘇山（忠清南道扶餘郡にある百済後期の王都の包谷式山城） 164, 165

普門洞（慶州市の山麓にある新羅の横穴式石室の古墳群） 209

普門洞夫婦塚（積石木槨墳と横口式石室をもつ慶州の新羅の古墳） 213, 218

武寧王陵（公州市にある宋山里古墳群のなかの「墓誌」が出土した王陵） 153, 155, 156, 159, 161, 162

舞踊塚（洞溝古墳群禹山墓区の高句麗中期の壁画古墳） 117, 121

風納里（ソウル市にある百済前期前半の王城である土城） 142, 147

伏岩里3号墳（全羅南道の横穴式石室と甕棺をもつ百済中期の方墳） 173

福泉洞（筒形銅器や甲冑、馬具が出土した釜山市の伽耶の古墳群） 178, 185, 196, 199, 200

汶湖里（京畿道にある百済前期の方形基壇積石塚） 144

平山里（慶尚南道の無文土器時代の集落と原三国時代の環濠集落） 87

米倉溝（中国桓仁県の高句麗の古墳群） 123

法泉里2号墳（青磁羊形器が出土した江原道の百済前期の石槨墓） 147

芳夷洞（ソウル市にある横穴式石室よりなる百済の古墳群） 142, 145

鳳渓里（慶尚南道陜川郡の櫛目文土器時代の集落と伽耶の古墳群） 33, 40, 194

鳳凰台古墳（邑南古墳群最大級の新羅の円墳、内部は未調査） 212

望花（中国遼寧省にある銅刀子が出土した西周並行期の遺跡） 54

北亭里（梁山夫婦塚がある慶尚南道梁山市の伽耶の古墳群） 178

マ

磨雲嶺（新羅の真興王が立てた咸鏡南道にある6世紀の石碑） 232

味鄒王陵地区（慶州の邑南古墳群のなかで、小型古墳が密集する地区） 212, 215, 218, 230

遺跡索引 *259*

夢村（ソウル市にある百済前期後半の王城である土城）　142, 146, 147
牟頭婁墓（「牟頭婁」を葬った中国集安市の高句麗中期の壁画古墳）　116, 118
明花洞（栄山江流域の埴輪形円筒土器と横穴式式石室をもつ前方後円形古墳）　175
弥勒寺（塔と金堂が三組並列する伽藍配置をもつ全羅北道益山郡の百済後期の寺址）　165, 171

ヤ

矢島（京畿道にある櫛目文土器時代後期の貝塚）　26
薬水里古墳（墓主人物と四神が描かれた平安南道南浦市の高句麗の壁画古墳）　121
邑南古墳群（新羅王都の慶州市にある積石木槨墳を主とする古墳群）　209
欲知島（慶尚南道にある櫛目文土器時代の貝塚）　35, 36, 42

ラ

洛山洞（慶尚北道善山郡の伽耶の古墳群）　178
楽浪土城（ピョンヤン市にある楽浪郡の郡治、「楽浪太守章」封泥が出土）　95～97, 99, 101, 102, 104, 106, 131
梨樹園子南（銘文巻雲文軒丸瓦が出土した中国集安市の高句麗中期の遺跡）　113
龍興里（銅刀子が出土した平安南道の無文土器時代前期の遺跡）　56
笠店里（金銅冠が出土した全羅北道の百済中期の古墳群）　170
梁山夫婦塚（金銅冠・冠帽が出土した夫婦合葬の伽耶の横口式石室をもつ古墳）　196, 202, 226
良洞里（慶尚南道の原三国時代の木棺墓と木槨墓の埋葬遺跡）　78, 82, 83, 85, 185
遼東城塚（「遼東城」銘の城郭が描かれた平安南道順川市の高句麗の壁画古墳）　121
陵山里（忠清南道扶餘郡にある百済後期の王陵をふくむ古墳群と寺院址）　156, 165～168, 171
林堂洞・造永洞（金銅冠を出土した慶尚北道慶山市の伽耶の古墳群）　178, 203
臨江塚（瓦が出土した洞溝古墳群禹山墓区の高句麗の積石塚）　129

礼樹里（泗川・固城型土器が出土した慶尚南道泗川郡の伽耶の古墳群）
　193
霊岩（鋳型が出土した全羅南道無文土器時代前期の遺跡）　54
蓮花里（忠清南道の無文土器時代後期の囲石木棺墓）　75
連山洞（眉庇付冑が出土した釜山市の伽耶の古墳群）　178
老圃洞（慶尚南道の原三国時代後期の木槨墓）　78
勒島（慶尚南道の無文土器時代後期後半の集落遺跡）　61

■著者略歴■
早乙女雅博（さおとめ　まさひろ）
1952年神奈川県生まれ。
東京大学大学院人文科学研究科考古学専攻博士課程満期退学。東京国立博物館北東アジア室長を経て
現在　東京大学大学院人文社会系研究科助教授
主要著書
　『朝鮮の歴史』（共著、三省堂）、『世界美術大全集　東洋編10　高句麗・百済・新羅・高麗』（共著、小学館）、『古代史復元7』（共著、講談社）

藤本　強
菊池徹夫　監修「世界の考古学」

⑩朝鮮半島の考古学

2000年7月25日　初版発行

著　者　早乙女　雅博

発行者　山　脇　洋　亮

印刷者　亜細亜印刷㈱

発行所　東京都千代田区飯田橋　同成社
　　　　4-4-8 東京中央ビル内
　TEL　03-3239-1467　振替 00140-0-20618

Printed in Japan The Dohsei Publishing co.,

ISBN4-88621-196-8 C3322

==== 同成社の考古学書 ====

藤本強・菊池徹夫 企画監修

世界の考古学

――第1期・全10巻　完結いたしました――

世界各地をいくつかのブロックに分け、各地域を専門とする第一線の若手研究者が、現場での体験を基にした最新の研究成果を、豊富な写真・図版とともに、コンパクト・平易に概説する。愛好家・専門家から、世界の史跡を訪れる人たちまで、役立つ情報を満載。

▶ 第1期・全10巻の内容 ◀

1. アンデスの考古学　　　　　（関　雄二著）
2. メソアメリカの考古学　　　（青山和夫・猪俣　健著）
3. ギリシアの考古学　　　　　（周藤芳幸著）
4. エジプトの考古学　　　　　（近藤二郎著）
5. 西アジアの考古学　　　　　（大津忠彦・常木　晃・西秋良宏著）
6. 中央ユーラシアの考古学　　（藤川繁彦編）
7. 中国の考古学　　　　　　　（小澤正人・谷　豊信・西江清高著）
8. 東南アジアの考古学　　　　（坂井　隆・西村正雄・新田栄治著）
9. 東北アジアの考古学　　　　（大貫静夫著）
10. 朝鮮半島の考古学　　　　　（早乙女雅博著）

▶各巻の体裁◀

四六判・上製・各巻260～370頁
口絵：カラー4頁
各巻末に「参考文献」「編年表」「遺跡索引」を備える
価格：2500～3200円（本体）

========== 好評既刊 ==========

世界の考古学シリーズ ⑦

中国の考古学

小澤正人・谷 豊信・西江清高 著　　358頁・3200円 (本体価格)

中原の文明が周辺地域に及んだという理解は、近年の研究の進展により改められつつある。各地で形成された異なる系統の文化が係わりながら発展したとする中国考古学の最新の成果を提示する。

【目次】
- 序　章　中国とその考古学〔現代中国の自然環境と民族／中国考古学の歴史〕
- 第 1 章　旧石器時代の中国〔旧石器時代の概要／前期旧石器時代〕
- 第 2 章　農耕社会の成立―新石器時代前期〔新石器時代前期の概要／ほか〕
- 第 3 章　農耕社会の定着―新石器時代中期〔住居と集落／中期の生業／ほか〕
- 第 4 章　農耕社会の変容―新石器時代後期〔後期の集落／後期の工芸／ほか〕
- 第 5 章　黄河中流域における初期王朝の登場〔「中国」的世界と初期王朝／ほか〕
- 第 6 章　初期王朝時代の編年と王朝交替の歴史〔先周文化と周王朝の登場／ほか〕
- 第 7 章　初期王朝時代の社会と文化〔殷王朝前期(二里岡文化)の時代／ほか〕
- 第 8 章　初期王朝時代の王朝周辺地域〔華北の諸地域／ほか〕
- 第 9 章　東周（春秋・戦国）時代〔東周（春秋・戦国）という時代／ほか〕
- 第10章　秦漢時代〔秦漢帝国の興亡／秦時代の都城と始皇帝陵／ほか〕
- 終　章　東周秦漢文化の拡大

＊　＊　＊

世界の考古学シリーズ ⑨

東北アジアの考古学

大貫静夫 著　　288頁・2700円 (本体価格)

黄河・長江流域に代表される農耕民の世界と、シベリアの非定着的な食料採集民の世界とに挟まれた第三の世界、いわゆる「極東」の定着的な食料採集民の成立、およびその後の変遷を描き出す。

【目次】
- 序　章　豊かな自然と穴居する民
- 第 1 章　ヒトはいつから？〔東北アジアへのヒトの進出／ほか〕
- 第 2 章　定着的食料採集民の登場〔連続と不連続／極東平底土器の時代〕
- 第 3 章　極東平底土器社会の終焉と再編成〔極東平底土器の終焉／ほか〕
- 第 4 章　東夷・北狄伝の世界へ〔燕の進出と極東社会の変容／本格的な鉄器の普及／『魏志』東夷伝の世界／夏は水草を追い、冬は築城穴居す〕
- 第 5 章　その後の東北アジア〔遼代の松花江から黒龍江下流域／金代の松花江から黒龍江下流域／金代の沿海州／考古学から民族誌の時代へ〕
- 付　編　1　極東における雑穀農耕文化の展開／2　竪穴住居の変遷